Go 인 액션
Go in Action

GO IN ACTION
by William Kennedy with Brian Ketelsen and Erik St. Martin

Go in Action

초판 1쇄 발행 2016년 6월 15일 **2쇄 발행** 2019년 3월 4일

지은이 윌리엄 케네디, 브라이언 케텔슨, 에릭 St. 마틴
옮긴이 장현희
펴낸이 장성두
펴낸곳 주식회사 제이펍

출판신고 2009년 11월 10일 제406-2009-000087호
주소 경기도 파주시 회동길 159 3층 3-B호
전화 070-8201-9010 / **팩스** 02-6280-0405
홈페이지 www.jpub.kr / **이메일** jeipub@gmail.com
독자문의 readers.jpub@gmail.com / **교재문의** jeipubmarketer@gmail.com

편집부 이종무, 황혜나, 최병찬, 이 슬, 이주원 / **소통·기획팀** 민지환, 송찬수 / **회계팀** 김유미
본문디자인 성은경
용지 에스에이치페이퍼 / **인쇄** 한승인쇄 / **제본** 광우제책사

ISBN 979-11-85890-53-1 (93000)
값 24,000원

제이펍은 독자 여러분의 아이디어와 원고 투고를 기다리고 있습니다. 책으로 펴내고자 하는 아이디어나 원고가 있으신 분께서는 책의 간단한 개요와 차례, 구성과 제(역)자 약력 등을 메일로 보내주세요. jeipub@gmail.com

GO 인 액션
Go in Action

윌리엄 케네디, 브라이언 케텔슨, 에릭 St. 마틴 지음 / 장현희 옮김

제이펍

차례

옮긴이 머리말

Go는 당초 C 언어를 능가하는 시스템 프로그래밍 언어를 목표로 디자인된 개발 언어입니다. 정식으로 1.0 버전이 출시될 즈음에는 시스템 프로그래밍 언어라는 목표는 더 이상 공식적으로 언급되지 않았지만, 그 대신 범용 프로그래밍 언어로 소개되고 있습니다. 현대의 프로그래밍 패러다임에 걸맞는 간결하고 쉬운 문법, 어마어마한 속도의 컴파일러와 실행 성능, 내장된 동시성 지원 기능으로 인한 부담 없고 편리한 멀티 스레드 활용은 Go가 날이 갈수록 그 인기를 더해 가는 큰 이유라고 볼 수 있습니다.

개발 언어의 대중성을 평가하기 위한 척도 중 하나로, 해당 언어에서 활용 가능한 웹 애플리케이션 개발 프레임워크 종류나 그에 대한 자료의 양을 사용하기도 합니다. 그런 면에서 Go의 웹 애플리케이션 프레임워크는 벌써 십여 가지에 달할 정도로 급격한 성장세를 보이고 있어 Go의 가능성을 더욱 높이고 있습니다.

Go의 또 다른 장점은 일관성에 있습니다. go fmt 도구를 이용해 모든 개발자가 일관된 형식의 코드를 작성할 수 있는 것은 물론, Go의 표준 라이브러리의 구현 과정에서 도출된 코딩 방식이 커뮤니티 내에서 널리 통용되고 있어 모든 개발자가 거의 같은 방식으로 코드를 작성하고 있다고 해도 과언이 아닐 정도입니다. 이는 초보 개발자들의 진입 장벽을 낮춰 주며, 타인의 코드를 상대적으로 수월하게 읽고 이해할 수 있게 해줍니다.

최근의 프로그래밍은 C#이나 자바처럼 객체지향 개발 환경에서 함수형 프로그래밍 환경으로의 변화가 빠르게 일어나고 있습니다. 그 과정에서 스칼라(Scalar)나 클로저(Clojure) 같은 JVM 기반의 함수형 언어들이 보급되었으며, 마이크로소프트 진영에서는 F# 언어에 대한 관심도 날로 높아지고 있습니다. 그러나 크로스 플랫폼 시대에 걸맞는 네이티브 컴파일에 의한 높은 성능과 함수형 프로그래밍과 객체지향 프로그래밍의 장점을 골고루 가지면서도 가비지 컬렉션

등 최신 개발 언어의 특징 또한 함께 제공하는 Go 언어 역시 좋은 대안이 될 수 있습니다. 특히, 내장된 동시성 지원과 강력한 기본 라이브러리, 그리고 단 하나의 네이티브 실행 파일을 생성하는 컴파일러 등은 클라우드에 기초한 분산 환경에도 잘 어울리는 선택이 될 것입니다.

이 책은 Go에 막 입문하는 개발자부터 어느 정도 Go 프로그래밍을 경험해본 독자까지 폭넓게 활용할 수 있는 개념서입니다. Go의 디자인 철학부터 표준 라이브러리의 내부 구현 및 원리와 개념을 이해할 수 있으며, Go 프로그래머(Gopher)답게 Go 프로그램을 작성하기 위한 모든 것들을 학습할 수 있습니다. 그뿐만 아니라 내장된 테스트와 벤치마킹 기능을 통해 뛰어난 성능의 프로그램을 안정적으로 개발하기 위한 기본기를 다질 수 있습니다. 그렇기에 이제 막 프로그래밍에 입문하는 초급 개발자에게도 좋은 선택이 될 것이라 확신합니다.

훌륭한 Go 입문서를 번역할 수 있는 기회를 제공해주시고 이 책의 출간을 위해 많은 노력을 기울여주신 제이펍의 장성두 실장님과 이슬님께 감사의 인사를 드립니다. 그리고 남편과 아빠의 스무 번째 출간 작업에 늘 힘을 보태주고 응원을 아끼지 않은 아내와 예린이, 은혁이에게도 이 지면을 빌려 고마움을 전합니다.

옮긴이 장현희

추천사

지금까지 수많은 인재들이 컴퓨터 공학 분야에 기여해왔다. 그중에서도 UNIX, Plan 9, B 언어, Java의 JVM Hotspot, V8, Strongtalk, Sawzall, Ed, Acme, UTF8 등을 고안한 롭 파이크(Rob Pike), 로버트 그리스미어(Robert Griesmier), 켄 톰슨(Ken Tompson) 등이 대표적이라고 할 수 있다. 2007년, 이 걸출한 소프트웨어 공학자들은 한데 모여 일을 벌였다. 십수 년에 걸쳐 쌓아온 자신들의 경험을 토대로 기존 언어들의 장점은 취하면서도 지금까지의 언어와는 전혀 다른 새로운 시스템 언어를 개발하기 시작한 것이다. 그리고 그 결과물을 'Go'라고 이름 짓고 오픈 소스로 공개했다. 지금까지의 행보를 계속해서 유지한다면, 단언컨대 Go 언어는 지금까지 이들이 세상에 내놓았던 그 어떤 결과물에도 비교할 수 없는 가장 강력한 창작물이 될 것이다.

이처럼 사람들이 보다 나은 세상을 만들겠다는 순수한 의도로 똘똘 뭉치면 인류애는 최고조로 발휘된다. 2013년, 브라이언(Brian)과 에릭(Erik)은 고퍼 아카데미(Gopher Academy)를 설립했고, 곧 빌(Bill)을 비롯해 마음이 맞는 사람들끼리 Go 언어를 주제로 하는 보다 나은 커뮤니티를 만들기로 뜻을 모았다. 이들은 먼저 정보를 모으고 공유할 수 있는 온라인 공간이 필요하다는 점을 인지하고 Go를 위한 토론 게시판(Slack)과 고퍼 아카데미 블로그를 개설했다. 시간의 흐름과 더불어 커뮤니티가 계속 성장하자 이들은 세계 최초의 글로벌 Go 콘퍼런스인 고퍼콘(GopherCon)을 개최했다. 그리고 이 커뮤니티를 통해 새로운 언어를 사용하도록 장려하기 위해서는 그만한 리소스가 필요하다는 점을 깨달았다. 지금 여러분이 읽고 있는 이 책은 그렇게 탄생하게 된 것이다.

이 책은 자신의 엄청난 시간과 재능을 Go 커뮤니티에 쏟아부었던 세 사람의 노력의 산물이다. 나는 빌과 브라이언, 에릭이 지난 1년 동안 고퍼 아카데미 블로그의 편집자로서, 콘퍼런스 운영위원으로서, 더불어 직장과 가정에서 각자 자신의 역할을 충실히 이행하는 와중에도 이 책을 집필하고 수정하는 과정을 옆에서 계속 지켜봐 왔다. 이 세 사람에게 이 책은 그저 한 권의 책이 아니라 자신들이 사랑하는 언어에 대한 헌신이다. 세 사람은 그저 '좋은' 책을 만드는 것에 만족하지 않았다. 수많은 초벌 원고를 작성하면서 한 페이지 한 페이지 꼼꼼하게 글을 쓰고, 리뷰하고, 다시 고쳐쓰기를 반복했고, 마침내 자신들의 소중한 언어에 대한 가치 있는 책을 완성해낸 것이다.

지금까지 수족처럼 익숙하고 편안했던 언어에 대한 미련을 버리고 완전히 새로운 언어에 도전한다는 것은 용기가 필요한 일이다. 남들이 가지 않은 길이니 평탄치 않았을 뿐더러 얼러어답터들이나 감내할 법한 버그들도 줄을 이었다. 예상치 못했던 오류, 상세하지 않은 문서, 제대로 활용할 수 있는 라이브러리의 부재 등은 말할 것도 없었다. 그러나 이런 과정이 바로 개척자, 선구자의 길이 아닐까? 이 책을 읽기 시작하면 여러분도 이런 여행의 출발점에 놓인 것이나 다름없다.

이 책은 처음부터 끝까지 독자 여러분이 Go 언어의 세계를 탐험하고, 배우고, 활용하기 위한 간결하면서도 포괄적인 가이드를 제공하기 위해 만들어졌다. 이 세상을 통틀어 이 세 사람보다 더 뛰어난 가이드를 찾을 수는 없을 것이다. 독자 여러분이 Go가 가진 모든 장점을 차례차례 발견해나갈 것을 생각하니 정말이지 가슴이 벅차오른다. 그리고 언젠가 온라인과 Go 밋업(Meetup) 그리고 콘퍼런스에서 만날 수 있기를 기대해본다.

스티브 프랜시아(Steve Francia)

고퍼이면서

Hugo, Cobra, Viper, SPF13-VIM의 창시자

GoingGo.net 블로그를 운영한 지 몇 개월이 지난 2013년 10월, 나는 브라이언과 에릭으로부터 전화를 받았다. 두 사람은 당시 이 책을 집필하고 있었고 내게 필자로 참여할 의사가 있는지를 물었다. 당시 나는 Go에 갓 입문한 상태였지만 그 기회를 흔쾌히 받아들였다. 그들의 제안은 새로운 언어에 대해 더 많은 것을 배우고, 두 사람과 함께 일하면서 내가 배운 것들을 블로그 보다 더 큰 세상에 공유할 수 있는 멋진 기회가 아닐 수 없었다.

처음 네 개의 장을 마친 뒤, 우리는 이 책을 MEAP(Manning Early Access Program)를 통해 출간 했다. 그리고 얼마 지나지 않아 Go 개발팀의 한 구성원으로부터 메일을 받았다. 메일에는 언어 측면에서 변경될 사항에 대한 상세 정보를 포함한 리뷰는 물론, 여러 지식과 조언, 그리고 격 려와 지원이 담겨있었다. 이 메일을 토대로 우리는 2장을 처음부터 다시 작성하는 동시에 4장 을 다시 한 번 꼼꼼하게 살펴보기로 했다. 한 장 전체를 다시 작성하는 일은 예외적인 상황이 아니라 얼마든지 일어날 수 있는 일이라는 인식의 변화를 경험하게 된 것이다. 게다가 그 경험 덕분에 이 책을 쓰는 데 커뮤니티의 도움이 절실히 필요하며, 그 도움이 지금 당장 필요하다는 것도 깨달았다.

그 이후로 이 책은 커뮤니티의 도움으로 집필되었다. 우리는 각 장의 내용을 연구하고, 예제 코드를 작성하고, 커뮤니티와 함께 책의 내용을 리뷰하고, 토론하고, 문장과 코드를 수정하는 데 필요한 시간을 확보하기 위해 애썼다. 우리는 이 책이 기술적으로 오류가 없고, Go의 철학 을 잘 반영하며, Go 커뮤니티 내에서 이질감 없이 받아들여질 수 있는 프로그램 작성 방식을 제시할 수 있도록 최선의 노력을 다했다. 당연히 우리 생각과 경험, 가이드라인 등이 어느 정 도 버무려졌다.

우리는 이 책이 여러분이 Go 언어를 학습하는 데 계속해서 유용한 리소스로 활용되기를 희망

한다. 브라이언, 에릭 그리고 나는 언제나 온라인에서 우리의 도움을 필요로 하는 모든 이들을 기다리고 있겠다. 이 책을 구입한 모든 이들에게 감사의 인사를 전하며, 부끄러워 말고 서로 인사를 건넬 수 있기를 바란다.

윌리엄 케네디(William Kennedy)

감사의 말

이 책을 집필하는 데 무려 18개월 이상의 시간이 걸렸지만 우리들의 가족과 친구, 동료, 멘토, 모든 Go 커뮤니티, 그리고 매닝 출판사의 든든한 지원이 없었다면 이만큼의 노력을 쏟아붓지 못했을 것이다.

만약 여러분이 이런 책을 집필한다면 좋은 점을 격려해주는 것은 물론, 나쁜 부분을 극복할 수 있도록 도와주고 물심양면으로 지원해주는 편집자가 필요하다. 제니퍼 스타우트(Jennifer Stout)는 그런 면에서 너무나 멋지고 우리를 계속 독려한 끝내주는 조력자였다. 우리가 필요할 때마다 늘 함께해준 그녀의 모든 지원에 대해, 그리고 이 책을 정말로 출간할 수 있게 해준 것에 감사한다. 또한 이 책을 집필하는 동안 함께 고생한 매닝 출판사의 모든 직원에게도 감사한다.

사실 사람이 모든 것을 다 알 수는 없기 때문에 커뮤니티 구성원들의 도움을 받을 수밖에 없었다. Go 커뮤니티와 이 책을 리뷰하고 피드백을 제공해준 모든 이들에게 감사한다. 특히, 아담 매케이(Adam McKay), 알렉스 바실레(Alex Basile), 알렉스 자신투(Alex Jacinto), 알렉스 비달(Alex Vidal), 안젠 바쿠(Anjan Bacchu), 브누아 베네데티(Benoît Benedetti), 빌 카츠(Bill Katz), 브라이언 헤트로(Brian hetro), 콜린 케네디(Colin Kennedy), 더그 스팔링(Doug Sparling), 제프리 임(Jeffery Lim), 제시 에반스(Jesse Evans), 케빈 잭슨(Kevin Jackson), 마크 피셔(Mark Fisher), 맷 쥬락(Matt Zulak), 파울로 피레스(Paulo Pires), 피터 크레이(Peter Krey), 필립 K. 제너트(Philipp K. Janert), 샘 제이들(Sam Jaydel), 토마스 오르크(Thomas O'Rourke)에게 감사한다. 마지막으로 이 책이 출간되기 직전, 짧은 시간에 마지막 원고를 정성스레 검토해준 지미 프라체(Jimmy Frasché)에게도 감사의 인사를 전한다.

이외에도 특별히 감사의 인사를 건네고 싶은 사람들이 있다. 처음부터 리뷰도 해주고 여러 가지를 알려주었던 킴 세리어(Kim Shrier)에게 너무나도 많은 것을 배웠다. 그 덕분에 책의 기술적 완성도가 더 높아질 수 있었다.

빌 헤서웨이(Bill Hathaway)는 작년부터 이 책의 집필에 깊게 관여하면서 각 장의 틀을 잡아주었다. 특히 그의 생각과 의견은 가치를 측정할 수 없을 정도였다. 9장은 공동 집필자로 이름을 올려도 될 정도로 많은 기여를 해주었다. 아마 그의 시간과 재능 그리고 노력이 없었다면 9장이 지금처럼 훌륭하지는 못했을 것이다.

그 외에도 지속적으로 리뷰에 참여해 의견과 가이드를 제공해준 코리 제이콥슨(Cory Jacobson), 제프리 임(Jeffery Lim), 체탄 코니키(Chetan Conikee), 난 샤오(Nan Xiao)에게 감사한다. 예제 코드의 작성과 리뷰에 도움을 준 가브리엘 아스잘로스(Gabriel Aszalos), 파티흐 아르슬란(Fatih Arslan), 케빈 질레트(Kevin Gillette), 제이슨 월드립(Jason Waldrip)에게도 고마움을 전한다. 그리고 무엇보다 이 책의 서문을 맡아주고 격려를 아끼지 않은 스티브 프랜시아(Steve Francia)에게도 감사한다.

마지막으로, 우리 가족과 친구들에게 정말로 감사한다. 이 정도의 책임과 시간이 드는 일은 우리가 사랑하는 한 사람 한 사람에게 영향을 미치기 마련이다.

윌리엄 케네디(William Kennedy)

사랑하는 아내 리사와 나의 다섯 아이인 브리안느, 멜리사, 아만다, 제로드, 토마스에게 감사한다. 너무나 많은 낮과 밤, 주말을 아빠 없이 지내야 했음을 잘 알고 있다. 이 책을 쓰기 위한 시간을 허락한 것에 대해 무한히 감사하며, 우리 가족 한 사람 한 사람을 너무너무 사랑함을 지면을 빌어 고백한다.

또한 나의 비즈니스 파트너인 에디 곤잘레스, 크리에이티브 디렉터인 에릭 젤라야, 그리고 아르단 스튜디오 팀 모두에게 감사한다. 특히 처음부터 전폭적인 지원을 아끼지 않은 에디에게 감사한다. 에디가 없었다면 이 일을 해내지 못했을 것 같다. 내게 있어 단순한 비즈니스 파트너가 아닌 친구이자 형제인 에디에게 다시 한 번 감사한다. 이 책을 집필하는 동안 나와 회사를 위해 애써준 에릭에게도 감사한다. 에릭이 없었다면 우리가 어떻게 되었을지 상상조차 할 수 없다.

브라이언 케텔슨(Brian Ketelsen)

이 책을 집필하는 4년 동안 고통의 시간을 함께 감내해준 나의 가족에게 감사의 인사를 전한다. 수영장에서도 함께 놀아주지 못하고 의자에 앉아 책이나 쓰고 있던 아빠를 이해해준 크리스틴, 네이든, 로렌, 에블린에게 특히 감사한다. 아빠가 이 책을 출간하고 말 것이라고 믿어주고 격려해줘서 고맙다!

에릭 마틴(Erik St. Martin)

집필과 콘퍼런스 주최에만 매달려 사는 나를 이해하고 포용해준 나의 약혼자 애비와 세 아이인 할리, 와이어트, 앨리에게 깊은 감사를 표한다. 너무나 사랑하고, 이들과 함께 할 수 있는 나는 최고의 행운아일 것이다.

이 책에 각별한 노력을 기울인 빌 케네디에게 감사한다. 그저 집필을 도와달라고 부탁했을 뿐인데 우리가 일과 고퍼콘으로 눈코 뜰 새 없었던 와중에도 이 일을 잘 이끌어주었다. 그리고 리뷰와 격려를 아끼지 않은 커뮤니티의 모든 구성원에게도 감사의 인사를 전한다.

Go는 간단하면서도 안정적이고 효율적인 소프트웨어를 손쉽게 빌드할 수 있는 오픈 소스 프로그래밍 언어다. 비록 기존의 언어에서 많은 아이디어를 차용하기는 했지만, 독특하면서도 간결함을 추구하는 철학은 다른 언어로 작성된 프로그램과 Go 프로그램의 차이를 분명하게 한다. Go는 어느 정도 저수준의 시스템 언어적 특성에 최신 언어에서 볼 수 있는 고수준 기능들을 균형감 있게 혼합한 언어. 이러한 특징을 바탕으로 놀라운 생산성을 제공하는 강력하면서도 완벽하게 제어할 수 있는 개발 환경을 구성할 수 있다. Go 언어를 이용하면 더 적은 코드로 더 많은 일을 수행할 수 있다.

누구를 위한 책인가?

이 책은 이미 다른 프로그래밍 언어에 대한 경험이 있으면서 Go를 학습하고자 하는 중급 수준의 개발자를 대상으로 하고 있다. 이 책의 목표는 Go라는 언어에 대한 인상적이고, 포괄적이며, 특징적인 관점을 제공하는 것이다. 언어 문법이나 타입 시스템, 동시성, 채널, 테스트 등을 고루 다루면서 언어 자체의 명세와 구현을 모두 다루었다. 이 책이 이제 막 Go를 배우고자 하는 독자들은 물론, 언어와 그 내부 동작을 완벽하게 이해하고자 하는 독자들에게도 좋은 지침서가 될 것임을 믿어 의심치 않는다.

어떻게 구성되어 있는가?

이 책은 9개 장으로 구성되며 각 장에서 다루는 내용은 다음과 같다.

제1장에서는 Go 언어에 대해 간략하게 소개한다. Go 언어가 왜 만들어졌으며 어떤 문제를 해결할 수 있는지 살펴보고, 동시성 같은 Go의 핵심 개념들에 대해서도 간단하게 언급한다.

제2장에서는 완전한 Go 프로그램을 살펴보면서 프로그래밍 언어로서 Go가 제안하는 내용들을 차분히 살펴본다.

제3장은 패키징의 개념을 설명하고 Go 워크스페이스 및 개발 환경을 구성하는 방법을 설명한다. 또한 원격지(remote)에서 코드를 다운로드해서 자신만의 코드를 작성하는 데 필요한 Go의 다양한 도구에 대해서도 살펴본다.

제4장에서는 Go의 내장 데이터 타입인 배열(array)과 슬라이스(slice), 그리고 맵(map)에 대해 상세히 알아본다. 각 데이터 타입의 내부적 구현은 물론 데이터 구조 뒤에 숨겨진 기법까지 파헤친다.

제5장에서는 구조체부터 인터페이스, 타입 임베딩(type embedding)에 이르기까지 Go의 타입 시스템에 대해 상세히 알아본다. 또한 복잡한 소프트웨어를 간결하게 작성하기 위해 타입 시스템을 활용하는 방법도 설명한다.

제6장은 Go의 스케줄러와 동시성 지원, 그리고 채널의 동작 방식을 설명한다. 또한 언어의 내부적인 상세 구현까지 살펴본다.

제7장에서는 제6장에서 학습한 내용을 토대로 동시성 패턴을 적용한 보다 실용적인 예제 코드를 살펴본다. 단위 작업을 관리하기 위해 고루틴 풀(goroutine pool)을 구현하는 방법은 물론, 이 풀에서 공유되는 리소스를 재사용하는 방법에 대해서도 살펴본다.

제8장은 표준 라이브러리와 함께 log, json, io 라이브러리 패키지를 상세하게 살펴본다. 또한 앞서 나열한 세 패키지의 일부 복잡한 내용도 설명한다.

마지막으로, 제9장에서는 테스트 및 벤치마크 프레임워크를 사용하는 방법을 설명한다. 단위 및 테이블 테스트와 벤치마크 코드를 작성하는 방법을 학습하며, 문서에 예제를 추가하고 이 예제를 테스트로 활용하는 방법도 소개한다.

예제 코드

이 책에서 사용된 모든 소스 코드는 본문과의 구별을 위해 고정폭 글꼴을 사용한다. 예제에는 핵심 개념을 짚어주기 위한 주석이 제공되며, 경우에 따라서는 번호를 부여하여 본문에서 상세한 내용을 설명할 때 참조하기도 한다.

이 책의 예제 코드는 MANNING의 웹사이트(http://www.manning.com/books/go-in-action)나 GitHub(https://github.com/Jpub/GoInAction)에서 다운로드할 수 있다.

윌리엄 케네디(@goinggodotnet)는 미국 플로리다 주 마이애미에 위치한 모바일 및 웹 시스템 개발 전문 기업인 아르단 스튜디오의 관리 파트너다. 또한 GoingGo.Net 블로그의 필자이자 마이애미 Go 밋업의 운영자이기도 하다. 윌리엄은 교육 사업을 담당하는 아르단 랩스를 설립하고 Go 언어에 대한 교육에 집중하고 있다. 게다가 오프라인 및 구글 행아웃을 통한 온라인 콘퍼런스나 워크숍에도 자주 참여한다. Go 언어를 배우거나 블로깅 또는 코딩 기술을 끌어올리고 싶어하는 사람들과 함께 일하는 것을 즐긴다.

브라이언 케텔슨(@bketelsen)은 빅 데이터 및 분석 기업인 XOR 데이터 익스체인지의 공동 창업자이자 CIO다. 또한 매년 개최되는 고퍼콘의 공동 개최자이자 Go 언어의 전파와 교육에 힘쓰는 커뮤니티 중심의 사이트인 고퍼 아카데미의 설립자이기도 하다. 2010년부터 지금까지 실무에 Go 언어를 사용하고 있다.

에릭 St. 마틴(@erikstmartin)은 XOR 데이터 익스체인지의 소프트웨어 개발 부문 이사다. 회사는 미국 텍사스 주 오스틴 시에 있지만 플로리다 주 탬파 시에 거주하면서 일하고 있다. 에릭은 오랫동안 오픈 소스 커뮤니티에 기여해왔다. 매년 열리는 고퍼콘의 개최자이자 탬파 시 Go 밋업 그룹의 운영자로 활동 중이다. Go 언어와 커뮤니티에 지대한 관심이 있으며, 이들을 성장시키기 위한 새로운 방법을 계속 모색하고 있다.

이 책의 표지에 사용된 그림의 제목은 '동인도에서 온 남자'다. 이 그림은 1757년과 1772년에 런던에서 출간된 토마스 제프리스(Thomas Jefferys)의 《A Collection of the Dresses of Different Nations, Ancient and Modern》(세계의 의상 모음, 고대와 근대)(총 4권)에서 발췌한 것이다. 이 책에서는 이 그림들이 아라비아 고무에 손으로 직접 색칠해 찍어낸 동판화라고 설명하고 있다. 토마스 제프리스(1719-1771)는 조지 3세 시대의 지리학자로 불린다. 그는 잉글랜드에서 알아주는 지도 제작자였다. 정부와 기타 공공단체를 위한 지도를 제작했으며, 특히 북아메리카를 비롯해 다양한 범위의 지도와 책자를 만들었다. 그의 지도 책들은 그가 지도를 공급한 지역의 특색 있는 복장들에 대한 관심을 이끌어냈고 점차 화려한 컬렉션의 탄생을 이루었다.

18세기 후반에는 먼 지역에 대한 동경과 즐거움을 추구하는 여행이 비교적 새로운 유행으로 번져나갔다. 그리고 이와 같은 컬렉션들이 인기를 끌었으며, 여행객은 물론 탁상 여행가들에게도 다른 나라로의 이민을 장려하는 역할을 했다. 그만큼 제프리스의 다양한 그림은 200년 전의 세계 각국의 특색과 독창성을 잘 표현하고 있었다.

언젠가부터 드레스 코드가 바뀌기 시작하면서 풍부했던 국가와 지역별 특색은 점차 사라지게 되었다. 이제는 서로 다른 대륙에 사는 사람들 사이에도 차이점을 찾기가 어려워졌다. 조금 낙관적으로 보면, 우리는 문화와 시각적 다양성을 그보다 더 다양한 개인의 삶, 어쩌면 더욱더 다양하고 흥미로운 지식이나 기술 위주의 삶과 맞바꾼 것이 아닐까?

베타리더 후기

🦋 노승헌(아카마이 테크놀로지스 코리아)

점점 더 많은 것을 배워야 한다는 부담은 있지만 새롭게 설계된 언어를 살펴보는 것은 개발자의 DNA를 가진 사람들이 느낄 수 있는 카타르시스의 하나가 아닐까 생각합니다. 기존 언어에 대한 경험이 Go 언어를 온전히 받아들이지 못하게 하는 경향이 있지만, 이 역시 개발자라서 발생하는 이슈일 것 같습니다. 여러분도 이 책을 통해 새로운 언어를 들여다볼 수 있는 좋은 시간을 갖게 되기를 바랍니다.

🦋 손은주(한양대학교)

간결한 문법과 빠른 컴파일 속도, 잘 정리된 기본 라이브러리를 장점으로 가지고 있는 구글의 Go를 제이펍을 통해 접하게 되어 반가웠습니다. 이 책에는 언어의 문법과 형식부터 어쩌면 생소할 수 있는 고루틴, 인터페이스, 채널에 대한 자세한 가이드까지 담겨 있습니다. Go를 처음 접해도 무리 없이 따라갈 수 있는 구성을 갖추고 있어 언어에 대한 이해도를 많이 높일 수 있었습니다.

🦋 안정수(메쉬코리아)

이 책을 통해 Go 언어에 많은 매력을 느끼게 되었고, 개인 프로젝트를 떠나 업무에도 사용해보고 싶단 생각이 들었습니다. 이 책은 Go 언어의 장점들을 잘 녹여냈으며, Go의 핵심 내용을 반영하는 예제들로 이루어져 있습니다. 그리고 이 모두가 차근차근 설명되어 있어 이해하기도 쉬웠습니다.

🦋 이석곤(환경과학기술)

이 책에는 Go의 각 기능에 대한 상세한 설명과 적절한 예제가 제공됩니다. 특히 예제에 대한 설명이 분명하여 경험자는 물론 초심자에게도 적합한 책입니다. C 언어의 대안 언어를 찾거나 새로운 패러다임을 배우고자 하는 모두에게 좋은 가이드가 되어 줄 것입니다. 여러분도 이 책을 통해 Go의 매력에 빠져들기를 바랍니다.

🦋 한상곤(우분투 한국 커뮤니티 소속 마이크로소프트 MVP)

Go에 관련된 많은 책이 문법 위주이거나 개념을 소개하는 데 많은 페이지를 할애합니다. 그러다 보면 문법만 공부하게 되어 늘 약간의 아쉬움이 있었습니다. 이 책은 이 '약간의 아쉬움'을 한 번에 날려 줍니다. 데이터 피드 검색 예제를 통해 문법을 설명하기 때문에 문법과 차별화된 Go만의 특징을 배울 수 있습니다. Go를 시작하는 분이나 어느 정도 문법 공부를 해온 분에게 이 책을 추천하고 싶습니다.

제이펍은 책에 대한 애정과 기술에 대한 열정이 뜨거운 베타리더들로 하여금
출간되는 모든 서적에 사전 검증을 시행하고 있습니다.

1

Go와의 첫 만남

이번 장에서 학습할 내용
- Go를 이용해 최신 컴퓨팅 환경이 당면한 과제 해결하기
- Go가 제공하는 기본 도구들 살펴보기

컴퓨터는 계속해서 발전해왔지만, 프로그래밍 언어는 하드웨어의 발전 속도를 지금까지도 따라잡지 못하고 있다. 이제 우리가 매일 만지작거리는 휴대폰마저도 처음 등장한 컴퓨터보다 더 많은 CPU 코어를 사용한다. 고성능 서버들은 이제 64개, 128개 혹은 그 이상의 코어를 장착하고 있지만, 우리는 여전히 CPU가 단 하나의 코어를 사용하던 시절의 구닥다리 기법을 바탕으로 프로그래밍을 하고 있다.

프로그래밍 기법 역시 혁신을 거듭하고 있다. 대부분의 프로그램들은 이제 더 이상 한 명의 개발자에 의해 좌지우지되지 않는다. 이제는 각기 다른 지역과 나라에서 서로 다른 시간에 일하는 사람들로 구성된 팀이 프로그램을 개발한다. 대형 프로젝트들은 작은 조각으로 잘게 쪼개져서 개발자들에게 나눠진다. 그러면 개발자들은 자신에게 할당된 일을 애플리케이션의 어디에서든지 활용할 수 있도록 라이브러리나 패키지 형태로 만들어 다시 팀에게 전달한다.

오늘날의 프로그래머들과 기업들은 그 어느 때보다도 오픈 소스 소프트웨어의 힘에 의존하고 있다. Go는 코드를 쉽게 공유할 수 있는 프로그래밍 언어다. Go는 다른 사람이 작성한 패키지를 손쉽게 가져다 쓸 수 있고, 내가 만든 패키지 또한 다른 사람과 편리하게 공유할 수 있는 도

구들을 제공한다.

제1장에서는 다른 프로그래밍 언어들과 Go 언어의 차이점에 대해 설명한다. Go는 이미 독자들에게 익숙한 전통적인 객체지향 개발 방법을 재해석하면서도 코드 재사용을 위한 효율성을 제공하는 언어다. 또한 값비싼 서버에 장착된 모든 CPU 코어를 효과적으로 활용할 수 있는 손쉬운 방법을 제공하며, 대형 프로젝트를 컴파일할 때의 불편한 점들을 효과적으로 개선했다.

제1장을 읽다 보면, 동시성 모델부터 눈 깜빡할 새 끝나버리는 초고속 컴파일러에 이르기까지 정말 다양한 의사결정들이 모여 지금의 Go 언어를 만들어간다는 느낌을 받을 것이다. 다시 한 번 강조하건대, 이 책은 다른 개발 언어에 대한 경험이 있으면서 Go 언어를 학습하기를 원하는 중급 개발자를 대상으로 한 책이다. 우리가 이 책을 쓴 이유는 Go라는 언어에 대한 집중적이고 간결하면서도 포괄적인 가이드를 제공하기 위한 것이다. 우리는 언어의 문법이나 Go의 타입 시스템, 동시성, 채널, 테스트 등 광범위한 주제에 대한 언어의 명세 및 실제 구현을 모두 다룬다. 당연히, 이 책이 Go 언어를 배우고자 하는 독자는 물론, 언어 자체에 대한 심도 깊은 이해를 추구하는 모든 독자에게 완벽한 지침서가 될 것이라 믿어 의심치 않는다.

이 책의 예제 소스 코드는 https://github.com/goinaction/code에서 다운로드할 수 있다.

Go 언어가 개발자의 편의성을 위해 제공하는 다양한 도구들에 주목하기 바란다. 마침내는 왜 많은 개발자들이 새로운 프로젝트에 Go 언어를 도입하는지 그 이유를 납득하게 될 것이다.

1.1 Go 언어로 최신 컴퓨팅 환경이 당면한 과제 해결하기

Go 개발팀은 오늘날 소프트웨어 개발자들이 당면한 문제들을 훌륭하게 해결했다. 개발자들은 프로젝트를 수행할 언어를 선택하는 과정에서 개발 속도와 성능을 두고 항상 갈등해야 했다. 예를 들어, C나 C++ 같은 언어들은 빠른 수행 속도를 자랑하는 반면, Ruby나 Python 같은 언어들은 개발 기간이 짧다. Go 언어는 이 둘 사이의 균형을 잘 맞추고 있어 빠른 수행 속도를 제공하면서도 개발 기간을 단축할 수 있는 다양한 기능들을 제공한다.

Go를 학습하다 보면 잘 설계된 기능과 간결한 문법을 확인할 수 있을 것이다. Go는 개발 언어의 관점에서 반드시 지원해야 할 사항들은 물론 지원하지 말아야 할 사항들까지 고려해서 만들어진 언어다. 게다가 기억하기 편하도록 몇 가지 키워드로만 구성된 간결한 문법이 특징이다. 가끔 컴파일러가 동작하고 있다는 사실조차 잊어버릴 정도로 빠른 컴파일 속도는 Go의 또 다른 장점이다. 프로젝트가 빌드될 때까지 기다리느라 허비하는 시간이 줄어든다는 것은 개발자 입장에서는 상당한 이점이 아닐 수 없다. 또한 Go에 내장된 동시성 기능 덕분에 별도의 스레드 라이브러리를 사용하지 않아도 시스템 자원을 효과적으로 활용할 수 있다. 그리고 객체 지향 개발 과정에서 발생하는 오버헤드를 줄이고 오로지 코드의 재사용에만 집중할 수 있도록 간결하면서도 효과적인 타입 시스템을 제공하고 있다. 게다가 현대적인 개발 언어답게 메모리를 직접 관리할 필요가 없도록 가비지 컬렉션(GC, Garbage Collection)도 지원된다. 그러면 지금까지 나열한 핵심 기능들을 간단히 살펴보기로 하자.

1.1.1 개발 속도

C나 C++ 언어로 대형 애플리케이션을 컴파일하려면 커피 한 잔을 마시는 시간보다 더 긴 시간이 필요하다. 그림 1.1은 사무실에서 흔히 벌어질 수 있는 상황을 재미있게 표현하고 있다.

Go는 굉장히 똑똑한 컴파일러와 간결한 의존성 해석 알고리즘을 통해 놀라울 정도로 빠르게 동작하는 컴파일러를 제공한다. Java나 C 또는 C++ 컴파일러들이 전체 라이브러리의 의존성을 탐색하는 것과는 달리, Go 컴파일러는

그림 1.1 일은 열심히 하고 있는 거지? (출처: XKCD)

직접적으로 참조하는 라이브러리의 의존성만을 해석한다. 그 결과 대부분의 Go 애플리케이션들은 컴파일 시간이 1초도 걸리지 않는다. 최신 하드웨어를 사용하는 경우에는 전체 Go 소스 트리를 컴파일하는 데 20초도 채 걸리지 않는다.

동적 언어(dynamic language)로 애플리케이션을 작성하는 경우 높은 생산성을 기대할 수 있는데, 그 이유는 코드를 작성한 후 별다른 중간 과정을 거치지 않고도 작성된 코드를 실행할 수 있기 때문이다. 반면, 동적 언어는 정적 언어(static language)들이 제공하는 타입 안전성(type safety)을 제공하지 않으며, 실행 시에 잘못된 타입 때문에 발생할 수 있는 버그를 방지하기 위해 광범위한 테스트 코드를 작성해야 한다는 단점이 있다.

독자 여러분이 JavaScript 같은 동적 언어로 대형 애플리케이션을 작성하고 있고, ID라는 이름의 매개변수를 사용하는 함수를 작성한다고 가정해보자. 이 ID 매개변수의 타입은 정수일까 아니면 문자열일까? 그것도 아니면 UUID일까? 이 매개변수의 타입을 알아낼 수 있는 방법은 소스 코드를 살펴보는 것뿐이다. 아니면 함수를 호출할 때 숫자나 문자열을 지정해보고 함수

가 어떻게 동작하는지 그 결과를 지켜봐야 한다. Go 언어에서는 이런 모호함 때문에 소중한 시간을 낭비하지 않아도 된다. 만일 개발자가 다른 타입의 값을 전달하면 컴파일러가 이를 자동으로 잡아내서 알려주기 때문이다.

1.1.2 동시성

프로그래머들에게 가장 어려운 일 중 하나는 코드를 실행 중인 하드웨어의 사용 가능한 자원을 효과적으로 활용할 수 있는 애플리케이션을 작성하는 것이다. 최신 하드웨어는 여러 개의 CPU 코어를 가지고 있지만 대부분의 프로그래밍 언어들은 이런 추가적인 자원을 쉽게 활용할 수 있는 효과적인 도구를 제공하지 않는다. 설령 가능하다 하더라도 스레드 동기화를 위해 너무 많은 코드를 작성해야 하고 그로 인해 쉽게 에러가 발생할 수 있다.

반면, 동시성(concurrency) 프로그래밍에 대한 지원은 Go의 가장 강력한 기능 중 하나다. 고루틴(goroutine)은 스레드와 유사하지만 더 적은 메모리를 소비하며 더 적은 양의 코드로 구현할 수 있다. 채널(channel)은 내장된 동기화 기능을 이용해 고루틴 간에 형식화된(typed) 메시지를 공유할 수 있는 데이터 구조다. 고루틴들이 필요한 데이터를 먼저 사용하기 위해 경쟁하게 하는 것이 아니라 고루틴 간에 데이터를 서로 전송할 수 있기 때문에 프로그래밍 모델이 더 간편해지는 장점이 있다. 그러면 이 두 가지 동시성 기능에 대해 조금 더 자세히 살펴보도록 하자.

고루틴

고루틴(goroutine)은 프로그램의 진입점(entry point) 함수를 비롯하여 다른 고루틴과 함께 동시에 실행되는 함수다. 다른 프로그래밍 언어의 경우 이런 일을 가능하게 하려면 스레드를 사용해야 하지만, Go에서는 여러 개의 고루틴이 하나의 스레드에서 동작한다. 예를 들어 C나 Java로 웹 서버를 작성하면서 여러 개의 웹 요청을 동시에 처리하고자 한다면 스레드를 사용하기 위한 많은 양의 코드를 작성해야 한다. 반면 Go는 고루틴을 이용한 동시성 기능을 자체적으로 지원하는 net/http 라이브러리를 사용한다. 그러면 서버로 유입된(inbound) 각각의 요청들이 자동적으로 각자의 고루틴에서 동작하게 된다. 고루틴은 스레드보다 적은 메모리를 사용하며 Go 런타임이 설정된 논리 프로세서의 개수에 따라 자동적으로 고루틴을 실행하기 위한 스케줄링을 처리한다. 그리고 각각의 논리 프로세서는 하나의 OS 스레드에 연결된다(그림 1.2 참조). 이런 기법을 통해 상대적으로 적은 노력으로 훨씬 효율적인 애플리케이션을 작성할 수 있다.

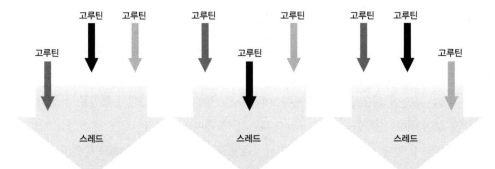

그림 1.2 하나의 OS 스레드에서 여러 개의 고루틴을 실행하는 모습

만일, 본연의 목적을 달성하기 위한 코드를 실행하는 동안 다른 코드를 동시에 실행하고자 한다면 고루틴을 사용하는 것이 적절하다. 간단한 예제를 살펴보자.

```
func log(msg string){
    ... 로그를 기록하는 코드를 여기에 작성한다.
}

// 애플리케이션 코드에서 오류가 발견된 부분
go log("심각한 오류가 발생했습니다")
```

예제처럼 go 키워드를 사용하면 log 함수가 고루틴으로 동작하도록 스케줄링할 수 있다. 그러면 이 고루틴은 다른 고루틴들과 동시에 실행될 수 있다. 즉, 로깅이 처리되는 동안 애플리케이션의 나머지 코드를 계속해서 실행할 수 있고, 이로 인해 최종 사용자들은 획기적인 성능의 향상을 피부로 느끼게 될 것이다. 앞서 설명했듯이, 고루틴의 오버헤드는 그다지 크지 않으므로 빈번하게 사용한다고 해도 전혀 이상할 것이 없다. 고루틴과 동시성에 대한 주제는 제6장에서 더욱 자세히 살펴보기로 하자.

채널

채널(channel)은 고루틴 간에 안전한 데이터 전송을 가능하게 하는 데이터 구조다. 채널을 이용하면 공유 메모리 접근을 허용하는 프로그래밍 언어에서 흔히 발생하는 문제들을 손쉽게 피할 수 있다.

동시성 프로그래밍에 있어 가장 어려운 부분은 동시에 실행 중인 프로세스나 스레드 혹은 고루틴에 의해 의도치 않게 데이터가 변경되는 일을 방지하는 것이다. 여러 개의 스레드가 잠금(lock)이나 동기화 처리 없이 공유되는 데이터를 변경하게 되면 그때부터 골치가 아파진다. 다른 언어에서는 전역 변수와 공유 메모리를 사용하는 경우, 같은 변수가 여러 스레드에 의해 동기화 처리 없이 변경되는 것을 방지하기 위해 복잡한 잠금 처리에 익숙해져야 한다.

채널은 동시에 발생하는 수정 요청으로부터 데이터를 안전하게 보호하기 위한 패턴을 제공함으로써 이 문제를 해결하고 있다. 채널을 통해 어느 한 시점에 하나의 고루틴만이 데이터를 수정할 수 있는 패턴을 적용할 수 있게 된다. 이에 대한 예제는 그림 1.3에서 확인할 수 있다. 그림 1.3을 보면 현재 실행 중인 여러 개의 고루틴 간에 데이터를 전달하기 위해 채널을 이용하고 있음을 볼 수 있다. 애플리케이션이 여러 개의 서로 다른 프로세스를 실행 중이고 이들 프로세스가 어떤 데이터의 값을 순차적으로 읽거나 수정해야 한다고 가정해보자. 고루틴과 채널을 이용하면 이런 프로세스를 안전하게 모델링할 수 있다.

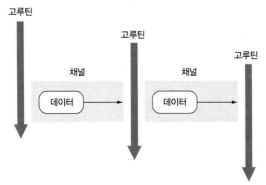

그림 1.3 채널을 이용하면 고루틴 간 데이터 교환을 안전하게 할 수 있다

그림 1.3은 세 개의 고루틴과 두 개의 버퍼가 없는(unbuffered) 채널을 도식화한 것이다. 첫 번째 고루틴은 채널을 통해 자신의 차례를 기다리고 있는 두 번째 고루틴에 데이터를 전달한다. 두 고루틴 사이의 데이터 교환은 동기화되어 있기 때문에 데이터의 전달이 이루어지면 양쪽의 고루틴이 모두 데이터가 교환되었음을 알게 된다. 두 번째 고루틴은 데이터를 전달받아 자신의 작업을 실행한 후 다시 세 번째 고루틴에 데이터를 전달한다. 이 데이터 교환 역시 동기화되기 때문에 두 고루틴은 데이터의 교환이 이루어졌다는 것을 명확하게 알 수 있다. 이와 같은 방법으로 아무런 잠금이나 동기화 메커니즘을 사용하지 않고도 고루틴 간에 데이터를 안전하게 교환할 수 있다.

이때 중요한 점은 채널이 고루틴 간의 데이터 접근을 보호하지는 않는다는 점이다. 만일 복사된 데이터가 채널을 통해 교환되면 각각의 고루틴이 각자 자신이 가진 데이터의 복사본을 안전하게 변경할 수 있다. 그러나 데이터에 대한 포인터를 교환할 때, 다른 고루틴이 이 데이터에 대한 읽기와 쓰기를 모두 수행한다면 여전히 해당 데이터를 동기화할 필요가 있다.

1.1.3 Go의 타입 시스템

Go는 계층구조가 없는 유연한 타입 시스템을 제공하기 때문에 리팩토링에 대한 부담을 최소화하면서 코드를 재사용할 수 있다. 즉, 전통적인 객체지향에 비하면 훨씬 간편하게 객체지향 프로그래밍이 가능하다. 복잡한 Java나 C++ 프로그램을 작성하면서 추상 클래스와 인터페이스를 설계하느라 일주일을 통째로 날려본 적이 있다면 Go의 타입 시스템이 가져다주는 간결함이 너무나도 고마울 것이다. Go 개발자들은 **합성(composition)**이라고 부르는 디자인 패턴과 마찬가지 방법으로, 기능을 재사용하기 위해 타입을 임베드(embed)한다. 다른 언어들도 합성 패턴을 사용하지만 종종 상속(inheritance)과 너무 강하게 연결되어 결국에는 코드 재사용이 복잡하고 어려워지는 경향이 있다. 반면 Go는 전통적인 상속 기반의 모델에 비해 훨씬 작은 타입을 합성하여 타입을 정의한다.

게다가 Go는 모델의 타입을 모델링하는 것이 아니라 동작을 모델링할 수 있는 독특한 인터페이스를 구현하고 있다. Go에서는 어떤 타입이 인터페이스를 구현하고 있다는 것을 선언할 필요가 없다. 컴파일러는 현재 사용하고 있는 타입의 값이 사용하고자 하는 인터페이스를 만족하는지를 검사할 뿐이다. Go 표준 라이브러리에 정의된 대부분의 인터페이스들은 겨우 몇 가지 기능만을 노출하는 간단한 것들이다. Java 같은 객체지향 언어에 익숙한 독자라면 익숙해지는 데 시간이 좀 걸릴 것이다.

간결한 타입

Go는 `int`나 `string` 같은 내장 타입을 제공하는 것은 물론 사용자가 직접 타입을 정의하는 것도 허용한다. Go에서 사용자가 직접 정의한 타입은 데이터를 저장하기 위한 형식화된 필드를 가진다. C에서 사용하는 구조체(struct)를 본 적이 있다면 Go의 사용자정의 타입이 생소하지 않을 것이며, 이와 유사하게 동작한다는 것을 알 수 있을 것이다. 그러나 Go의 타입에는 데이터를 조작하기 위한 메서드를 정의할 수도 있다는 점이 다르다. Go 개발자들은 — Entity 클래스를 상속해서 User 클래스를 정의하고 다시 이를 상속해서 Client 클래스를 정의하는 것처럼 — 여러 단계로 상속된 데이터 구조를 정의하는 것보다는 — Customer 타입과 Admin 타입을 정의한 후 이 둘을 조금 더 큰 타입에 임베드하여 — 상대적으로 작은 크기의 타입을 정의한다. 그림 1.4는 상속과 합성의 차이점을 보여준다.

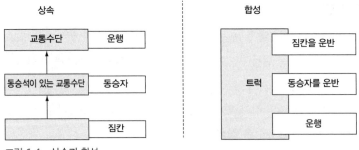

그림 1.4 상속과 합성

작은 동작을 모델링하는 인터페이스

인터페이스(interface)는 타입의 동작을 표현하기 위해 사용한다. 타입의 값이 어떤 인터페이스를 구현한다는 것은 그 값이 일련의 특정한 행동을 수행할 수 있다는 것을 의미한다. 게다가 인터페이스를 구현하고 있다고 선언할 필요조차 없다. 단지 필요한 행위를 구현만하면 된다. 다른 언어들은 이런 기법을 **덕 타이핑(duck typing)**이라고 한다. 덕 타이핑이란 어떤 생물이 오리처럼 꽥꽥 소리를 낸다면 그 생물을 오리라고 간주할 수 있다는 개념이다. Go는 정확히 이와 같은 동작을 수행한다. Go에서는 어떤 타입이 인터페이스에 정의된 메서드를 구현하면 이 타입의 값에 해당 인터페이스 타입의 값을 저장할 수 있다. 그 외에 다른 것은 아무것도 선언할 필요가 없다.

Java처럼 철저히 객체지향을 따르는 언어들은 사방팔방에 인터페이스가 난무한다. 심지어 코드를 작성하기 전에 이미 엄청난 양의 상속 구조를 고려해야 하는 경우가 많다. 다음 예제는 Java에서 인터페이스를 정의하는 코드다.

```
interface User {
    public void login();
    public void logout();
}
```

Java에서 이 인터페이스를 구현하려면 이 User 인터페이스에 정의된 모든 약속들을 만족하는 클래스를 구현한 후, 그 클래스가 User 인터페이스를 구현하고 있음을 명시적으로 선언해야 한다. 반면 Go의 인터페이스는 주로 하나의 동작만을 표현한다. Go에서 가장 자주 사용하게 될 인터페이스 중 하나는 io.Reader 인터페이스다. 이 인터페이스를 이용하면 우리가 정의하는 타입이 표준 라이브러리의 다른 함수들이 이미 알고 있는 방법으로 데이터를 읽을 수 있다는 것을 간단하게 표현할 수 있다. 이 인터페이스를 정의한 코드는 다음과 같다.

```
type Reader interface {
    Read(p []byte) (n int, err error)
}
```

io.Reader 인터페이스를 구현하는 타입을 작성하려면 바이트의 슬라이스(slice)를 매개변수로 받아들여 정수와 에러를 리턴하는 Read 메서드를 구현하기만 하면 된다.

이런 방식은 전통적인 객체지향 프로그래밍 언어에서 사용하는 인터페이스 시스템과는 근본적으로 다른 것이다. Go의 인터페이스는 훨씬 간단하며 한 가지 동작만을 정의한다. 이를 바탕으로 실전에서는 코드의 재사용과 합성에 큰 이점을 얻을 수 있다. 데이터를 읽어야 하는 거의 모든 타입에 io.Reader 인터페이스를 구현할 수 있고, 이런 타입들은 io.Reader 인터페이스를 통해 데이터를 읽는 동작을 수행하는 그 어떤 Go 함수에도 전달할 수 있다.

Go의 네트워킹 라이브러리는 모두 io.Reader 인터페이스를 사용하여 작성되었다. 그렇게 함으로써 각기 다른 네트워크 작업을 수행하기 위해 구현해야 하는 네트워크 기능을 애플리케이션의 기능과 완전히 분리할 수 있기 때문이다. 이런 방식을 채택함으로써 인터페이스의 작성이 보다 즐겁고 우아하며 유연해졌다. 파일, 버퍼, 소켓 및 기타 다른 데이터 소스들을 동일한 io.Reader 인터페이스를 통해 손쉽게 활용할 수 있기 때문이다. 하나의 인터페이스를 정의함으로써 데이터 소스의 종류와는 무관하게 데이터를 효과적으로 조작할 수 있게 된 것이다.

1.1.4 메모리 관리

메모리 관리에 문제가 있으면 애플리케이션이 충돌하고, 메모리 누수가 발생하며, 심한 경우에는 운영체제의 충돌을 야기할 수도 있다. Go는 최신 개발 언어답게 메모리를 자동으로 관리하는 가비지 컬렉션을 제공한다. C나 C++ 같은 다른 시스템 언어들의 경우, 개발자가 메모리를 사용하기 전에 직접 할당하고 사용이 끝난 다음에는 직접 해제해야 한다. 이 두 가지 작업을 정확하게 수행하지 않으면 프로그램이 충돌하거나 메모리 누수가 발생할 수 있다. 더 이상 사용하지 않는 메모리를 추적하는 일은 쉽지 않은 일이며, 다중 스레드 처리 및 동시성 코드를 빈번하게 사용한 경우에는 특히 더 어렵다. 그러나 가비지 컬렉션 기능이 제공되는 경우에는 이야기가 달라진다. Go의 가비지 컬렉션은 프로그램 실행 시간에 약간의 오버헤드를 유발하지만 개발에 필요한 노력을 획기적으로 줄여준다. Go는 프로그래밍을 지루하고 어려운 작업으로 만드는 여러 가지를 걷어내고 프로그램 본연의 목적에 집중할 수 있도록 도움을 준다.

1.2 Hello, Go

자고로 프로그래밍 언어를 쉽게 익히려면 직접 실행해보고 느껴보라고 했다. 다음 코드는 전통적인 **Hello, World!** 예제를 Go로 작성한 코드다.

```go
package main          ◀────── Go 프로그램은 패키지
                              단위로 관리한다.            import 구문을 이용해서 외부 코드를 참조할 수
                                                         있다. fmt 패키지는 출력할 데이터의 형식을
import "fmt"          ◀─────────────────────────────    정의하는 표준 라이브러리를 제공한다.

func main() {         ◀──────────────    C와 마찬가지로 애플리케이션을
    fmt.Println("Hello, World!");         실행하면 main 함수가 호출된다.
}
```

이 예제를 실행하면 화면에 간단한 문장이 출력될 것이다. 그런데 이 프로그램을 어떻게 실행할 수 있을까? 굳이 컴퓨터에 Go를 설치하지 않아도 Go가 제공하는 거의 모든 기능들을 웹 브라우저에서 곧바로 실행해볼 수 있다.

1.2.1 Go 놀이터

Go 놀이터(Go Playground)에서는 웹 브라우저를 통해 Go 코드를 편집하고 실행해볼 수 있다. 웹 브라우저를 실행하고 http://play.golang.org를 방문하자. 브라우저 창에 보이는 코드는 곧바로 편집도 가능하다(그림 1.5 참조). Run 버튼을 클릭하고 어떤 일이 일어나는지 확인해보자.

그림 1.5 Go 놀이터 웹사이트

코드를 수정해서 출력되는 인사말을 변경할 수도 있다. 코드 중에서 `fmt.Println()` 함수 내의 문자열을 변경한 후 Run 버튼을 클릭해보자.

Go 코드 공유하기 Go 개발자들은 이 놀이터에서 코드에 대한 아이디어나 테스트 이론을 공유하기도 하고 자신의 코드를 디버깅하기도 한다. 아마 여러분도 곧 그렇게 될 것이다. 놀이터에서 새로운 애플리케이션을 작성하면 Share 버튼을 클릭하여 누구든지 열어볼 수 있는 URL을 생성할 수 있다. http://play.golang.org/p/EWIXicJdmz를 한번 방문해보기 바란다.

Go 놀이터는 새로운 것을 배우거나 내가 도움을 얻고자 하는 동료나 친구들에게 아이디어를 보여줄 수 있는 최적의 공간이다. Go와 관련된 IRC 채널, 슬랙(Slack) 그룹, 메일링 리스트는 물론, Go 개발자들이 주고받는 셀 수 없이 많은 전자 메일들을 보면 Go 놀이터를 통해 코드를 생성하고, 수정하고, 공유하는 모습을 쉽게 확인할 수 있다.

1.3 요약

- Go는 모던하고 빠르며 강력한 표준 라이브러리를 제공하는 프로그램 언어다.
- Go는 동시성 기능을 자체적으로 내장한다.
- Go는 코드 재사용을 위한 빌딩 블록(building block)으로서 인터페이스를 활용한다.

CHAPTER

2

Go 간단히 살펴보기

이번 장에서 학습할 내용

- Go 프로그램을 포괄적으로 살펴보기
- 타입, 변수, 함수, 메서드 선언하기
- 고루틴을 실행하고 동기화하기
- 인터페이스를 이용한 범용 코드 작성하기
- 오류를 일반적인 프로그램 로직처럼 처리하기

Go는 기품이 있으며 언어 자체의 생산성과 재미를 배가시키는 프로그래밍 요소들을 가지고 있다. 언어를 디자인한 사람들은 자신들이 필요로 했던 저수준(low-level) 프로그래밍 구조에 대한 접근을 허용하면서도 생산성을 높일 수 있는 언어를 만들어냈다. 이러한 균형의 달성은 최소화된 키워드 집합과 내장 함수, 그리고 간결한 문법 덕분에 가능했다고 볼 수 있다. 또한 Go는 매우 광범위한 표준 라이브러리를 지원한다. 이 표준 라이브러리는 프로그래머가 실제 세계의 웹 및 네트워크 기반 프로그램을 구현하는 데 필요한 모든 핵심 패키지들을 제공하고 있다.

이번 장에서는 대부분의 Go 프로그램에서 사용되는 기능들을 구현한 완전한 형태의 Go 프로그램 코드를 통해 지금까지 학습한 내용들이 실제로 어떻게 활용되는지 살펴보자. 이 프로그램은 웹에서 각기 다른 데이터 피드를 가져와 콘텐츠를 검색어와 비교한 후 검색어에 일치하는 결과만을 터미널 윈도에 출력한다.

이 프로그램은 텍스트 파일을 읽고, 웹을 통해 요청을 보내고, XML과 JSON을 구조체 타입 값으로 디코드(decode)하는 등의 기능을 구현하며, 속도 향상을 위해 Go의 동시성 기능을 활용한다.

예제 코드는 다음 소스 저장소에서 다운로드할 수 있으며, 여러분이 선호하는 텍스트 편집기를 이용하여 작업하면 된다.

    https://github.com/webgenie/go-in-action/tree/master/chapter2/sample

이번 장을 몇 번을 읽든 이번 장에서 읽고 살펴보는 코드를 반드시 모두 이해해야 한다는 부담은 갖지 말기를 바란다. 지금까지 여러분이 공부한 프로그래밍 개념들은 Go를 공부하는 데 도움이 될 테지만, Go는 그 나름대로 독특한 구문과 형식을 규정하고 있다. 지금 잘 사용하고 있는 프로그래밍 언어로부터 벗어나 마음을 비우고 새로운 눈으로 Go 언어를 바라본다면, 머지않아 Go가 가지고 있는 우아함을 느낄 수 있을 것이다.

2.1 프로그램 아키텍처

코드를 살펴보기에 앞서 프로그램의 아키텍처를 살펴보고(그림 2.1 참조), 서로 다른 피드를 대상으로 검색을 수행하는 방법을 살펴보도록 하자.

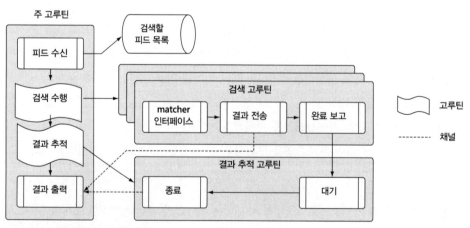

그림 2.1 프로그램 아키텍처의 흐름

그림에서 보듯이 프로그램은 각기 다른 고루틴에 의해 실행되는 여러 단계로 나누어진다. 이 코드는 우선 주 고루틴에서 시작해서 검색과 추적을 담당하는 고루틴의 코드를 살펴본 후 다시 주 고루틴의 코드로 돌아오는 순서로 진행된다. 프로젝트의 구조는 다음과 같다.

```
cd $GOPATH/src/github.com/webgenie/go-in-action/chapter2

- sample
    - data
        data.json       -- 데이터 피드를 가지고 있는 파일
    - matchers
        rss.go          -- RSS 피드 검색기를 구현한 코드
    - search
        default.go      -- 데이터 검색을 위한 기본적인 검색기 코드
        feed.go         -- JSON 데이터 파일을 읽기 위한 코드
        match.go        -- 서로 다른 종류의 검색기를 지원하기 위한 인터페이스
        search.go       -- 검색을 수행하는 주요 로직이 구현된 파일
    main.go             -- 프로그램의 진입점
```

전체 코드는 총 네 개의 폴더로 관리된다. 알파벳 순서로 살펴보면, 먼저 **data** 폴더에는 데이터 피드를 저장한 JSON 문서를 보관한다. 프로그램은 이 문서의 데이터를 조회하여 검색 절차를 처리한다. **matchers** 폴더에는 피드의 종류별로 프로그램이 활용할 검색기를 구현한 파일들을 보관한다. 현재 이 프로그램은 RSS 타입의 피드만을 지원하고 있다. **search** 폴더에는 각기 다른 검색기를 이용해 콘텐츠를 검색하기 위한 비즈니스 로직을 구현한 파일을 보관한다. 마지막으로, 부모 폴더인 **sample** 폴더에는 프로그램의 진입점 역할을 수행하는 **main.go** 파일을 저장한다.

지금까지 프로그램을 구성하는 모든 코드에 대해 살펴보았으므로 이제 이 프로그램이 어떻게 동작하는지를 살펴보도록 하자. 우선 프로그램의 진입점을 구현한 코드부터 살펴보자.

2.2 main 패키지

프로그램의 진입점은 main.go 코드 파일에 작성되어 있다. 코드는 비록 21줄밖에 되지 않지만 이 짧은 코드에 꽤나 중요한 내용들이 포함되어 있다.

```
01 package main
02
03 import (
04     "log"
```

```
05    "os"
06
07    _ "github.com/webgenie/go-in-action/chapter2/sample/matchers"
08    "github.com/webgenie/go-in-action/chapter2/sample/search"
09 )
10
11 // init 함수는 main 함수보다 먼저 호출된다.
12 func init() {
13     // 표준 출력으로 로그를 출력하도록 변경한다.
14     log.SetOutput(os.Stdout)
15 }
16
17 // main 함수는 프로그램의 진입점이다.
18 func main() {
19     // 지정된 검색어로 검색을 수행한다.
20     search.Run("Sherlock Holmes")
21 }
```

모든 Go 프로그램은 두 가지 독특한 기능을 가진 실행 파일을 만들어낸다. 그중 첫 번째 기능은 18번 줄에서 확인할 수 있다. 이 줄의 코드는 main 함수를 선언한다. 실행 파일을 생성하는 빌드 도구의 입장에서 main 함수는 반드시 선언되어 프로그램의 진입점 역할을 수행해야 한다. 두 번째 기능은 프로그램의 1번 줄에서 확인할 수 있다.

예제 2.3 main.go: 01번 줄

```
01 package main
```

앞의 코드를 보면 main 함수는 main이라는 이름의 패키지에 구현되어 있다. 만일 main 함수가 main 패키지에 선언되어 있지 않으면 빌드 도구는 실행 파일을 만들어내지 못한다.

Go의 모든 코드 파일은 패키지에 종속되어야 하며 main.go 파일도 예외는 아니다. 패키지는 Go에 있어 매우 중요한 개념이므로 패키지에 대한 보다 자세한 내용은 제3장에서 별도로 살펴보기로 하겠다. 지금 당장은 패키지가 컴파일된 코드를 구별하기 위한 단위를 정의하고 여기에 이름을 부여하여 그 안에 정의된 식별자들을 구별하기 위한, 일종의 네임스페이스(namespace) 같은 것이라고 알아두자. 패키지 덕분에 우리가 가져오기(import)한 패키지들에 설령 같은 이름의 식별자가 존재하더라도 이들을 쉽게 구분할 수 있다.

이제 main.go 파일의 03~09번 코드를 살펴보자. 이 코드는 외부 코드를 가져오는 코드다.

```
03 import (
04     "log"
05     "os"
06
07     _ "github.com/webgenie/go-in-action/chapter2/sample/matchers"
08     "github.com/webgenie/go-in-action/chapter2/sample/search"
09 )
```

가져오기는 말 그대로 외부의 코드를 가져와서 그 코드에 정의된 타입, 함수, 상수 및 인터페이스 같은 식별자들에 접근할 수 있게 해주는 기능이다. 예제의 경우 main.go 코드 파일은 이제 search 패키지의 Run 함수를 참조할 수 있게 되었다. 04번과 05번 줄의 코드는 표준 라이브러리로부터 log와 os 패키지의 코드를 가져오는 코드다.

같은 폴더에 저장된 모든 소스 파일은 같은 패키지 이름을 사용해야 하며, 폴더 이름과 동일한 패키지 이름을 사용하는 것이 관례다. 앞서 설명했듯이 패키지는 컴파일된 코드 단위를 정의하며, 각각의 코드 단위는 패키지로 표현된다. 예제 2.1을 다시 살펴보면, 프로젝트를 구성하고 있는 폴더 중 search라는 폴더에 작성한 코드를 08번 줄에서 같은 이름으로 가져오는 것을 볼 수 있다.

07번 줄을 유심히 살펴보면 matchers 패키지를 가져오는 코드 앞에 빈 식별자를 사용한 것을 알 수 있다.

```
07     _ "github.com/webgenie/go-in-action/chapter2/sample/matchers"
```

이 방법은 가져온 패키지에 정의된 식별자를 직접 사용하지 않더라도 가져오기 선언을 유지하기 위한 방법이다. 사실 Go 컴파일러는 코드의 가독성을 위해 패키지를 가져왔지만 실제로 그 패키지에 정의된 식별자를 사용하지 않으면 컴파일 오류를 발생한다. 빈 식별자를 사용하면 컴파일러는 패키지를 가져온 후 패키지 내의 다른 코드 파일에서 init 함수를 찾아 호출한다. 우리 예제 프로그램의 경우, matchers 패키지의 rss.go 코드 파일이 RSS 검색기를 등록하기 위한 init 함수를 선언하고 있으므로 이 기법을 활용할 필요가 있다. 이와 관련된 자세한 내용은 잠시 후에 다시 살펴보기로 하자.

main.go 코드 파일 역시 12~15번 줄의 코드에 걸쳐 init 함수를 선언하고 있다.

```
11  // init 함수는 main 함수보다 먼저 호출된다.
12  func init() {
13      // 표준 출력으로 로그를 출력하도록 변경한다.
14      log.SetOutput(os.Stdout)
15  }
```

프로그램을 구성하는 코드 파일에 정의된 모든 init 함수는 main 함수가 호출되기 전에 먼저 호출된다. 이 init 함수는 표준 라이브러리로부터 로그 출력기(logger)를 가져와 표준 출력 (stdout, standard out의 약자) 장치로 로그를 출력하도록 설정한다. 기본적으로 로그 출력기는 표준 오류(stderr, standard error의 약자) 장치로 로그를 출력하도록 설정되어 있다. 제7장에서는 표준 라이브러리가 제공하는 패키지들 중 log 패키지를 비롯한 중요한 패키지들에 대해 설명한다.

마지막으로, 20번 줄에 main 함수가 수행하는 코드를 살펴보자.

```
19      // 지정된 검색어로 검색을 수행한다.
20      search.Run("Sherlock Holmes")
```

이 코드는 search 패키지에 선언된 Run 함수를 호출한다. 이 함수는 프로그램을 위한 핵심 비즈니스 로직이 작성되어 있으며 검색어를 저장할 문자열 매개변수를 필요로 한다. 그리고 일단 Run 함수가 리턴되면 프로그램이 종료된다.

그러면 이제 search 패키지에 작성한 코드를 살펴보도록 하자.

2.3 Search 패키지

search 패키지는 프로그램을 위한 프레임워크와 비즈니스 로직을 구현한 패키지다. 이 패키지는 다시 개별적인 역할을 담당하는 네 개의 코드 파일로 구성된다. 앞으로 이 네 개의 소스 파일을 통해 프로그램을 구현하는 로직을 살펴볼 것이다.

사실 이 프로그램의 모든 로직은 검색기(matcher)를 중심으로 작성되기 때문에 검색기가 무엇인지 먼저 간략히 알아보도록 하자. 검색기는 우리가 작성하는 프로그램 내에서 각기 다른 종류의 피드를 처리하는 방법을 알고 있는 코드다. 현재 우리 프로그램은 두 개의 검색기를 구현하고 있다. 프레임워크가 구현하는 기본 검색기는 특정 종류의 피드에 대해서는 아무것도 고려하지 않은 채 검색을 위한 기본 작업을 수행하는 검색기이며, `matchers` 패키지에는 RSS 피드를 처리하기 위한 검색기가 구현되어 있다. 물론 향후에 이 프로그램을 확장하여 JSON 문서나 CSV 파일 등을 읽을 수 있는 검색기를 구현할 수도 있다. 검색기를 구현하는 방법에 대해서는 잠시 후에 살펴보기로 하자.

2.3.1 search.go

다음 예제는 search.go 코드 파일에 작성된 코드 중 처음 아홉 줄이다. Run 함수가 바로 이 코드 파일에 작성되어 있다.

> 예제 2.8   search/search.go: 01~09번째 줄

```
01 package search
02
03 import (
04     "log"
05     "sync"
06 )
07
08 // 검색을 처리할 검색기의 매핑 정보를 저장할 맵(map)
09 var matchers = make(map[string]Matcher)
```

곧 살펴보겠지만 각각의 코드 파일의 제일 첫 번째 줄에는 `package`라는 키워드와 함께 패키지 이름이 지정되어 있다. search 폴더에 저장된 각각의 코드 파일은 search라는 패키지 이름을 사용한다. 03~06번 줄까지의 import 구문은 표준 라이브러리로부터 `log`와 `sync` 패키지를 가져온다.

외부 라이브러리의 코드를 가져올 때와는 다르게 표준 라이브러리로부터 코드를 가져올 때는 패키지의 이름만 지정하면 된다. 그러면 컴파일러는 GOROOT 및 GOPATH 환경 변수(environment variables)에 정의된 위치를 기준으로 가져올 패키지를 탐색한다.

> 예제 2.9   GOROOT와 GOPATH 환경 변수

```
GOROOT="/Users/me/go"
GOPATH="/Users/me/spaces/go/projects"
```

`log` 패키지는 표준 출력(stdout), 표준 오류(stderr) 또는 사용자정의 장치를 통해 로깅 메시지를 출력하는 기능을 제공하며, `sync` 패키지는 우리 프로그램이 필요로 하는 고루틴 사이의 동기

화를 지원한다. 09번째 코드는 우리 프로그램에 필요한 첫 번째 매개변수를 선언하는 코드다.

```
08  // 검색을 처리할 검색기의 매핑 정보를 저장할 맵(map)
09  var matchers = make(map[string]Matcher)
```

이 변수는 앞으로 구현할 함수들의 외부에 선언된 변수이기 때문에 패키지 수준의 변수로 인식된다. 이 변수는 var 키워드를 이용해 선언했으며 string 타입의 키와 Matcher 타입의 값으로 구성된 map 타입으로 선언되었다. Matcher 타입은 match.go 코드 파일에 선언되어 있으며, 이 타입을 선언한 목적에 대해서는 잠시 후에 설명하기로 한다. 일단 이 변수의 선언과 관련해 한 가지 더 중요하게 짚고 넘어갈 부분이 있다. 바로 변수의 이름 matchers가 소문자로 시작한다는 점이다.

Go에서의 식별자들은 패키지 외부로 노출이 되는 것과 노출이 되지 않는 것으로 구분할 수 있다. 외부로 노출되는 식별자들은 다른 패키지가 해당 패키지를 가져오면 곧바로 접근이 가능한 식별자들이다. 이런 식별자들의 이름은 대문자로 시작한다. 반면, 노출되지 않는 식별자들의 이름은 소문자로 시작하며 이 경우 다른 패키지의 코드가 직접 접근할 수 없다. 하지만 노출되지 않는 식별자들도 다른 패키지의 코드가 간접적으로 접근할 수 있는 방법은 있다. 예를 들어, 노출되지 않는 타입의 값을 리턴하는 함수를 호출한 함수는 설령 다른 패키지에 정의되었다 하더라도 호출한 함수의 리턴 값에 의해 그 타입에 접근이 가능하다.

또한, 이 변수의 선언문을 통해 대입 연산자(assignment operator)와 특수한 내장 함수인 make 함수를 이용해 변수를 초기화하는 방법도 알 수 있다.

```
make(map[string]Matcher)
```

맵(map)은 make 함수를 이용해 Go 런타임에 생성을 요청해야 하는 참조 타입(reference type)이다. 맵을 먼저 생성한 후 변수에 대입하지 않으면 맵 변수에 접근할 때 오류가 발생한다. 그 이유는 맵 변수의 제로 값(zero value)이 nil이기 때문이다. 맵에 대한 더 자세한 내용은 제4장에서 살펴보기로 하자.

Go에서는 모든 변수가 제로 값으로 초기화된다. 숫자 타입의 경우는 0으로 초기화되고, 문자열은 빈 문자열로 초기화되며, 불리언(boolean)은 false로 초기화된다. 그리고 포인터의 경우는 제로 값으로 nil이 사용된다. 반면, 참조 타입의 경우는 각 기반 타입의 제로 값으로 초기화된 데이터 구조가 사용된다. 그러나 참조 타입으로 선언된 변수 자체의 제로 값은 nil이다.

그러면 이제 main 함수가 호출하는 Run 함수를 자세히 들여다보자.

예제 2.12   search/search.go: 11~57번 줄

```
11  // 검색 로직을 수행할 Run 함수
12  func Run(searchTerm string) {
13      // 검색할 피드의 목록을 조회한다.
14      feeds, err := RetrieveFeeds()
15      if err != nil {
16          log.Fatal(err)
17      }
18
19      // 버퍼가 없는 채널을 생성하여 화면에 표시할 검색 결과를 전달받는다.
20      results := make(chan *Result)
21
22      // 모든 피드를 처리할 때까지 기다릴 대기 그룹(Wait group)을 설정한다.
23      var waitGroup sync.WaitGroup
24
25      // 개별 피드를 처리하는 동안 대기해야 할
26      // 고루틴의 개수를 설정한다.
27      waitGroup.Add(len(feeds))
28
29      // 각기 다른 종류의 피드를 처리할 고루틴을 실행한다.
30      for _, feed := range feeds {
31          // 검색을 위해 검색기를 조회한다.
32          matcher, exists := matchers[feed.Type]
33          if !exists {
34              matcher = matchers["default"]
35          }
36
37          // 검색을 실행하기 위해 고루틴을 실행힌다.
38          go func(matcher Matcher, feed *Feed) {
39              Match(matcher, feed, searchTerm, results)
40              waitGroup.Done()
41          }(matcher, feed)
42      }
43
44      // 모든 작업이 완료되었는지를 모니터링할 고루틴을 실행한다.
45      go func() {
46          // 모든 작업이 처리될 때까지 기다린다.
47          waitGroup.Wait()
48
49          // Display 함수에게 프로그램을 종료할 수 있음을
50          // 알리기 위해 채널을 닫는다.
51          close(results)
52      }()
```

```
53
54      // 검색 결과를 화면에 표시하고
55      // 마지막 결과를 표시한 뒤 리턴한다.
56      Display(results)
57 }
```

Run 함수는 프로그램의 주요 제어 로직을 구현한 함수다. 이 예제는 고루틴들을 동시에 실행하고 동기화하기 위해 Go 프로그램을 어떻게 구성해야 하는지를 잘 보여주고 있다. 그러면 이 함수에 구현된 로직을 섹션별로 나누어 살펴본 후, 이 함수에서 참조하고 있는 다른 코드 파일들도 확인해보자.

우선 Run 함수는 다음과 같이 선언되어 있다.

예제 2.13   search/search.go: 11~12번 줄

```
11  // 검색 로직을 수행할 Run 함수
12  func Run(searchTerm string) {
```

Go에서는 함수를 선언할 때, func 키워드를 사용한 후 함수의 이름과 함수의 매개변수, 그리고 리턴 값을 차례대로 지정하면 된다. Run 함수의 경우 searchTerm이라는 string 타입의 매개변수 하나만을 정의하고 있다. 프로그램이 피드 내에서 검색할 단어는 Run 함수의 매개변수를 통해 전달되며, main 함수에서 살펴봤듯이 이 값은 변경될 수도 있다.

예제 2.14   main.go: 17~21번 줄

```
17  // main 함수는 프로그램의 진입점이다.
18  func main() {
19      // 지정된 검색어로 검색을 수행한다.
20      search.Run("Sherlock Holmes")
21  }
```

Run 함수가 가장 먼저 수행하는 작업은 데이터 피드의 목록을 조회하는 것이다. 프로그램은 인터넷을 통해 이 피드들이 제공하는 콘텐츠를 가져와서 지정된 검색어와 일치하는 단어를 포함하는 콘텐츠를 찾아낸다.

예제 2.15   search/search.go: 13~17번 줄

```
13      // 검색할 피드의 목록을 조회한다.
14      feeds, err := RetrieveFeeds()
15      if err != nil {
16          log.Fatal(err)
```

```
17    }
```

여기서 중요하게 짚고 넘어가야 할 부분이 있다. 14번 줄을 보면 RetrieveFeeds 함수를 호출하는 코드가 작성되어 있다. 이 함수는 search 패키지에 선언되어 있으며 두 개의 값을 리턴한다. 첫 번째 리턴 값은 Feed 타입 값의 슬라이스다. 슬라이스(slice)는 동적 배열을 구현한 참조 타입이며, Go에서 데이터의 목록을 처리할 때 사용한다. 슬라이스에 대한 보다 자세한 내용은 제4장에서 설명한다.

두 번째 리턴 값은 오류(error)다. 15번 줄의 코드를 보면, 오류 리턴 값이 오류로 평가되어 오류가 발생했던 것이 확인되면 log 패키지의 Fatal 함수를 호출한다. Fatal 함수는 오류 값을 전달받아 프로그램이 종료되기 전에 오류 내용을 터미널 창에 출력한다.

유일하게 Go만이 갖는 특징은 아니지만 Go의 함수는 여러 개의 리턴 값을 가질 수 있다. 그래서 Go에서는 RetrieveFeeds 함수처럼 어떤 값과 오류 값을 함께 리턴하도록 함수를 작성하는 것이 일반적이다. 만일 오류가 발생하면 함수가 리턴한 다른 값들은 절대 믿어서는 안 된다. 오류가 발생했다면 반드시 그 함수의 리턴 값들은 무시해야 한다. 그렇지 않으면 갖가지 오류와 혼란을 맞닥뜨릴 위험이 있다.

그러면 이제는 함수가 리턴하는 값이 어떻게 변수에 대입되는지 조금 더 자세히 알아보자.

예제 2.16 search/search.go: 13~14번 줄

```
13    // 검색할 피드의 목록을 조회한다.
14    feeds, err := RetrieveFeeds()
```

이 코드에서는 단축 버전의 변수 선언 연산자(:=)를 사용하고 있음을 알 수 있다. 이 연산자는 변수의 선언과 초기화를 동시에 수행한다. 각각의 변수 타입은 컴파일러가 함수의 리턴 값들을 확인한 후에 결정된다. 단축 변수 선언 연산자는 코드의 가독성을 향상시키기 위해 제공되는 연산자다. 이 연산자를 통해 선언된 변수는 var 키워드를 통해 선언된 변수와 아무런 차이가 없다.

이제 데이터 피드의 목록을 얻어왔으므로 다음 줄의 코드를 살펴보자.

예제 2.17 search/search.go: 19~20번 줄

```
19    // 버퍼가 없는 채널을 생성하여 화면에 표시할 검색 결과를 전달받는다.
20    results := make(chan *Result)
```

20번 줄에서는 make 내장 함수를 이용해 버퍼가 없는(unbuffered) 채널을 생성하고 있다. 이때 앞에서와 마찬가지로, 단축 변수 선언 연산자를 통해 make 함수를 호출한 결과를 바탕으로 변수를 선언과 동시에 초기화하고 있다. 변수를 선언할 때 적용되는 규칙은 다음과 같다. 제로 값으로 초기화될 변수를 선언할 때는 var 키워드를 이용하고, 함수 호출이나 다른 초기화 로직을 통해 변수를 초기화하는 경우에는 단축 변수 선언 연산자를 사용한다.

Go의 채널은 맵이나 슬라이스와 마찬가지로 참조 타입이지만 다른 타입들과 달리 채널은 고루틴 사이의 데이터 통신에 사용될 특정 타입의 값들을 위한 큐(queue)를 구현하고 있다. 또한 안전한 통신을 위해 기본적으로 동기화 알고리즘을 내장하고 있다. 제6장에서는 채널과 고루틴에 대해 더욱 자세히 설명한다.

다음 두 줄의 코드는 검색어 처리를 완료한 후 프로그램이 곧바로 종료되는 것을 막기 위한 목적으로 사용된다.

예제 2.18   search/search.go: 22~27번 줄

```
22      // 모든 피드를 처리할 때까지 기다릴 대기 그룹(Wait group)을 설정한다.
23      var waitGroup sync.WaitGroup
24
25      // 개별 피드를 처리하는 동안 대기해야 할
26      // 고루틴의 개수를 설정한다.
27      waitGroup.Add(len(feeds))
```

Go에서는 main 함수가 리턴되면 프로그램 자체가 종료된다. 이때 Go 런타임은 이미 실행되어 아직 동작 중인 고루틴들 역시 함께 종료해버린다. 동시성 프로그램을 작성할 때는 main 함수가 리턴되기 전에, 앞서 실행 중인 고루틴들을 모두 깔끔하게 종료하는 것이 최선이다. 이렇게 매끄럽게 시작하고 종료하는 프로그램을 작성하면 버그도 줄어들고 리소스의 잘못된 사용을 방지할 수 있다.

우리 프로그램은 sync 패키지의 WaitGroup을 이용하여 앞으로 실행하게 될 모든 고루틴들을 추적한다. WaitGroup은 특정 고루틴이 작업을 완료했는지를 추적할 수 있는 편리한 기능을 제공한다. WaitGroup은 카운팅 세마포어(couting semaphore)여서 고루틴의 실행이 종료될 때마다 전체 개수를 하나씩 줄여나간다.

23번 줄에서는 sync 패키지의 WaitGroup 타입 변수를 선언한다. 그리고 27번 줄에서 WaitGroup 타입 변수가 앞으로 실행할 고루틴의 개수만큼의 값을 가질 수 있도록 설정한다.

잠시 후에 살펴보겠지만 각각의 피드는 별도의 고루틴을 통해 동시에 처리된다. 그리고 각 고루틴의 실행이 종료될 때마다 WaitGroup 변수의 값을 하나씩 감소시킬 것이므로 결국 이 값이 0이 되는 시점이 모든 작업이 완료되는 시점이라는 것을 알 수 있다.

다음으로 각 피드들을 처리할 고루틴을 실행하는 코드를 살펴보자.

예제 2.19 search/search.go: 29~42번 줄

```
29      // 각기 다른 종류의 피드를 처리할 고루틴을 실행한다.
30      for _, feed := range feeds {
31          // 검색을 위해 검색기를 조회한다.
32          matcher, exists := matchers[feed.Type]
33          if !exists {
34              matcher = matchers["default"]
35          }
36
37          // 검색을 실행하기 위해 고루틴을 실행힌다.
38          go func(matcher Matcher, feed *Feed) {
39              Match(matcher, feed, searchTerm, results)
40              waitGroup.Done()
41          }(matcher, feed)
42      }
```

30~42번 줄까지의 코드는 앞서 조회한 모든 데이터 피드의 목록을 대상으로 루프를 실행하면서 각각의 피드를 처리할 고루틴을 하나씩 실행한다. 피드의 슬라이스를 탐색할 때는 예제에서처럼 range 키워드를 사용하면 된다. 이 키워드는 배열, 문자열, 슬라이스, 맵 및 채널과 함께 사용할 수 있다. for range 구문을 이용해 슬라이스를 탐색하면 슬라이스 내의 각 요소마다 두 개의 값을 돌려받는다. 첫 번째 값은 현재 탐색 중인 요소의 인덱스이며, 두 번째 값은 탐색 중인 요소의 복사본이다.

30번 줄의 for range 구문을 자세히 보면 여기서도 빈 식별자(_)를 사용하고 있음을 알 수 있다.

예제 2.20 search/search.go: 29~30번 줄

```
29      // 각기 다른 종류의 피드를 처리할 고루틴을 실행한다.
30      for _, feed := range feeds {
```

벌써 두 번째 빈 식별자를 사용하고 있다. 첫 번째는 main.go 파일에서 matchers 패키지를 가져올 때 사용했었다. 이번에는 range 키워드를 호출할 때 인덱스 값이 대입될 변수를 대체하기 위한 용도로 빈 식별자를 사용하고 있다. 여러 개의 리턴 값을 가지는 함수를 호출할 때 그중 필요하지 않은 리턴 값이 있으면 빈 식별자를 이용해 특정 리턴 값을 무시할 수 있다. 예제의 경우는 인덱스 값을 사용하지 않을 것이므로 인덱스 값을 무시하기 위한 용도로 빈 식별자를 사용했다.

이 루프에서 가장 먼저 하는 일은 특정 피드 타입을 처리할 Matcher 타입의 값이 맵에 존재하는지 확인하는 일이다.

예제 2.21 search/search.go: 31~35번 줄

```
31      // 각기 다른 종류의 피드를 처리할 고루틴을 실행한다.
32      for _, feed := range feeds {
33          // 검색을 위해 검색기를 조회한다.
34          matcher, exists := matchers[feed.Type]
35          if !exists {
36              matcher = matchers["default"]
37          }
```

사실 맵이 어떻게 값들을 저장하는지에 대해서는 아직 언급한 적이 없다. 프로그램이 초기화 과정을 거치면서 이 맵을 조작하는 과정은 잠시 후에 살펴보게 될 것이다. 32번 줄을 보면, 맵에서 피드 타입에 일치하는 키가 존재하는지 확인한다. 맵에서 키를 조회할 때는 리턴 값을 대입할 변수를 하나만 선언해도 되고 두 개를 선언해도 된다. 이 경우 첫 번째 리턴 값은 검색된 키에 해당하는 값이며, 두 번째 리턴 값은 키가 존재하는지를 표현하는 불리언 값이다. 첫 번째 리턴 값은 키가 존재하지 않는 경우에는 키의 타입에 해당하는 제로 값을 리턴한다. 당연히 키가 존재한다면 해당 키의 값에 대한 복사본을 리턴한다.

33번 줄을 보면, 맵에 키가 존재하는지 확인한 후 키가 존재하지 않으면 기본 검색기를 대입하는 것을 알 수 있다. 이렇게 해서 프로그램이 지원하지 않는 형식의 피드를 처리할 때도 문제가 발생하지 않도록 할 수 있다. 이후에는 검색을 수행할 고루틴을 실행한다.

예제 2.22 search/search.go: 37~41번 줄

```
37      // 검색을 실행하기 위해 고루틴을 실행힌다.
38      go func(matcher Matcher, feed *Feed) {
39          Match(matcher, feed, searchTerm, results)
40          waitGroup.Done()
41      }(matcher, feed)
```

고루틴(goroutine)에 대해서는 제6장에서 자세히 살펴보겠지만, 우선은 프로그램 내의 다른 함

수와는 독립적으로 실행되는 함수라는 정도만 알아두자. 고루틴을 실행하고 동시적 실행을 위한 스케줄링을 시도할 때는 go 키워드를 사용하면 된다. 38번 줄을 보면, go 키워드를 이용해 **익명 함수(anonymous function)**를 고루틴으로서 실행하고 있다. 익명 함수란 이름 없이 선언된 함수를 의미한다. 현재 이 코드가 실행 중인 루프 내에서는 각각의 피드를 익명 함수를 이용해 처리하고 있다. 이렇게 함으로써 각각의 피드를 동시에 독립적으로 처리할 수 있다.

이 예제에서 익명 함수를 사용하는 방법을 통해 알 수 있듯이, 익명 함수 역시 매개변수를 가질 수 있다. 38번 줄에 선언된 익명 함수는 검색을 처리할 검색기를 전달받을 Matcher 타입의 매개변수와 처리할 피드를 가리키는 Feed 타입의 값에 대한 주소를 전달받을 매개변수를 정의하고 있다. 즉, 두 번째 매개변수는 포인터 변수라는 뜻이다. 포인터 변수를 이용하면 함수 간에 변수를 쉽게 공유할 수 있다. 즉, 여러 함수들이 다른 함수나 다른 고루틴에 선언된 변수의 상태에 접근하거나 변경하는 것이 가능하다는 뜻이다.

41번 줄에서는 matcher 매개변수와 feed 매개변수의 값을 익명 함수에 전달한다. Go의 모든 변수들은 값에 의해 전달된다. 포인터 변수 역시 메모리상의 주소를 가리키는 값을 가지고 있으므로 함수 간에 포인터 변수를 전달하는 것 역시 값에 의한 전달로 처리된다.

39번과 40번 줄에서는 고루틴의 동작을 구현하고 있다.

예제 2.23 search/search.go: 39~40번 줄

```
39              Match(matcher, feed, searchTerm, results)
40              waitGroup.Done()
```

이 고루틴이 수행하는 첫 번째 작업은 match.go 파일에서 선언한 Match 함수를 호출하는 것이다. Match 함수는 Matcher 타입의 값과 Feed 타입의 포인터 값, 검색어, 그리고 결과를 출력할 채널 등 네 개의 매개변수를 필요로 한다. 이 함수에 대한 자세한 내용은 잠시 후에 다시 살펴보겠지만, 지금은 이 Match 함수가 지정된 피드를 대상으로 검색을 수행하고 일치하는 검색어를 채널을 통해 리턴한다는 사실만 알아두어도 충분하다.

Match 함수 호출이 완료되면 40번 줄의 코드가 실행되어 WaitGroup 내의 카운터 값을 감소시킨다. 모든 고루틴이 Match 함수를 호출한 후 Done 메서드를 호출하면 우리 프로그램은 각각의 피드가 처리되고 있음을 알 수 있다. Done 메서드와 관련된 한 가지 재미있는 사실은 WaitGroup 값이 실제로는 익명 함수에 매개변수로 전달된 적이 없음에도 불구하고 익명 함수 내에서 사용되고 있다는 점이다.

이는 Go가 클로저(closure)를 지원하기 때문에 가능한 일이다. 사실 searchTerm과 ressults 변수에 대해서도 마찬가지로 익명 함수가 클로저를 통해 접근할 수 있다. 클로저 덕분에 이들을 굳이 매개변수로 전달하지 않고서도 접근이 가능하다. 익명함수에는 이들 변수의 복사본이 전달되지 않고, 외부 함수의 범위에 선언된 변수들에 직접 접근하게 된다. 그렇기 때문에 matcher와 feed 변수는 매개변수로써 함수에 전달했다.

```
29      // 각기 다른 종류의 피드를 처리할 고루틴을 실행한다.
30      for _, feed := range feeds {
31          // 검색을 위해 검색기를 조회한다.
32          matcher, exists := matchers[feed.Type]
```

30~32번 줄까지의 코드를 통해 알 수 있듯이 feed와 matcher 매개변수의 값은 루프가 실행될 때마다 변경된다. 이 두 변수에 클로저를 통해 접근하면 외부 함수에서 이 변수들의 값을 바꿔버리기 때문에 익명 함수가 실행되면서 바뀌어버린 검색기와 피드를 그대로 사용하게 된다. 즉, 모든 고루틴이 외부 함수가 바꿔버린 변수들을 공유하게 된다는 뜻이다. 따라서 이 두 변수를 익명 함수의 매개변수로 전달하지 않으면 대부분의 고루틴이 같은 피드 — 즉, 피드 목록 슬라이스의 가장 마지막에 저장된 피드 — 를 대상으로 같은 검색기를 이용해 로직을 수행하게 된다.

검색을 위한 고루틴들이 모두 실행되어 그 결과들이 채널을 통해 전달되고 waitGroup 변수의 카운터가 줄어들면, 이 결과들을 화면에 표시해야 한다. 물론 결과를 출력하는 동안 main 함수가 종료되지 않도록 하는 처리도 필요하다.

```
44      // 모든 작업이 완료되었는지를 모니터링할 고루틴을 실행한다.
45      go func() {
46          // 모든 작업이 처리될 때까지 기다린다.
47          waitGroup.Wait()
48
49          // Display 함수에게 프로그램을 종료할 수 있음을
50          // 알리기 위해 채널을 닫는다.
51          close(results)
52      }()
53
54      // 검색 결과를 화면에 표시하고
55      // 마지막 결과를 표시한 뒤 리턴한다.
56      Display(results)
```

```
57 }
```

45~56번 줄의 코드는 search 패키지에 작성한 다른 코드를 자세히 살펴보지 않고서는 설명하기가 조금 애매한 코드다. 우선은 눈에 보이는 코드만 살펴보고 자세한 구현 메커니즘은 나중에 살펴보기로 하자. 45~52번 줄의 코드는 또 하나의 익명 함수를 고루틴으로서 실행한다. 이 익명 함수는 매개변수를 전혀 사용하지 않으며, 클로저를 이용해 WaitGroup과 results 변수에 접근한다. 이 고루틴은 WaitGroup 값의 Wait 메서드를 호출하여 WaitGroup 내의 카운터 값이 0이 될 때까지 고루틴의 실행을 중단한다. 카운터 값이 0이 되면, 이 고루틴은 채널의 내장 함수인 close 함수를 호출하고 그러면 프로그램이 종료될 것이다.

56번 줄의 코드에서 보듯이, Run 함수의 마지막 퍼즐 조각은 Display 함수를 호출하는 것이다. 이 함수는 match.go 코드 파일에 선언되어 있다. 이 함수는 채널 내의 모든 검색 결과를 화면에 출력하며, 이 함수가 리턴되어야 프로그램이 종료된다.

2.3.2 feed.go

지금까지 Run 함수에 대해 살펴보았으니 이제 search.go 코드 파일의 14번 줄에서 호출한 RetrieveFeeds 함수가 어떻게 구현되었는지 살펴보자. 이 함수는 data.json 파일을 읽어 그 안의 데이터 피드를 슬라이스 타입으로 리턴한다. 이 피드 목록은 각각의 검색기를 통해 검색할 콘텐츠를 가져오기 위한 피드 목록이다. feed.go 코드 파일에 작성된 코드 중 처음 8줄의 코드는 다음과 같다.

예제 2.26 feed.go: 01~08번 줄

```
01 package search
02
03 import (
04     "encoding/json"
05     "os"
06 )
07
08 const dataFile = "data/data.json"
```

이 코드 파일은 search 폴더에 보관되어 있기 때문에 01번 줄에서 보듯이 search라는 패키지 이름을 사용한다. 03~06번 줄의 코드는 표준 라이브러리로부터 두 개의 패키지를 가져오는 코드다. json 패키지는 JSON 데이터를 인코딩/디코딩하는 기능을 제공하며, os 패키지는 파일을 읽는 등의 운영체제 기능을 활용할 수 있는 패키지다.

눈치 빠른 독자들은 이미 알았겠지만 json 패키지를 가져오려면 폴더 경로에 encoding 폴더의 경로를 포함해야 한다. 하지만 패키지를 지정하기 위한 경로와는 무관하게 패키지의 이름은 json으로 참조하면 된다. 이 규칙은 표준 라이브러리에 포함된 패키지에는 동일하게 적용된다. 따라서 json 패키지의 기능을 사용할 때는 json이라는 이름만을 사용하면 된다.

08번 줄에서는 dataFile이라는 이름의 상수를 선언하고, 이 상수에 디스크상의 데이터 파일을 가리키는 상대 경로를 표현하는 문자열을 대입했다. Go 컴파일러는 대입 연산자 오른쪽의 값을 바탕으로 변수의 타입을 유추할 수 있기 때문에 상수를 선언할 때 타입을 명시할 필요가 없다. 또한 상수 이름이 소문자이므로 이 상수는 외부로 노출되지 않는 비공개 상수가 되며, 따라서 search 패키지 외부의 코드가 이 상수에 직접 접근할 수 없다.

다음으로 data.json 데이터 파일의 일부를 살펴보자.

예제 2.27   data.json

```
[
    {
        "site" : "npr",
        "link" : "http://www.npr.org/rss/rss.php?id=1001",
        "type" : "rss"
    },
    {
        "site" : "cnn",
        "link" : "http://rss.cnn.com/rss/cnn_topstories.rss",
        "type" : "rss"
    },
    {
        "site" : "foxnews",
        "link" : "http://rss.cnn.com/rss/cnn_topstories.rss",
        "type" : "rss"
    },
    {
        "site" : "nbcnews",
        "link" : "http://feeds.nbcnews.com/feeds/topstories",
        "type" : "rss"
    }
]
```

실제 데이터 파일은 예제 2.27에서 나열한 네 가지 데이터 피드보다 훨씬 많은 피드 목록을 가진다. 그러나 이 네 가지 피드도 충분히 유효한 데이터 파일의 구조다. 데이터 파일은 JSON 문서의 배열을 정의하고 있다. 각각의 JSON 문서는 데이터를 가져올 사이트의 이름과 데이터를 가져올 수 있는 피드의 경로, 그리고 전송받을 데이터의 타입을 명시하고 있다.

이 JSON 문서들을 프로그램 내에서 사용하려면 디코딩을 통해 구조체의 슬라이스로 변환해야 한다. 이 데이터 파일을 디코딩할 구조체는 다음과 같이 선언한다.

예제 2.28 feed.go: 10~15번 줄

```go
10  // 피드를 처리할 정보를 표현하는 구조체
11  type Feed struct {
12      Name string `json:"site"`
13      URI  string `json:"link"`
14      Type string `json:"type"`
15  }
```

11~15번 줄의 코드는 Feed라는 이름의 구조체 타입을 선언한다. 이 구조체는 패키지 외부로 노출되는 타입이다. 이 구조체는 데이터 파일의 JSON 문서에 정의된 필드들에 대응하는 세 개의 필드를 정의하고 있다. 필드의 선언부를 살펴보면 JSON 디코딩 함수가 Feed 타입 값들의 슬라이스를 생성할 때 참조할 메타데이터를 제공하는 태그가 함께 선언되어 있음을 볼 수 있다. 각 태그는 구조체 타입의 필드 이름과 JSON 문서 내의 필드 이름을 매핑하고 있다.

이제 search.go 파일의 14번 줄에서 호출하는 RetrieveFeeds 함수를 살펴보자. 이 함수는 데이터 파일을 읽어, 각각의 JSON 문서를 디코딩하여 Feed 타입 값의 슬라이스로 변환하는 역할을 수행한다.

예제 2.29 feed.go: 17~36번 줄

```go
17  // RetrieveFeeds 함수는 피드 데이터 파일을 읽어 구조체로 변환한다.
18  func RetrieveFeeds() ([]*Feed, error) {
19      // 파일을 연다.
20      file, err := os.Open(dataFile)
21      if err != nil {
22          return nil, err
23      }
24
25      // defer 함수를 이용해 이 함수가 리턴될 때
26      // 앞서 열어둔 파일이 닫히도록 한다.
27      defer file.Close()
28
29      // 파일을 읽어 Feed 구조체의 포인터의
30      // 슬라이스로 변환한다.
31      var feeds []*Feed
32      err = json.NewDecoder(file).Decode(&feeds)
33
34      // 호출 함수가 오류를 처리할 수 있으므로 오류 처리는 하지 않는다.
35      return feeds, err
```

```
36 }
```

그러면 18번 줄의 함수 선언부부터 살펴보자. 이 함수는 매개변수를 정의하지 않으며 두 개의 값을 리턴한다. 첫 번째 리턴 값은 Feed 타입 값들의 슬라이스에 대한 포인터다. 두 번째 리턴 값은 함수 호출이 성공하지 못한 경우에 이를 보고하기 위한 error 값이다. 앞으로 계속해서 보겠지만, 이와 같이 에러 값을 리턴하는 것은 코드 예제뿐만 아니라 표준 라이브러리 전반에 걸쳐 적용된 보편화된 규칙이다.

20~23번의 코드를 살펴보면, os 패키지를 이용해 데이터 파일을 여는 코드를 볼 수 있다. Open 메서드를 호출할 때 데이터 파일의 상대 경로를 지정하면 두 개의 리턴 값을 전달받을 수 있다. 첫 번째 리턴 값은 File 타입 구조체에 대한 포인터이며, 두 번째 리턴 값은 Open 메서드 호출이 성공했는지를 판단하기 위한 에러 값이다. 21번 줄에서는 곧바로 에러 값을 체크하여 파일을 올바르게 열었는지 확인한 후, 만일 이 과정에 문제가 있었다면 에러를 리턴한다.

파일을 성공적으로 열었다면 27번 줄의 코드가 이어서 실행된다. 여기서는 defer 키워드를 활용하는 방법을 확인할 수 있다.

예제 2.30 feed.go: 25~27번 줄

```
25    // defer 함수를 이용해 이 함수가 리턴될 때
26    // 앞서 열어둔 파일이 닫히도록 한다.
27    defer file.Close()
```

defer 키워드는 함수가 리턴된 직후에 실행될 작업을 예약하기 위한 키워드다. 필요한 작업을 수행한 후 파일을 닫는 것은 전적으로 개발자의 몫이다. 이 경우 defer 키워드를 이용하면 close 메서드 호출을 예약하여 이 메서드가 반드시 호출되도록 보장할 수 있다. 이렇게 예약된 작업은 심지어 함수가 패닉(panic) 상태에 빠져 예상치 못하게 종료되더라도 반드시 실행된다. defer 키워드를 이용하면 파일을 여는 코드 주변에 파일을 닫기 위한 코드를 작성할 수 있기 때문에 가독성이 향상되는 것은 물론, 개발자의 실수로 인한 버그도 줄일 수 있다.

이제 함수의 마지막 코드를 살펴보자.

예제 2.31 feed.go: 29~36번 줄

```
29    // 파일을 읽어 Feed 구조체의 포인터의
30    // 슬라이스로 변환한다.
31    var feeds []*Feed
```

```
32      err = json.NewDecoder(file).Decode(&feeds)
33
34      // 호출 함수가 오류를 처리할 수 있으므로 오류 처리는 하지 않는다.
35      return feeds, err
36 }
```

31번 줄에서는 feeds라는 이름으로 빈 슬라이스 변수를 생성한다. 이 변수는 Feed 타입 값들에 대한 포인터 변수다. 그리고 32번 줄에서 json 패키지의 NewDecoder 함수가 리턴하는 값을 통해 Decode 메서드를 호출한다. NewDecoder 함수는 앞서 Open 메서드를 통해 열었던 파일의 핸들을 전달받아, 이 파일을 디코딩할 수 있는 Decoder 타입의 포인터 값을 리턴한다. 이 포인터 값을 통해 Decode 메서드를 호출하면서 슬라이스의 주소를 전달한다. 그러면 Decode 메서드는 데이터 파일을 디코딩하여 우리가 전달한 슬라이스에 Feed 타입 값들을 채운다.

고맙게도 Decode 메서드는 어떤 타입이든 받아들일 수 있도록 설계되어 있다. 다음 코드는 Decode 메서드의 선언부다.

```
func (dec *Decoder) Decode(v interface{}) error
```

Decode 메서드의 매개변수는 interface{} 타입의 값을 전달받는다. 이 값은 Go에서는 특별하게 취급하는 타입이며, reflect 패키지를 이용한 리플렉션(reflection)[1] 지원이 가능한 타입이다. 리플렉션 및 이 메서드의 동작 방식은 제9장에서 다시 한 번 자세히 살펴본다.

코드의 마지막 줄인 35번 줄에서는 슬라이스와 에러 값을 호출 함수에 리턴한다. 이 예제의 경우 함수 내에서 Decode 메서드를 호출한 후 에러 값을 체크할 필요가 없다. 이 함수가 실행되고 나면 이 함수를 호출한 함수가 에러 값을 체크하여 이후의 작업을 수행할지 판단하면 되기 때문이다.

이제 서로 다른 타입의 피드를 대상으로 검색을 수행하기 위한 검색기 코드를 살펴보도록 하자.

2.3.3 match.go/default.go

match.go 파일에는 search 패키지의 Run 함수가 사용할 여러 종류의 검색기를 생성하기 위한

---

1 역주 타입의 메타데이터를 읽어 런타임에 코드를 이용해 타입을 조작하는 방법

코드가 작성되어 있다. search 패키지로 되돌아가 Run 함수에서 각기 다른 종류의 검색기를 이용해 검색을 수행하는 코드를 다시 살펴보자.

예제 2.33   search/search.go: 29~42번 줄

```
29    // 각기 다른 종류의 피드를 처리할 고루틴을 실행한다.
30    for _, feed := range feeds {
31        // 검색을 위해 검색기를 조회한다.
32        matcher, exists := matchers[feed.Type]
33        if !exists {
34            matcher = matchers["default"]
35        }
36
37        // 검색을 실행하기 위해 고루틴을 실행힌다.
38        go func(matcher Matcher, feed *Feed) {
39            Match(matcher, feed, searchTerm, results)
40            waitGroup.Done()
41        }(matcher, feed)
42    }
```

32번 줄의 코드에서는 피드 타입에 따라 matcher 슬라이스에서 적당한 타입의 검색기를 추출해낸다. 그리고 이 검색기를 이용해 지정된 피드에 대한 검색을 수행한다. 그다음 38~41번 줄의 코드에서처럼, 추출된 matcher와 feed 값을 이용해 고루틴을 실행한다. 이 코드가 동작하기 위한 핵심은 이 기반 코드가 피드의 종류에 따라 각기 다른 검색기 구현체를 호출하기 위해 인터페이스 타입을 사용하는 것이다. 이렇게 함으로써 코드가 서로 다른 검색기 타입 값을 일관적인 방법으로 활용할 수 있게 된다. 그러면 match.go 파일로 이동해서 이런 기능이 실제로 어떻게 구현되는지 살펴보자.

다음 코드는 match.go 파일의 처음 17줄이다.

예제 2.34   search/match.go: 01~17번 줄

```
01 package search
02
03 import (
04     "log"
05 )
06
07 // 검색 결과를 저장할 Result 구조체.
08 type Result struct {
09     Field   string
10     Content string
11 }
```

```
12
13  // Matcher 인터페이스는 새로운 검색 타입을 구현할 때
14  // 필요한 동작을 정의한다.
15  type Matcher interface {
16      Search(feed *Feed, searchTerm string) ([]*Result, error)
17  }
```

우선 15~17번 줄까지의 코드를 먼저 살펴보면, Matcher라는 이름의 인터페이스 타입을 선언하고 있음을 볼 수 있다. 지금까지 우리는 구조체 타입만을 선언해왔는데 이제서야 처음으로 인터페이스 타입을 선언하는 코드를 살펴보게 됐다. 인터페이스 타입에 대해서는 제5장에서 자세히 살펴볼 것이다. 우선은 구조체나 다른 명명된 타입들이 어떤 조건을 만족하기 위해 구현해야 하는 동작을 정의하는 타입이 인터페이스 타입이라고만 생각해두자. 인터페이스의 동작은 인터페이스 타입 내부에 선언된 메서드에 의해 정의된다.

Matcher 인터페이스의 경우는 Search라는 하나의 메서드만을 선언하고 있다. 이 메서드는 Feed 타입에 대한 포인터와 string 타입으로 표현된 검색어를 매개변수로 전달받는다. 또한 이 메서드는 Result 타입의 슬라이스에 대한 포인터와 에러 값 등 두 개의 값을 리턴한다. Result 타입은 08~11번 줄의 코드에서 선언하고 있다.

인터페이스를 정의할 때는 Go의 이름 규칙을 준수하는 편이 좋다. 인터페이스가 하나의 메서드만을 선언하고 있다면 인터페이스의 이름은 er 접미사로 끝나야 한다. 이 규칙은 우리가 방금 정의한 인터페이스에 딱 들어맞는다. 그렇기 때문에 인터페이스의 이름을 Matcher로 정의한 것이다. 인터페이스 타입에 여러 개의 메서드를 선언하는 경우에는 정의된 동작들과 관련된 이름을 사용하면 된다.

인터페이스를 구현하는 사용자정의 타입의 경우, 이 타입은 인터페이스 타입에 선언된 모든 메서드를 구현해야 한다. 그에 대한 예제로서 default.go 파일로 이동하여 기본 검색기에서 Matcher 인터페이스를 구현하는 코드를 살펴보도록 하자.

예제 2.35 search/default.go: 01~15번 줄

```
01  package search
02
03  // 기본 검색기를 구현할 defaultMatcher 타입.
04  type defaultMatcher struct{}
05
06  // init 함수에서는 기본 검색기를 프로그램에 등록한다.
07  func init() {
08      var matcher defaultMatcher
```

```
09      Register("default", matcher)
10 }
11
12 // Search 함수는 기본 검색기의 동작을 구현한다.
13 func (m defaultMatcher) Search(feed *Feed, searchTerm string) ([]*Result, error) {
14      return nil, nil
15 }
```

04번 줄에서는 defaultMatcher라는 이름의 빈 구조체 타입을 선언한다. 빈 구조체는 이 타입의 값이 생성될 때 0바이트의 메모리가 할당된다. 빈 구조체는 타입은 필요하지만 타입의 상태를 관리할 필요가 없는 경우에 유용하다. 기본 검색기의 경우 그 어떤 상태도 관리할 필요가 없으며 오로지 인터페이스만 구현하면 된다.

13~15번 줄의 코드를 보면, defaultMatcher 타입을 통해 Matcher 인터페이스를 구현하고 있음을 알 수 있다. 인터페이스에 선언된 Search 메서드의 구현을 보면 두 개의 리턴 값에 대해 모두 nil을 리턴하고 있다. RSS 검색기 같은 다른 검색기를 구현할 때는 이 메서드에 실제 검색 과정을 처리하기 위한 비즈니스 규칙을 구현하게 될 것이다.

Search 메서드는 defaultMatcher 타입에 대한 값 수신기(value receiver)를 선언하고 있다.

예제 2.36   search/default.go: 13번 줄

```
13 func (m defaultMatcher) Search
```

메서드를 정의하는 함수 선언부에 값 수신기를 사용하면 해당 메서드는 지정된 수신기 타입에만 연결된다. 예제의 경우 Search 메서드의 선언은 defaultMatcher 타입의 값에만 연결된다. 즉, Search 메서드는 defaultMatcher 타입의 값이나 포인터에 대해서만 호출할 수 있다는 의미다. 메서드를 호출하기 위해 수신기 타입의 값이나 포인터 중 어떤 것을 사용하든 컴파일러는 메서드 호출에 필요한 참조(reference) 및 역참조(dereference)를 알아서 수행한다.

예제 2.37   메서드 호출 예제

```
// defaultMatcher 타입의 값 수신기를 이용해 메서드를 선언한다.
func (m defaultMatcher) Search(feed *Feed, searchTerm string)

// defaultMatcher 타입의 포인터를 선언한다.
dm := new(defaultMatcher)

// 메서드를 호출하면 컴파일러가 알아서 dm 포인터에 대한 역참조(dereference)를 수행한다.
dm.Search(feed, "test")
```

```
// defaultMatcher 타입의 포인터 수신기를 이용해 메서드를 선언한다.
func (m *defaultMatcher) Search(feed *Feed, searchTerm string)

// defaultMatcher 타입의 값을 선언한다.
var dm defaultMatcher

// 메서드를 호출하면 컴파일러가 알아서 dm 값에 대한 참조(reference)를 수행한다.
dm.Search(feed, "test")
```

대부분의 메서드는 그 실행 과정에서 값의 상태를 조작해야 하는 경우가 많으므로 메서드를
선언할 때 포인터 수신기를 이용해 선언하는 것이 권장된다. defaultMatcher 타입의 경우 값
수신기를 이용한 이유는 defaultMatcher 타입의 값을 생성할 때 메모리를 소비하지 않아도
되기 때문이다. 조작할 상태가 없는데 굳이 포인터를 이용해서 메서드를 선언할 이유가 없다.

값이나 포인터를 통해 메서드를 직접 호출할 때와는 달리, 인터페이스 타입 값을 통해 메서드
를 호출하면 다른 규칙이 적용된다. 포인터 수신기를 이용해 선언된 메서드는 오로지 인터페이
스 타입에 대한 포인터를 통해서만 호출이 가능하다. 반면, 값 수신기를 이용해 선언된 메서드
는 값과 포인터 변수 모두를 통해 호출이 가능하다.

예제 2.38 인터페이스 메서드 호출에 대한 제약

```
// defaultMatcher 타입의 포인터 수신기를 이용해 메서드를 선언한다.
func (m *defaultMatcher) Search(feed *Feed, searchTerm string)

// 인터페이스 타입 값을 통해 메서드를 호출한다.
var dm defaultMatcher
var matcher Matcher = dm        // 인터페이스 타입의 값을 대입한다.
matcher.Search(feed, "test") // 값에 의한 인터페이스 메서드 호출

> go build
cannot use dm (type defaultMatcher) as type Matcher in assignment

// defaultMatcher 타입의 값 수신기를 이용해 메서드를 선언한다.
func (m defaultMatcher) Search(feed *Feed, searchTerm string)

// 인터페이스 타입 값을 통해 메서드를 호출한다.
var dm defaultMatcher
var matcher Matcher = &dm       // 인터페이스 타입의 포인터를 대입한다.
matcher.Search(feed, "test") // 포인터에 의한 인터페이스 메서드 호출

> go build
Build Successful
```

현재로서는 인터페이스를 구현하는 타입은 defaultMatcher 타입이 유일하다. 이 시점에서
defaultMatcher 타입의 값과 포인터는 인터페이스 구현 조건을 만족하며, 따라서 Matcher

타입의 값으로 활용이 가능하다. 바로 이 점이 이 예제의 핵심이다. defaultMatcher 타입의 값과 포인터는 이제 Matcher 타입의 값에 대입하거나 Matcher 타입의 값을 매개변수로 정의하는 함수에 전달할 수 있게 된다.

이제 match.go 파일에 선언한 Match 함수를 구현한 코드를 살펴보자. 이 함수는 search.go 파일의 39번 줄에서 호출하는 함수다.

예제 2.39   search/match.go: 19~33번 줄

```
19  // Match 함수는 고루틴으로서 호출되며
20  // 개별 피드 타입에 대한 검색을 동시에 수행한다.
21  func Match(matcher Matcher, feed *Feed, searchTerm string, results chan<- *Result) {
22      // 지정된 검색기를 이용해 검색을 수행한다.
23      searchResults, err := matcher.Search(feed, searchTerm)
24      if err != nil {
25          log.Println(err)
26          return
27      }
28
29      // 검색 결과를 채널에 기록한다.
30      for _, result := range searchResults {
31          results <- result
32      }
33  }
```

이 함수는 Matcher 인터페이스를 구현하는 값이나 포인터에 의해 실제 검색을 수행하는 함수다. 이 함수는 Matcher 타입의 값을 첫 번째 매개변수를 통해 전달받는다. 따라서 이 매개변수에는 Matcher 인터페이스를 구현한 타입의 값이나 포인터만 전달할 수 있다. defaultMatcher 타입은 이제 값 수신기로 선언된 인터페이스를 구현하고 있기 때문에 defaultMatcher 타입의 값이나 포인터 역시 이 함수에 전달할 수 있다.

23번 줄의 코드를 보면, 함수에 전달된 Matcher 타입의 값에 대해 Search 메서드를 호출한다. 이 시점에서 Matcher 매개변수에 대입된 타입에서 구현한 Search 메서드가 실행된다. 일단 Search 메서드가 리턴되면, 24번 줄과 같이 에러 값을 검사하여 에러가 발생했는지 확인한다. 에러가 발생했으면 에러 내용을 로그에 기록한 후 리턴한다. 그렇지 않다면 검색 결과가 존재할 것이므로 이 검색 결과를 채널에 기록해서 이 채널을 리스닝하는 main 함수에 검색 결과를 전달한다.

match.go 파일을 구성하는 마지막 코드는 main 함수가 호출하는 Display 함수를 호출하는

56번 줄의 코드다. 이 함수는 검색 고루틴들이 전달한 검색 결과들을 기록하기 전까지 프로그램이 종료되지 않도록 한다.

예제 2.40   search/match.go: 35~43번 줄

```
35 // Display 함수는 개별 고루틴이 전달한
36 // 검색 결과를 콘솔 창에 출력한다.
37 func Display(results chan *Result) {
38     // 채널은 검색 결과가 기록될 때까지 접근이 차단된다.
39     // 채널이 닫히면 for 루프가 종료된다.
40     for result := range results {
41         log.Printf("%s:\n%s\n\n", result.Field, result.Content)
42     }
43 }
```

이 함수는 채널을 이용한 덕분에 리턴되기 전에 모든 검색 결과를 처리할 수 있다. 그 과정은 채널이 닫히는 시점에 채널과 range 함수의 동작에 달려있다. Run 함수에서 결과 채널을 닫고 Display 함수를 호출하는 부분의 코드를 다시 한 번 살펴보자.

예제 2.41   search/search.go: 44~57번 줄

```
44     // 모든 작업이 완료되었는지를 모니터링할 고루틴을 실행한다.
45     go func() {
46         // 모든 작업이 처리될 때까지 기다린다.
47         waitGroup.Wait()
48
49         // Display 함수에게 프로그램을 종료할 수 있음을
50         // 알리기 위해 채널을 닫는다.
51         close(results)
52     }()
53
54     // 검색 결과를 화면에 표시하고
55     // 마지막 결과를 표시한 뒤 리턴한다.
56     Display(results)
57 }
```

45~52번 줄의 고루틴은 waitGroup 변수를 이용해 모든 검색 고루틴이 Done 메서드를 호출할 때까지 기다린다. 마지막 검색 고루틴이 Done 메서드를 호출하면 Wait 메서드가 리턴되고, 그러면 51번 줄의 코드가 실행되어 검색 결과 채널을 닫는다. 채널이 닫히면 고루틴이 종료되고 더 이상 실행되지 않는다.

match.go 파일의 30~32번 줄의 코드를 보면, 검색 결과를 채널에 기록하는 코드를 볼 수 있다.

```
29      // 검색 결과를 채널에 기록한다.
30      for _, result := range searchResults {
31          results <- result
32      }
```

match.go 파일의 40~42번 줄에 작성된 for range 루프를 다시 살펴보면, 검색 결과를 기록하고 채널을 닫은 후 모든 검색 결과를 콘솔 창에 출력하는 코드를 연결해서 살펴볼 수 있을 것이다.

```
38      // 채널은 검색 결과가 기록될 때까지 접근이 차단된다.
39      // 채널이 닫히면 for 루프가 종료된다.
40      for result := range results {
41          log.Printf("%s:\n%s\n\n", result.Field, result.Content)
42      }
```

match.go 파일의 40번 줄에 작성된 for range 루프는 채널에 결과를 기록하는 동안은 실행이 중단된다. 각각의 검색 고루틴이 자신의 검색 결과를 채널에 기록하면(match.go 파일의 31번 줄 참고), 해당 결과를 대상으로 for range 루프가 실행된다. 그러면 검색 결과가 곧바로 로그에 기록된다. 얼핏 보면 이 for range 루프가 무한 루프처럼 보이지만 실제로는 그렇지 않다. search.go 파일의 51번 줄에 의해 채널이 닫히면 for range 루프가 종료되어 Display 함수가 리턴되기 때문이다.

그러면 RSS 검색기를 구현하는 코드를 살펴보기에 앞서, 프로그램을 시작할 때 각기 다른 종류의 검색기를 초기화하는 방법을 살펴보자. 이 동작은 default.go 파일의 07~10번 줄의 코드를 통해 알 수 있다.

```
06 // init 함수에서는 기본 검색기를 프로그램에 등록한다.
07 func init() {
08      var matcher defaultMatcher
09      Register("default", matcher)
10 }
```

default.go 파일에는 init이라는 특별한 함수가 선언되어 있다. 이 함수는 main.go 파일에서도 본 적이 있으며, 프로그램 내에 선언된 모든 init 함수는 main 함수가 실행되기 전에 호출

된다는 사실도 언급했었다. main.go 파일에서 패키지 가져오기를 수행하는 코드를 다시 한 번
살펴보자.

예제 2.45   main.go: 07~08번 줄

```
07      _ "github.com/webgenie/go-in-action/chapter2/sample/matchers"
08        "github.com/webgenie/go-in-action/chapter2/sample/search"
```

컴파일러는 08번 줄에서 search 패키지를 가져올 때 default.go 파일에 선언된 init 함수를
발견한다. 컴파일러는 init 함수를 발견하면 main 함수를 호출하기 전에 이 함수를 호출하
도록 예약한다. 그리고 default.go 파일의 init 함수는 필요한 동작을 수행한다. 그 동작이란,
defaultMatcher 타입의 값을 생성하고 그 값을 search.go 파일에 선언된 Register 함수에
전달하여 검색기를 등록하는 것이다.

예제 2.46   search/search.go: 59~67번 줄

```
59 // 프로그램에서 사용할 검색기를 등록할 함수를 정의한다.
60 func Register(feedType string, matcher Matcher) {
61     if _, exists := matchers[feedType]; exists {
62         log.Fatalln(feedType, "검색기가 이미 등록되었습니다.")
63     }
64
65     log.Println("등록 완료:", feedType, " 검색기")
66     matchers[feedType] = matcher
67 }
```

이 함수는 Matcher 타입의 값을 등록된 검색기 맵에 추가하는 역할을 담당한다. 이 등록 작
업은 모두 main 함수가 호출되기 전에 반드시 수행되어야 한다. init 함수는 이러한 초기 등
록 작업을 처리하기 위한 최적의 방법을 제공한다.

2.4 RSS 검색기

마지막으로 살펴볼 코드는 RSS 검색기를 구현하는 코드다. 지금까지 살펴본 코드는 피드의 종
류에 따라 서로 다른 검색기를 구현하고 프로그램 내에서 일관된 방법으로 활용하도록 하기
위한 기반 코드들이었다. RSS 검색기의 구조는 기본 검색기의 구조와 거의 동일하다. 단 한 가
지 다른 점은 인터페이스 메서드인 Search 메서드를 구현하는 과정이며, 바로 이 부분을 통해
각 검색기가 고유한 동작을 수행하게 된다.

앞서 살펴본 데이터 파일에 정의된 피드 중 RSS 형식의 피드를 처리할 때 수신하게 될 RSS 문서에 대한 예를 예제 2.47에 나타냈다.

예제 2.47 RSS 피드 문서의 예

```
<rss xmlns:npr="http://www.npr.org/rss/" xmlns:nprml="http://api.npr.org/nprml"
xmlns:itunes="http://www.itunes.com/dtds/podcast-1.0.dtd" xmlns:content="http://
purl.org/rss/1.0/modules/content/" xmlns:dc="http://purl.org/dc/elements/1.1/"
version="2.0">
    <channel>
        <title>News</title>
        <link>...</link>
        <description>...</description>
        <language>en</language>
        <copyright>Copyright 2014 NPR - For Personal Use
        <image>...</image>
        <item>
            <title>
                Putin Says He'll Respect Ukraine Vote But U.S.
            </title>
            <description>
                The White House and State Department have called on the
            </description>
```

예제 2.47의 링크 중 아무거나 하나를 골라 브라우저를 통해 방문해보면 완전한 형태의 RSS 문서를 볼 수 있다.[2] RSS 검색기는 이 RSS 문서들을 다운로드한 후 title과 description 필드를 대상으로 검색어의 존재 여부를 확인해서 결과 채널에 검색 결과를 전달한다. 그러면 rss.go 파일의 처음 12줄의 코드를 우선 살펴보자.

예제 2.48 matchers/rss.go: 01~12번 줄

```
01 package matchers
02
03 import (
04     "encoding/xml"
05     "errors"
06     "fmt"
07     "log"
08     "net/http"
09     "regexp"
10
```

---

2 [역주] Mac OS X의 사파리 브라우저는 RSS 문서를 직접 표시하지 못하고 별도의 RSS 리더를 필요로 하므로 Mac 앱스토어에서 RSS 리더를 미리 설치하거나 다른 종류의 브라우저를 사용하도록 하자.

```
11      "github.com/webgenie/go-in-action/chapter2/sample/search"
12 )
```

다른 모든 코드 파일과 마찬가지로 01번 줄의 코드는 패키지의 이름을 정의하는 것으로 시작한다. 이 코드 파일은 matchers라는 폴더에 저장할 것이므로 패키지의 이름 역시 matchers라고 정의한다. 다음으로 표준 라이브러리로부터 6개의 패키지를 가져온다. 그 외에 search 패키지 역시 가져온다. 다시 말하지만, xml이나 http 같은 일부 표준 라이브러리는 표준 라이브러리의 서브 폴더에서 가져와야 한다. 이 경우 json 패키지와 마찬가지로, 경로의 마지막 폴더 이름이 패키지의 이름을 표현한다.

RSS 문서를 디코딩하여 프로그램 내에서 문서 데이터를 처리하려면 다음과 같이 네 개의 구조체 타입을 정의해야 한다.

예제 2.49 matchers/rss.go: 14~58번 줄

```
14 type (
15      // item 구조체는 RSS 문서 내의 item 태그에
16      // 정의된 필드들에 대응하는 필드들을 선언한다.
17      item struct {
18          XMLName     xml.Name `xml:"item"`
19          PubDate     string   `xml:"pubDate"`
20          Title       string   `xml:"title"`
21          Description string   `xml:"description"`
22          Link        string   `xml:"link"`
23          GUID        string   `xml:"guid"`
24          GeoRssPoint string   `xml:"georss:point"`
25      }
26
27      // image 구조체는 RSS 문서 내의 image 태그에
28      // 정의된 필드들에 대응하는 필드들을 선언한다.
29      image struct {
30          XMLName xml.Name `xml:"image"`
31          URL     string   `xml:"url"`
32          Title   string   `xml:"title"`
33          Link    string   `xml:"link"`
34      }
35
36      // channel 구조체는 RSS 문서 내의 channel 태그에
37      // 정의된 필드들에 대응하는 필드들을 선언한다.
38      channel struct {
39          XMLName     xml.Name `xml:"channel"`
40          Title       string   `xml:"title"`
41          Description string   `xml:"description"`
42          Link        string   `xml:"link"`
43          PubDate     string   `xml:"pubDate"`
```

```
44        LastBuildDate   string    `xml:"lastBuildDate"`
45        TTL             string    `xml:"ttl"`
46        Language        string    `xml:"language"`
47        ManagingEditor  string    `xml:"managingEditor"`
48        WebMaster       string    `xml:"webMaster"`
49        Image           image     `xml:"image"`
50        Item            []item    `xml:"item"`
51    }
52
53    // rssDocument 구조체는 RSS 문서에 정의된 필드들에 대응하는 필드들을 정의한다.
54    rssDocument struct {
55        XMLName xml.Name `xml:"rss"`
56        Channel channel  `xml:"channel"`
57    }
58 )
```

이 구조체들을 이용하면 이 구조와 일치하는 모든 RSS 문서들을 처리할 수 있다. XML을 디 코딩하는 방법은 feed.go 파일에서 JSON 문서를 디코딩하는 방법과 완전히 동일하다. 다음으로 해야 할 일은 rssMatcher 타입을 선언하는 것이다.

예제 2.50   matchers/rss.go: 60~61번 줄

```
60 // Matcher 인터페이스를 구현하는 rssMatcher 타입을 선언한다.
61 type rssMatcher struct{}
```

이 코드는 앞서 defaultMatcher 타입을 선언했을 때의 코드와 거의 동일하게 보인다. 이 경우 역시 Matcher 인터페이스를 구현할 뿐 관리해야 할 상태가 없기 때문에 빈 구조체를 사용해도 무방하다. 다음으로 해야 할 일은 init 함수를 통해 검색기를 등록하는 작업이다.

예제 2.51   matchers/rss.go: 63~67번 줄

```
63 // init 함수를 통해 프로그램에 검색기를 등록한다.
64 func init() {
65     var matcher rssMatcher
66     search.Register("rss", matcher)
67 }
```

기본 검색기를 등록하던 방법과 마찬가지로, init 함수를 통해 rssMatcher 타입을 프로그램에 등록하면 된다. main.go 파일에서 가져오기를 수행하는 코드를 다시 한 번 살펴보자.

```
07    _ "github.com/webgenie/go-in-action/chapter2/sample/matchers"
08      "github.com/webgenie/go-in-action/chapter2/sample/search"
```

main.go 파일의 코드는 matchers 패키지에 정의된 그 어떤 식별자도 직접 참조하지 않는다. 그렇지만 컴파일러는 rss.go 파일에 정의된 init 함수를 호출해야 한다. 이를 위해 07번 줄의 코드에서는 빈 식별자를 가져오는 패키지의 별칭으로 사용하고 있다. 이렇게 함으로써 컴파일러가 오류 없이 패키지를 가져오고 init 함수를 호출할 수 있다. 패키지 및 타입 가져오기 그리고 초기화가 모두 완료되었다면, 이제는 Matcher 인터페이스를 구현하기 위한 두 개의 메서드를 살펴볼 차례이다.

```
114 // HTTP Get 요청을 수행해서 RSS 피드를 요청한 후 결과를 디코딩한다.
115 func (m rssMatcher) retrieve(feed *search.Feed) (*rssDocument, error) {
116     if feed.URI == "" {
117         return nil, errors.New("검색할 RSS 피드가 정의되지 않았습니다.")
118     }
119
120     // 웹에서 RSS 문서를 조회한다.
121     resp, err := http.Get(feed.URI)
122     if err != nil {
123         return nil, err
124     }
125
126     // 함수가 리턴될 때 응답 스트림을 닫는다.
127     defer resp.Body.Close()
128
129     // 상태 코드가 200인지를 검사해서
130     // 올바른 응답을 수신했는지를 확인한다.
131     if resp.StatusCode != 200 {
132         return nil, fmt.Errorf("HTTP 응답 오류: %d\n", resp.StatusCode)
133     }
134
135     // RSS 피드 문서를 구조체 타입으로 디코드한다.
136     // 호출 함수가 에러를 판단할 것이기 때문에 이 함수에서는 에러를 처리하지 않는다.
137     var document rssDocument
138     err = xml.NewDecoder(resp.Body).Decode(&document)
139     return &document, err
140 }
```

비공개 메서드인 retrieve 메서드는 각각의 피드 링크를 이용해 RSS 문서를 웹에서 다운로드한다. 121번 줄의 코드를 보면, http 패키지의 Get 메서드를 호출하는 것을 볼 수 있다. http

패키지에 대해서는 제8장에서 더 자세히 살펴본다. 지금은 Go의 http 패키지를 이용하면 웹 요청을 매우 쉽게 생성할 수 있다는 사실만 알아두자. Get 메서드가 리턴되면 Response 타입에 대한 포인터가 리턴된다. 에러를 검사한 후 올바른 응답을 얻었다면 127번 줄의 코드처럼 Close 메서드의 호출을 예약하자.

131번 줄에서는 Response 값의 StatusCode 필드를 확인해서 200이라는 값을 전달받았는지를 확인한다. 200이 아닌 다른 값이 전달되었다면 그 응답은 오류로 처리해야 한다. 따라서 이 값이 200이 아닌 경우에는 fmt 패키지의 Errorf 함수를 이용해 사용자정의 에러를 리턴한다. 마지막 세 줄의 코드는 JSON 데이터 파일을 디코드할 때의 코드와 거의 유사하다. 이번에는 xml 패키지에 정의된 NewDecoder라는 동일한 이름의 함수를 호출하면 Decoder 타입에 대한 포인터를 리턴받는다. 이 포인터를 이용해서 Decode 메서드를 호출하면서 rssDocument 타입의 지역 변수인 document 변수의 주소를 전달한다. 그러면 rssDocument 타입 값의 주소와 에러가 리턴된다.

Matcher 인터페이스를 구현하는 마지막 메서드의 코드는 다음과 같다.

예제 2.54 matchers/rss.go: 69~112번 줄

```
69  // Search 함수는 지정된 문서에서 검색어를 검색한다.
70  func (m rssMatcher) Search(feed *search.Feed, searchTerm string)
                                                    ([]*search.Result, error) {
71      var results []*search.Result
72
73      log.Printf("피드 종류[%s] 사이트[%s] 주소[%s]에서 검색을 수행합니다.\n",
                                        feed.Type, feed.Name, feed.URI)
74
75      // 검색할 데이터를 조회한다.
76      document, err := m.retrieve(feed)
77      if err != nil {
78          return nil, err
79      }
80
81      for _, channelItem := range document.Channel.Item {
82          // 제목에서 검색어를 검색한다.
83          matched, err := regexp.MatchString(searchTerm, channelItem.Title)
84          if err != nil {
85              return nil, err
86          }
87
88          // 검색어가 발견되면 결과에 저장한다.
89          if matched {
90              results = append(results, &search.Result{
```

```
91                    Field:    "Title",
92                    Content: channelItem.Title,
93            })
94        }
95
96        // 상세 내용에서 검색어를 검색한다.
97        matched, err = regexp.MatchString(searchTerm, channelItem.Description)
98        if err != nil {
99            return nil, err
100        }
101
102        // 검색어가 발견되면 결과에 저장한다.
103        if matched {
104            results = append(results, &search.Result{
105                Field:    "Description",
106                Content: channelItem.Description,
107            })
108        }
109    }
110
111    return results, nil
112 }
```

우선 71번 줄의 코드부터 살펴보자. 이 코드는 발견된 검색 결과를 저장하기 위한 results라는 이름의 변수를 선언한다.

예제 2.55   matchers/rss.go: 71번 줄

```
71      var results []*search.Result
```

이때 var 키워드를 이용하여 nil로 초기화된 Result 타입 값의 슬라이스 변수를 선언한다. Result 타입의 선언은 match.go 파일의 08번 줄에서 확인할 수 있다. 다음으로 76번 줄에서는 앞서 살펴본 retrieve 메서드를 호출해서 웹 요청을 생성한다.

예제 2.56   matchers/rss.go: 75~79번 줄

```
75      // 검색할 데이터를 조회한다.
76      document, err := m.retrieve(feed)
77      if err != nil {
78          return nil, err
79      }
```

retrieve 메서드를 호출하면 rssDocument 타입에 대한 포인터와 에러 값이 리턴된다. 그 후 지금까지 살펴본 코드와 마찬가지로, 에러 값을 검사하여 이 값이 존재하면 에러를 리턴하면

된다. 에러 값이 존재하지 않는다면, 결과를 대상으로 루프를 실행하면서 RSS 문서의 title과 description 필드에 검색어가 포함되어 있는지 확인한다.

```
81      for _, channelItem := range document.Channel.Item {
82          // 제목에서 검색어를 검색한다.
83          matched, err := regexp.MatchString(searchTerm, channelItem.Title)
84          if err != nil {
85              return nil, err
86          }
```

document.Channel.Item 값은 item 타입 값의 슬라이스이므로 81번 줄과 같이 for range 구문을 이용하여 모든 아이템들을 반복해서 조회할 수 있다. 83번 줄에서는 regexp 패키지의 MatchString 함수를 이용하여 channelItem 변수의 Title 필드의 값에 검색어가 존재하는지 확인한다. 그리고 84번 줄처럼 에러를 검사하여 에러가 존재하지 않으면 89~94번 줄의 코드를 통해 검색 결과를 확인한다.

```
88          // 검색어가 발견되면 결과에 저장한다.
89          if matched {
90              results = append(results, &search.Result{
91                  Field:   "Title",
92                  Content: channelItem.Title,
93              })
94          }
```

만일 MatchString 메서드를 호출한 결과인 matched 변수의 값이 true이면 내장 함수인 append 함수를 호출하여 results 슬라이스에 검색 결과를 추가한다. append 내장 함수는 필요에 따라 슬라이스의 크기와 길이를 증가시키는 함수이다. 내장 함수에 대한 자세한 내용은 제4장에서 살펴볼 예정이다. append 메서드의 첫 번째 매개변수는 값을 덧붙일 슬라이스 값이며, 두 번째 매개변수는 슬라이스에 추가하고자 하는 값이다. 예제는 Result 타입의 값을 선언하고 초기화하기 위해 구조체 표현식(struct literal)을 사용했으므로 앰퍼샌드 연산자(&)를 이용하여 슬라이스가 저장된 메모리의 주소를 가져왔다.

제목 부분에 대한 검색을 마친 후에는 97~108번 줄과 같이 동일한 검색 로직을 상세 설명 필드에 대해 한 번 더 수행한다. 마지막으로, 111번 줄에서는 최종 검색 결과를 호출 함수에 리턴한다.

2.5 요약

- 모든 코드 파일은 패키지에 속해야 하며, 패키지 이름은 코드 파일이 존재하는 폴더의 이름과 동일해야 한다.
- Go는 변수를 선언하고 초기화하기 위한 여러 방법을 제공한다. 변수의 값이 명시적으로 초기화되지 않은 경우에는 컴파일러가 해당 변수를 제로 값으로 초기화한다.
- 포인터는 함수와 고루틴 간에 데이터를 공유하기 위한 방법을 제공한다.
- 채널을 이용하여 고루틴을 실행함으로써 동시성과 동기화를 처리할 수 있다.
- Go는 Go의 내장 데이터 구조체를 지원하기 위한 내장 함수를 제공한다.
- 표준 라이브러리는 강력한 기능을 수행하는 여러 패키지를 제공한다.
- Go의 인터페이스를 이용하면 범용 코드와 프레임워크를 작성할 수 있다.

3

패키징과 내장 도구들

이번 장에서 학습할 내용

- Go 코드를 정리하는 방법 이해하기
- Go 커맨드 라인의 활용법 학습하기
- Go의 추가 개발자 도구 살펴보기
- Go 개발자들과 협업하기

제2장에서는 Go의 언어 구조와 문법에 대해 살펴보았다. 이제는 코드를 패키지 내부에 정리하는 방법 및 다른 패키지들과 상호작용하는 방법을 살펴볼 것이다. 패키지는 Go에서 매우 중요한 개념이다. 패키지의 기본 개념은 기능을 의미적으로 분류하여 각기 다른 패키지로 분리하는 것이다. 이렇게 하면 코드의 재사용이 가능하며, 각 패키지 내에서의 데이터 사용을 효과적으로 제어할 수 있다.

제3장의 내용을 시작하기에 앞서 우리는 독자 여러분이 윈도 운영체제의 커맨드 프롬프트(command prompt)나 Linux/Mac의 시스템 셸(system shell)에 이미 익숙하며, 이 책의 서문에 작성해둔 가이드를 따라 이미 Go를 설치한 상태라고 가정할 것이다. 준비가 되었다면 대체 패키지란 무엇이며, 왜 Go의 생태계에서 패키지가 중요한 의미를 갖는지 먼저 이해해보자.

3.1 패키지

모든 Go 프로그램은 **패키지(package)**라고 불리는 일련의 파일 그룹을 통해 관리된다. 따라서 코드는 보다 작은 크기의 재사용 가능한 단위로 다른 프로젝트에 포함될 수 있는 능력을 갖게 된다. Go의 표준 라이브러리에서 http 관련 기능을 제공하는 패키지를 살펴보자.

```
net/http/
    cgi/
    cookiejar/
        testdata/
    fcgi/
    httptest/
    httputil/
    pprof/
    testdata/
```

이 디렉터리들은 .go 확장자를 가진 관련 파일들을 저장하고 있으며, HTTP 서버와 클라이언트 및 이들을 테스트하고 확인하기 위한 유틸리티 등을 구현한 관련 코드들을 보다 작은 단위로 명확하게 분류하고 있다. 예를 들어, cookiejar 패키지는 웹 세션에 쿠키를 저장하고 조회하기 위한 코드를 구현하고 있다. 각각의 패키지는 개별적으로 가져오기 및 활용이 가능하기 때문에 개발자들은 자신들이 필요한 특정 기능만을 가져오는 것이 가능하다. 만일 HTTP 클라이언트를 구현하고자 한다면 http 패키지만 가져오면 된다.

모든 .go 파일들은 반드시 공백 및 주석을 제외한 첫 번째 줄에 자신이 속한 패키지의 이름을 선언해야 한다. 패키지는 하나의 디렉터리에 저장된다. 즉, 같은 디렉터리에 여러 개의 패키지를 정의할 수 없으며, 하나의 패키지를 여러 개의 디렉터리로 나누어 구현할 수도 없다. 즉, 같은 패키지 이름을 선언하는 모든 .go 파일은 하나의 디렉터리에 저장되어야 한다.

3.1.1 패키지의 이름 규칙

패키지의 이름 규칙은 패키지가 저장되는 디렉터리의 이름을 따르는 것이다. 이렇게 하면 패키지를 가져올 때 패키지의 이름을 쉽게 알 수 있다는 장점이 있다. 예제에서처럼 net/http 패키지를 가져오면 http 디렉터리 내의 모든 파일들이 http 패키지를 구성하게 된다. 패키지와 디렉터리의 이름을 결정할 때는 반드시 짧고 간결하며 소문자로 구성된 이름을 사용해야 한다. 왜냐하면 개발하는 동안 우리가 계속해서 타이핑할 이름이기 때문이다. net/http 패키지의 하위 패키지인 cgi, httputil, pprof 등의 패키지 이름이 좋은 사례다.

패키지를 가져올 때는 전체 경로를 이용하기 때문에 사실 패키지 이름이 반드시 유일할 필요는 없다. 패키지를 가져오면 패키지의 이름이 기본 이름으로 사용되지만 임의로 변경도 가능하다. 이는 동일한 이름을 가진 여러 개의 패키지를 가져오는 경우에 유용하다. 이에 대한 자세한 내용은 3.2절에서 살펴보기로 하자.

3.1.2 main 패키지

main이라는 이름의 패키지는 Go에서 특별한 의미를 가진다. 이 패키지는 Go 커맨드를 위한 것으로써 실행 가능한 바이너리 파일로 컴파일되기 위한 패키지를 정의하기 위한 것이다. 독자들이 Go로 구현하는 모든 실행 가능한 프로그램들은 반드시 main이라는 이름의 패키지를 가지고 있어야 한다.

main 패키지는 반드시 main()이라는 이름의 함수를 선언해야 한다. 그렇지 않으면 실행 바이너리가 생성되지 않는다. main() 함수는 프로그램의 진입점 역할을 수행하는 함수이기 때문에 이 함수가 없으면 프로그램을 시작할 지점을 찾을 수가 없게 된다. 컴파일된 실행 바이너리의 이름은 main 패키지가 선언된 디렉터리의 이름을 따른다.

> **명령과 패키지(commands and packages)** Go 문서에서 **명령(command)**이라는 단어는 주로 커맨드 라인 애플리케이션 같은 실행 가능한 프로그램을 의미한다. Go를 처음 접하는 개발자가 문서를 읽을 때 다소 혼란스러울 수 있는 부분이다. Go에서 명령이란 모든 실행 가능한 프로그램을 의미하며, 패키지는 가져오기가 가능한 기능의 의미적 단위를 의미한다는 점을 명심하도록 하자.

지금까지 설명한 내용을 한 번 시도해보자. 우선 GOPATH/src/hello 폴더에 hello.go라는 파일을 생성하고 예제 3.1의 코드를 작성하자. 이 코드는 전통적인 Hello World! 애플리케이션을 구현한 코드인데, 패키지 선언부와 가져오기 구문을 주의 깊게 살펴보자.

예제 3.1 전통적인 Hello, World! 애플리케이션

```
01 package main
02
03 import "fmt"          fmt 패키지는 형식화된 문자열을
                         출력하기 위한 메서드들을 제공한다.
04
05 func main() {
06     fmt.Println("안녕하세요!");
07 }
```

패키지 문서 참조하기 http://golang.org/pkg/fmt/를 방문하거나 터미널에서 godoc fmt 명령을 실행하면 패키지에 대한 상세한 도움말을 볼 수 있다.

이 파일을 저장한 후 GOPATH/src/hello 디렉터리에서 go build 명령을 실행하자. 이 명령이 성공적으로 실행되면 바이너리 파일이 생성된 것을 볼 수 있다. Unix, Linux 및 Mac OS X에서는 hello라는 이름의 파일이 생성되며 윈도에서는 hello.exe 파일이 생성된다. 이제 이 애플리케이션을 실행하면 콘솔에 "안녕하세요!"라는 문장이 출력된다.

만일 main이 아닌 hello 같은 다른 패키지 이름을 지정했다면 컴파일러가 '해당 바이너리는 명령이 아닌 패키지'라는 내용의 오류를 발생시킨다.

예제 3.2 main 함수가 잘못된 패키지에 선언된 Go 프로그램

```
01 package hello
02
03 import "fmt"
04
05 func main() {
06     fmt.Println("안녕하세요!");
07 }
```

3.2 가져오기

이제 코드를 패키지 내부에 정리하는 방법에 대해 알아보았으므로 개별 패키지를 가져와 패키지 내에 작성된 코드에 접근하는 방법을 알아보자. import 구문은 컴파일러에게 패키지를 탐색할 디스크상의 경로를 알려준다. 패키지를 가져오려면 import 키워드를 사용하여 컴파일러에게 해당 파일 경로의 패키지 내에 구현된 코드를 참조하고 싶다는 것을 알려주어야 한다. 하나 이상의 패키지를 가져오려면, 다음과 같이 import 블록 내에 패키지 가져오기를 위한 구문을 작성하면 된다.

예제 3.3 Import 구문 블록

```
import (
    "fmt"
    "strings"  ◄
)
```

strings 패키지는 문자열의 탐색, 교체 및 변형을 위한 다양한 메서드를 제공한다. 자세한 내용은 http://golang.org/pkt/strings/ 페이지를 방문하거나 터미널에서 godoc strings 명령을 실행하면 된다.

패키지는 Go 환경 변수가 참조하는 디렉터리를 기준으로 한 상대 경로를 이용해 탐색한다. 표준 라이브러리 내에 구현된 패키지들은 Go가 설치된 경로를 기준으로 탐색한다. 독자들이 직접 생성했거나 다른 Go 개발자들이 생성한 패키지는 GOPATH 환경 변수에 지정된 경로에 저장된다. 이 경로가 바로 패키지를 위한 개별 작업 공간이다.

예제를 살펴보자. 만일 /usr/local/go 경로에 Go를 설치했고 GOPATH 환경 변수에 /home/myproject:/home/mylibraries 경로를 설정했다면, 컴파일러는 net/http 패키지를 다음 순서로 탐색한다.

```
/usr/local/go/src/pkg/net/http      ◁────    표준 라이브러리가
/home/myproject/src/net/http                 보관되는 경로다.
/home/mylibraries/src/net/http
```

컴파일러는 import 구문에 명시된 패키지를 찾으면 탐색을 중단한다. 이때 반드시 기억해야 할 점은 컴파일러는 우선적으로 Go 설치 디렉터리를 탐색한 후 GOPATH 환경 변수에 나열된 순서대로 디렉터리를 탐색한다는 것이다.

컴파일러가 GOPATH 환경 변수에 지정된 경로를 탐색했음에도 원하는 패키지를 찾지 못했다면 프로그램을 실행하거나 빌드하려고 할 때 컴파일러 오류를 보게 된다. 이런 문제가 발생했을 때 문제를 해결하기 위해 go get 명령을 사용하는 방법을 잠시 후에 살펴보기로 하자.

3.2.1 원격 가져오기

오늘날에는 Github나 Launchpad, Bitbucket 등의 사이트를 기반으로 분산 버전 관리 시스템(DVCS, Distributed Version Control System)을 이용해 코드를 공유하는 방법이 대중화되고 있다. Go의 도구들은 이런 사이트로부터 소스 코드를 가져오기 위한 기능들이 내장되어 있다. import 구문의 경로 또한 Go의 도구들이 네트워크상의 어디에서 소스 코드를 가져와야 하는지 결정하는 데 활용되기도 한다.

예를 들어보자.

```
import "github.com/spf13/viper"
```

이 경로를 포함하는 프로그램을 빌드하면 go build 명령은 GOPATH 환경 변수를 이용하여 디스크로부터 패키지를 탐색한다. go build 명령 입장에서는 이 경로가 Github 저장소 URL을 표현하고 있다는 점은 중요하지 않다. 만일 가져오기 경로가 URL을 포함하고 있으면 Go 도구

를 이용하여 DVCS로부터 패키지를 가져와 GOPATH 환경 변수가 참조하는 경로에 코드를 저장할 수 있다. 이 과정은 go get 명령을 통해 수행한다. go get 명령은 지정된 URL에서 코드를 가져올 수도 있고, 패키지가 가져오는 의존 패키지들 중 go get 명령을 지원하는 패키지들의 코드 가져오기를 수행할 수도 있다. go get 명령은 재귀적으로 실행되기 때문에 패키지의 소스 트리를 모두 탐색한 후 발견되는 의존성들에 대한 코드 가져오기를 모두 수행한다.

3.2.2 명명된 가져오기

만일 이름이 동일한 여러 개의 패키지를 가져와야 한다면 어떤 일이 발생할까? 예를 들어, 네트워크로부터 가져온 데이터를 읽어 변환하는 network/convert 패키지와 텍스트 파일에서 데이터를 읽어 변환하는 file/convert 패키지를 동시에 사용해야 한다고 가정해보자. 이 경우 두 패키지를 **명명된 가져오기** 기법을 통해 가져올 수 있다. 즉, import 구문의 왼쪽에 패키지의 새로운 이름을 지정하면 된다.

예를 들어, 표준 라이브러리에서 fmt 패키지를 이미 참조하고 있는 상황이며, 독자 여러분이 프로젝트를 수행하면서 직접 구현한 fmt 패키지를 가져와야 하는 상황이라고 가정해보자. 이 경우 다음 예제와 같이 직접 구현한 fmt 패키지의 이름을 다시 지정해서 가져오면 된다.

예제 3.4 가져온 패키지 이름을 다시 지정하기

```
01 package main
02
03 import (
04     "fmt",
05     myfmt "mylib/fmt"
06 )
07
08 func main() {
09     fmt.Println("표준 라이브러리")
10     myfmt.Printlt("mylib/fmt")
11 }
```

Go 컴파일러는 패키지를 가져온 후 직접 사용하지 않는 경우에는 빌드를 수행하지 않고 에러를 발생시킨다. Go 팀은 이 기능을 통해 사용되지 않는 패키지 때문에 프로그램의 크기가 늘어나는 문제를 해결할 수 있다고 여긴다. 간혹 이 기능 때문에 짜증이 날 수도 있지만 Go 팀은 다른 언어에서 접할 수 있는 여러 문제를 방지하기 위한 여러 결정 사항들을 구현하는 데 많은 노력을 투입했다. 어느 누구도 사용되지 않는 바이너리 때문에 불필요하게 비대해진 바이너리

파일을 원하지는 않는다. 그래서 Go 팀은 이런 부분은 컴파일러가 개발자에게 경고할 만한 가치가 있고 따라서 빌드에 실패할 수 있는 부분이라고 생각한 것이다. 대형 C 프로그램을 작성해본 사람이라면 엄청난 양의 컴파일러 경고에서 문제가 발생한 부분을 정확하게 인지하기가 얼마나 힘든지 잘 알고 있을 것이다.

하지만 간혹 직접 참조할 필요가 없는 패키지를 가져와야 할 경우도 있다. 아마도 다음 절에서 이런 예를 볼 수 있을 것이다. 이런 경우에는 빈 식별자(_)를 이용해 패키지 이름을 다시 지정하면 된다.

> **빈 식별자(blank identifier)** Go에서 언더스코어 문자(_)는 **빈 식별자**로서 다양한 용도로 활용할 수 있다. 패키지를 가져올 때 패키지 이름을 지정하는 경우를 포함해서 값의 대입을 건너뛰고 싶을 때나 함수의 리턴 값 중 필요치 않은 값을 무시할 때 사용할 수 있다.

3.3 init

각각의 패키지는 최초 실행 시점에 호출될 init 함수를 필요한 만큼 정의할 수 있는 기능을 제공한다. 컴파일러가 마련한 모든 init 함수는 main 함수가 실행되기 전에 미리 호출되도록 예약된다. init 함수들은 패키지를 설정하거나 변수의 초기화, 또는 프로그램이 실행되기 전에 수행해야 할 여러 작업들을 수행하기 위한 최적의 장소이다.

이에 대한 좋은 예는 데이터베이스 드라이버다. 데이터베이스 드라이버들은 init 함수 내에서 sql 패키지에 스스로를 등록한다. 그 이유는 sql 패키지는 컴파일 시점에 어떤 드라이버들이 존재하는지 알 수 없기 때문이다. init 함수에서 어떤 동작을 수행하는지 그 예제를 살펴보도록 하자.

예제 3.5 init 함수의 사용 예

```
01 package postgres
02
03 import (
04     "database/sql"
05 )
06
07 func init() {
08     sql.Register("postgres", new (PostgresDriver))
09 }
```

Postgres 드라이버의 새로운 인스턴스를 생성한다. 드라이버 타입에 대한 정의는 init() 함수에 집중하기 위해 의도적으로 생략했다.

이 코드는 PostgreSQL 데이터베이스용 데이터베이스 드라이버를 구현하는 코드를 흉내낸 것이다. 프로그램이 이 패키지를 가져오면 init 함수가 호출되어 데이터베이스 드라이버가 Go의 sql 패키지에 등록된다.

이 새로운 데이터베이스 드라이버를 사용하는 코드를 작성할 때는 빈 식별자를 이용하여 패키지를 가져옴으로써 sql 패키지에 새로운 드라이버가 등록될 수 있도록 해야 한다. 앞서 설명했듯이 실제로 참조하지 않는 패키지는 가져올 수 없기 때문에, 빈 식별자를 이용해 패키지 이름을 다시 지정하면 컴파일러가 불필요한 패키지 가져오기에 대한 오류를 발생시키지 않고 해당 패키지의 init 함수를 발견하고 호출할 수 있게 된다.

그러면 다음과 같이 sql.Open 메서드에 해당 드라이버를 사용하도록 지시할 수 있다.

예제 3.6 빈 식별자를 이용한 가져오기

```
01 package main
02
03 import (
04     "database/sql"
05
06     _ "github.com/webgenie/go-in-action/chapter3/dbdriver/postgres"
07 )
08
09 func main() {
10     sql.Open("postgres", "mydb")
11 }
```

컴파일 오류를 피하기 위해 패키지를 익명으로 가져온다.

sql 패키지의 Open 메서드를 호출한다. 드라이버가 init 함수를 통해 sql 패키지에 등록되기 때문에 이 코드는 문제없이 실행된다.

3.4 Go 내장 도구의 활용

지금까지 우리는 몇 가지 go 도구들을 활용해본 적은 있지만 전체를 모두 둘러보지는 않았다. 아주 짧은 이름을 가졌지만 그와 반대로 강력한 기능을 제공하는 각각의 도구들을 지금부터 조금 더 자세히 살펴보도록 하자. 셸 프롬프트에서 인수 없이 go 명령을 수행해보자.

```
$ go
```

그림 3.1에서 보듯이 go 내장 도구들에는 엄청난 기능들이 숨어있다.

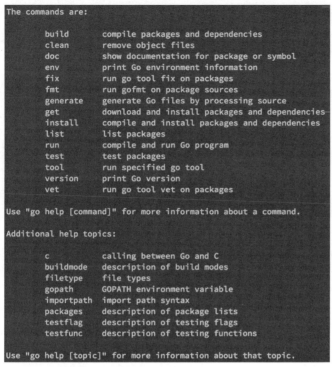

```
The commands are:

        build       compile packages and dependencies
        clean       remove object files
        doc         show documentation for package or symbol
        env         print Go environment information
        fix         run go tool fix on packages
        fmt         run gofmt on package sources
        generate    generate Go files by processing source
        get         download and install packages and dependencies
        install     compile and install packages and dependencies
        list        list packages
        run         compile and run Go program
        test        test packages
        tool        run specified go tool
        version     print Go version
        vet         run go tool vet on packages

Use "go help [command]" for more information about a command.

Additional help topics:

        c           calling between Go and C
        buildmode   description of build modes
        filetype    file types
        gopath      GOPATH environment variable
        importpath  import path syntax
        packages    description of package lists
        testflag    description of testing flags
        testfunc    description of testing functions

Use "go help [topic]" for more information about that topic.
```

그림 3.1 go 명령을 실행하면 볼 수 있는 도움말 텍스트

이 목록을 살펴보면 실제로 컴파일러를 위한 build 명령이 존재하고 있음을 알 수 있다. build와 clean 명령은 각자 정확히 의도된 동작을 수행한다. 예제 3.2에서 작성한 소스 코드를 대상으로 이 두 명령을 실행해보자.

```
go build hello.go
```

만일 코드를 소스 저장소에 커밋할 때 실행 파일이 함께 커밋되지 않도록 하려면, 이 파일을 제거하기 위해 clean 명령을 이용하면 된다.

```
go clean hello.go
```

clean 명령을 실행하면 실행 프로그램이 삭제된다. 이제 go 내장 도구들의 기능에 대해 조금 더 자세히 살펴보고 이들을 이용해 시간을 절약할 수 있는 방법을 알아보자. 지금부터는 다음 예제 코드를 이용해 내장 도구들을 실습할 것이다.

```
01  // io 패키지의 활용법을 간략히 소개하기 위한 샘플 프로그램
02  package main
03
04  import (
05      "fmt"
06      "io/ioutil"
07      "os"
08
09      "github.com/webgenie/go-in-action/chapter3/words"
10  )
11
12  // 애플리케이션 진입점
13  func main() {
14      filename := os.Args[1]
15
16      contents, err := ioutil.ReadFile(filename)
17      if err != nil {
18          fmt.Println("파일을 열 때 오류가 발생했습니다.", err)
19          return
20      }
21
22      text := string(contents)
23
24      count := words.CountWords(text)
25      fmt.Printf("총 %d 개의 단어를 발견했습니다. \n", count)
26  }
```

이 책의 소스 코드를 다운로드했다면 이 패키지는 GOPATH/src/github.com/webgenie/go-in-action/chapter3/wordcount 디렉터리에 저장될 것이다. 이 디렉터리에 코드 파일이 다운로드되어 있는지 확인하도록 하자.

Go 내장 도구 중 대부분의 명령들은 매개변수로 패키지에 대한 식별자를 전달받는다. 조금 전에 사용했던 명령들을 살펴보면 내장 도구를 이용해 만들어진 단축 명령을 볼 수 있을 것이다. 예를 들어, 소스 코드 파일을 빌드할 때 파일명을 생략하면 go 내장 도구는 **현재 패키지**를 기본 값으로 사용한다.

```
go build
```

패키지를 빌드하는 것은 일반적인 절차이므로 다음과 같이 패키지를 직접 명시하는 것도 가능하다.

```
go build github.com/webgenie/go-in-action/chapter3/wordcount
```

또한 패키지 식별자에 와일드카드를 지정할 수 있다. 패키지 식별자에 사용된 세 개의 마침표는 모든 문자열을 의미한다. 예를 들어, 다음 명령은 chapter3 디렉터리 내의 모든 패키지를 빌드한다.

```
go build github.com/webgenie/go-in-action/chapter3/...
```

패키지 식별자 대신 대부분의 Go 명령들은 경로를 인수로 사용하기도 한다. 예를 들어, 다음 명령은 앞서 살펴본 두 개의 명령과 완전히 동일하게 동작한다.

```
go build wordcount.go
go build .
```

이 프로그램을 실행하려면 빌드 후에 생성된 wordcount 또는 wordcount.exe 파일을 실행하면 된다. 그러나 이 두 가지를 한 번에 실행하기 위한 명령도 있다.

```
go run wordcount.go
```

go run 명령은 빌드 후 wordcount.go 파일에 선언된 프로그램을 실행하는 과정을 모두 수행하기 때문에 더 적은 타이핑으로도 동일한 작업을 수행할 수 있다.

go build 및 go run 명령은 개발 과정에서 빈번하게 사용할 도구들이다. 이 외에 몇 가지 명령들을 조금 더 살펴보기로 하자.

3.5 Go의 추가 개발자 도구

지금까지 편리한 go 도구를 이용하여 Go 프로그램을 컴파일하고 실행하는 방법을 살펴보았다. 그러나 이 간편한 도구는 그 외에도 여러 가지 트릭들을 감추고 있다.

3.5.1 go vet

이 도구는 코드를 자동으로 생성하지는 않지만 일단 어느 정도 코드를 작성한 후 vet 명령을 사용하면 코드상에서 일반적으로 발생할 수 있는 에러를 검사해준다. vet 도구가 자동으로 검출할 수 있는 에러의 종류는 다음과 같다.

- Printf 스타일의 함수 호출 시 잘못된 매개변수 지정
- 메서드 정의 시 시그너처(signature) 관련 에러

- 잘못 구성된 태그(tag)
- 조합 리터럴(composite literal) 사용 시 누락된 키(key)

많은 초보 Go 개발자들이 흔히 저지르는 실수를 살펴보자. `fmt.Printf` 함수는 형식화된 문자열을 생성하는 기능을 제공하는데, 이 함수를 제대로 사용하려면 형식을 지정하기 위한 여러 가지 식별자를 모두 기억해야만 한다. 다음 예제를 살펴보자.

예제 3.8 vet 명령의 활용 예

```
01 package main
02
03 import "fmt"
04
05 func main() {
06     fmt.Printf("여우가 개를 뛰어넘어 달아납니다.", 3.14)
07 }
```

이 프로그램은 부동소수점 숫자인 3.14를 문자열에 추가하려고 하지만, 이 값을 문자열로 출력할 형식을 지정하기 위한 플레이스홀더(placeholder)가 정의되지 않았다. 이때 go vet 명령을 수행하면 다음과 같은 메시지를 보게 된다.

```
go vet main.go
```

```
main.go:6: no formatting directive in Printf call
```

go vet 도구가 로직상의 중대한 에러를 발견하거나 버그를 내포한 코드를 작성하는 것을 완벽히 막아주지는 못한다. 그러나 앞의 예제에서 살펴본 것과 같이 흔히 발생할 수 있는 오류를 빠르고 정확하게 짚어준다. 소스 저장소에 코드를 커밋하기 전에 go vet 도구를 실행해보는 것이 좋은 습관이 될 것이다.

3.5.2 go format

fmt 명령은 Go 커뮤니티가 가장 선호하는 명령 중 하나다. `fmt` 도구는 미리 정의된 레이아웃을 Go 소스 코드에 자동으로 적용해주기 때문에 중괄호의 위치 따위로 왈가왈부하거나 들여쓰기에 탭이나 스페이스 중 어떤 것을 사용해야 하는지 논쟁할 필요가 없다. 이 코드 형식화 도구를 실행하려면 go fmt 명령 다음에 파일이나 패키지 이름을 명시하면 된다. 그러면 `fmt` 명령은 지정된 소스 코드 파일의 형식을 재조정한 뒤 다시 저장해준다. go fmt 명령을 통해 소스 코드를 정리하기 전과 후의 모습을 살펴보자.

```
if err != nil { return err }
```

이 코드 파일에 go fmt 명령을 실행하면 다음과 같이 정리된 코드가 생성된다.

```
if err != nil {
    return err
}
```

많은 Go 개발자들은 코드 파일을 저장하거나 코드 저장소에 코드를 커밋하기 전에 go fmt 명령이 자동으로 실행되도록 개발 환경을 구성한다. 여러분도 지금 바로 이와 같은 환경을 구성하기를 권한다.

3.5.3 Go 문서화 도구

Go는 개발 과정의 편의성을 위한 또 다른 도구를 제공한다. Go 환경에서 개발자가 문서를 참조하는 방법은 크게 두 가지다. 명령 프롬프트를 이용하는 경우라면 go doc 명령을 이용해 터미널 세션에 곧바로 문서를 출력할 수 있다. 이를 통해 터미널을 벗어나지 않고도 명령이나 패키지에 대한 참조를 빠르게 얻어볼 수 있다. 그러나 브라우저를 이용하는 것에 더 익숙하다면 godoc 프로그램을 이용해서 Go 패키지에 대한 클릭 가능한 인덱스를 제공하는 웹 서버를 로컬 환경에서 실행할 수 있다. godoc 웹 서버는 시스템상에 설치된 모든 Go 소스 코드에 대한 웹 버전의 문서를 제공한다.

명령 줄에서 문서 탐색하기

화면에 텍스트 편집기와 터미널 세션을 각각 열어놓고 작업하는 (또는 터미널 세션에서 텍스트 편집기를 실행하는) 스타일의 개발자라면 go doc 도구를 자주 활용하게 될 것이다. Go 애플리케이션에서 Unix의 tar 압축 파일을 읽는 코드를 처음으로 개발하는 경우라면 다음 명령을 통해 archive/tar 패키지에 관련된 문서에 접근할 수 있다.

```
go doc tar
```

이 명령을 실행하면 터미널에 다음과 같은 내용이 곧바로 출력된다.

```
PACKAGE DOCUMENTATION

package tar // import "archive/tar"

Package tar implements access to tar archives. It aims to cover most of the
variations, including those produced by GNU and BSD tars.
```

```
References:

    http://www.freebsd.org/cgi/man.cgi?query=tar&sektion=5
    http://www.gnu.org/software/tar/manual/html_node/Standard.html
    http://pubs.opengroup.org/onlinepubs/9699919799/utilities/pax.html
var ErrWriteTooLong = errors.New("archive/tar: write too long") ...
var ErrHeader = errors.New("archive/tar: invalid tar header")
func FileInfoHeader(fi os.FileInfo, link string) (*Header, error)
func NewReader(r io.Reader) *Reader
func NewWriter(w io.Writer) *Writer
type Header struct { ... }
type Reader struct { ... }
type Writer struct { ... }
```

이렇게 작업을 방해받지 않고도 출력된 문서를 통해 필요한 정보를 탐색할 수 있다.

문서 탐색하기

Go의 문서는 탐색이 가능한 형식을 지원한다. 때로는 패키지나 함수에 대한 전반적인 내용과 함께 클릭 가능한 링크를 통해 상세 정보를 얻는 것이 더 편리할 때가 있다. 이런 경우에는 godoc 도구를 웹 서버로서 활용하면 된다. 관련된 문서를 웹 브라우저를 통해 살펴보는 것을 선호한다면 이 방법이 가장 적합한 방법이 될 것이다.

로컬 문서 서버를 실행하려면 터미널 세션에서 다음 명령을 실행한다.

```
godoc -http=:6060
```

이 명령은 godoc 도구를 이용해 6060 포트에서 웹 서버를 실행한다. 웹 브라우저를 실행하고 http://localhost:6060을 방문하면 Go의 표준 라이브러리는 물론, GOPATH 경로에 설치한 모든 Go 소스 코드에 대한 웹 문서를 탐색할 수 있다.

그림 3.2의 문서 화면은 어디선가 본 적이 있을 것이다. 사실 godoc 도구가 보여주는 문서를 살짝 수정한 버전이 Go 웹사이트의 문서로서 사용되고 있기 때문이다. 특정 패키지에 대한 문서를 탐색하려면 페이지 상단에 있는 Packages 링크를 클릭하면 된다.

Go 문서 도구의 가장 멋진 기능은 여러분이 직접 작성한 코드에 대해서도 문서를 제공한다는 점이다. 코드를 작성할 때 간단한 규칙을 따르기만 한다면 여러분이 작성한 주석이 godoc 도구에 의해 Go 문서로 생성된다. godoc 도구를 이용해 자동으로 문서가 생성되도록 하려면 특별한 규칙을 따르는 주석을 작성하면 된다. 이번 장에서 이 규칙을 모두 설명하지는 않겠지만 몇 가지 중요한 규칙은 살펴볼 것이다.

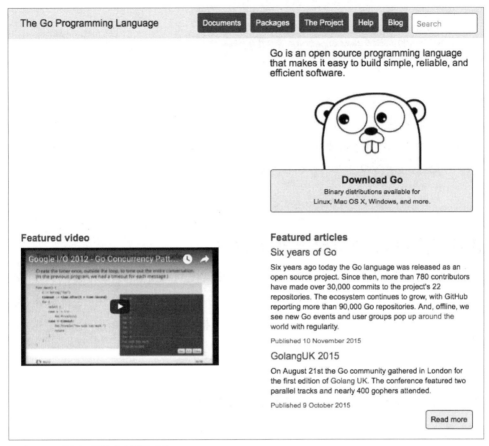

그림 3.2 로컬 Go 문서가 실행된 모습

우선 문서화하고자 하는 식별자의 바로 위에 주석을 작성하면 된다. 이 규칙은 패키지, 함수, 타입, 전역 변수 등에 모두 적용된다. 주석은 두 개의 슬래시(//)나 슬래시-애스터리스크(/*)로 시작한다.

```
// Retrieve 함수는 설정 저장소에 접속해서 연결 설정, 사용자 이름, 비밀 번호 등의 정보를 가져온다.
// 함수 호출이 성공하면 config 구조체를 리턴하며 그렇지 않으면 error를 리턴한다.
func Retrieve() (config, error) {
    // ... 생략
}
```

이 예제는 Go에서 함수에 대한 문서를 작성하는 일반적인 방법을 보여준다. 함수를 설명하는 문서는 함수 바로 위에 작성하며 완벽한 문장으로 작성해야 한다. 패키지 문서에 많은 양의 문서를 작성해야 한다면, doc.go라는 이름의 파일을 패키지에 추가한 후 패키지를 선언하기 전에 주석으로 패키지에 대한 문서를 작성하면 된다.

```
/*
    usb 패키지는 USB 장치를 다루기 위한 타입과 함수를 제공한다.
    USB 장치에 연결하려면 NewConnection 함수를 이용해서 새로운 USB 연결을 생성한다.
    ...
*/
package usb
```

그러면 이 패키지 문서는 패키지 문서상의 타입이나 함수에 대한 문서보다 먼저 화면에 출력된다. 또한 이번 예제에서는 슬래시-애스터리스크 형식의 주석을 사용했다. 좋은 소스 코드 문서를 작성하는 방법은 구글 검색을 이용하면 더 많이 얻을 수 있다.

3.6 다른 Go 개발자와 협업하기

현대의 개발자들은 코드를 처음부터 혼자 개발하지는 않는다. 물론 Go의 도구들은 이러한 사실을 잘 인지하고 받아들이고 있다. Go 도구들 덕분에 패키지라는 개념은 여러분의 로컬 개발 환경에만 머무르지 않고 더 확장될 수 있다. 지금부터 분산 개발 환경에 어울리는 개발자의 자격을 갖추기 위해 필요한 몇 가지 간단한 규칙을 살펴보도록 하자.

3.6.1 소스 코드 공유를 위한 저장소 생성하기

뭔가 멋진 Go 코드를 작성했다면 아마도 이 코드를 Go 커뮤니티와 공유하고 싶을 것이다. 다음 몇 가지 단계만 거친다면 손쉽게 자신의 코드를 다른 개발자와 공유할 수 있다.

패키지는 반드시 저장소의 루트에 저장해야 한다

go get 도구를 사용할 때 가져올 패키지의 전체 경로를 지정해야 한다. 이는 소스 코드를 공유할 저장소를 생성할 때 반드시 패키지 이름을 저장소 이름으로 사용해야 하며, 패키지의 소스 코드는 저장소의 디렉터리 구조에서 루트에 위치해야 한다는 것을 의미한다.

초보 Go 개발자들이 저지르는 실수 중 하나는 자신들의 공개 저장소에 code나 src 디렉터리를 생성하는 것이다. 그렇게 하면 패키지를 가져올 때 더 긴 이름을 사용해야 한다. 대신 패키지의 소스 파일을 공개 저장소의 루트에 저장하도록 하자.

패키지의 크기는 작게 유지하자

Go에서는 다른 프로그래밍 언어의 표준보다도 패키지의 크기를 작게 유지하는 것이 일반적이다. 패키지가 너무 적은 수의 API만을 제공하거나 하나의 작업만을 수행한다고 해서 염려할 필요는 없다. 그것이 일반적이며 다른 Go 개발자들이 기대하고 있는 점이다.

코드에 go fmt 명령을 실행하자

사람들은 다른 오픈 소스 저장소를 사용할 때와 마찬가지로 여러분의 저장소 역시 실제 사용에 앞서 품질을 살펴보기 위해 코드를 둘러보려고 할 것이다. 따라서 반드시 코드를 커밋하기 전에 go fmt 명령을 실행해야 한다. 그렇게 함으로써 더 읽기 쉬운 코드를 만들 수 있고, 모든 개발자들이 같은 방법으로 소스 코드를 읽어볼 수 있다.

소스 코드를 문서화하자

Go 개발자들은 문서를 읽을 때 godoc 도구를 사용하며 오픈 소스 패키지 문서를 읽을 때는 http://godoc.org 사이트를 사용한다. 코드의 문서화를 위해 go doc 도구를 잘 활용한다면, 여러분의 패키지 역시 잘 문서화되어 로컬 환경에서의 활용은 물론, 온라인을 통해 다른 사람들과도 손쉽게 공유할 수 있다.

3.7 의존성 관리

Go 1.0이 출시된 이후로 커뮤니티는 개발자들에게 많은 편의성을 제공할 수 있는 Go 도구들을 만들기 위해 노력해왔다. 이 중 많은 도구들이 의존성 관리에 초점을 맞추고 있다. 가장 대중적인 도구는 키스 래릭(Keith Rarick)이 개발한 **godep**과 대니엘 테오파네스(Daniel Theopanes)가 개발한 **vendor**, 구스타보 니에메예르(Gustavo Niemeyer)가 만든 **gopkg.in**이다. 이 도구들은 패키지 작성자들이 각기 다른 버전의 패키지를 생성할 수 있는 기능을 제공한다.

Go 언어 팀은 1.5 버전부터 의존성 관리를 위한 더 나은 도구를 제공하기 위해 새로운 빌드 옵션과 기능들의 시험 버전을 제공하기 시작했다. 이 기능들이 어떻게 발전할지 기다리는 동안, 기존의 도구들을 활용해 Go 코드를 관리하고 빌드하며 반복적으로 테스트할 수 있다.

3.7.1 의존성 벤더링

godep이나 vendor 같은 커뮤니티 도구들은 **벤더링(vendoring)**과 가져오기 경로 재작성(import path rewriting)이라는 기법을 통해 의존성 문제를 해결한다. 핵심은 모든 의존성을 프로젝트 저장소의 디렉터리에 복사한 후, 이 의존성들을 참조하는 가져오기 경로를 프로젝트가 제공하는 경로로 다시 작성하는 것이다.

예제 3.9   godep 도구를 사용하는 프로젝트의 구조

```
$GOPATH/src/github.com/ardanstudios/myproject
    |-- Godeps
    |    |-- Godeps.json
    |    |-- Readme
    |    |-- _workspace
    |        |-- src
    |            |-- bitbucket.org
    |            |-- ww
    |            |    |-- goautoneg
    |            |        |-- Makefile
    |            |        |-- README.txt
    |            |        |-- autoneg.go
    |            |        |-- autoneg_test.go
    |            |-- github.com
    |                |-- beorn7
    |                    |-- perks
    |                        |-- README.md
    |                        |-- quantile
    |                        |-- bench_test.go
    |                        |-- example_test.go
    |                        |-- exampledata.txt
    |                        |-- stream.go
    |-- examples
    |-- model
    |-- README.md
    |-- main.go
```

예제 3.9는 프로젝트의 의존성을 벤더링하기 위해 godep 도구를 이용한 경우의 소스 트리를 보여준다. 이를 통해 godep 도구가 Godeps라는 이름의 디렉터리를 어떻게 생성하는지 알 수 있다. 이 도구가 벤더링한 의존 패키지들의 소스 코드는 _workspace/src라는 이름의 디렉터리에 별도로 위치하고 있다.

다음으로 main.go 파일에 선언된 패키지 가져오기 구문을 살펴보면 다음과 같이 변경되어 있음을 볼 수 있게 된다.

예제 3.10   벤더링 수행 전

```
01 package main
02
03 import (
04     "bitbucket.org/ww/goautoneg"
```

```
05        "github.com/beorn7/perks"
06 )
```

예제 3.11 벤더링 수행 후

```
01 package main
02
03 import (
04        "github.ardanstudios.com/myproject/Godeps/_workspace/src/
                                        bitbucket.org/ww/goautoneg"
05        "github.ardanstudios.com/myproject/Godeps/_workspace/src/
                                        github.com/beorn7/perks"
06 )
```

의존 패키지들이 벤더링되기 전에는 import 구문이 패키지에 대한 정식 경로들을 담고 있다. 이 코드들은 물리적으로 GOPATH 환경 변수에 지정된 디렉터리 내에 저장된다. 그러나 벤더링을 수행하고 나면 import 구문이 다시 작성되어 이제는 프로젝트 내의 물리적인 위치를 가리키게 된다. 덕분에 가져오기 구문이 다소 길어진 것을 확인할 수 있다.

벤더링을 이용하면 소스 코드에서 필요로 하는 모든 패키지들이 하나의 프로젝트 저장소에 위치하기 때문에 재사용 가능한 빌드를 생성할 수 있게 된다. 벤더링 및 가져오기 경로 재작성의 또 다른 장점은 프로젝트 저장소가 여전히 go get 도구와 호환된다는 점이다. 이 프로젝트 저장소에 대해 go get 도구를 실행하면, 이 도구는 각각의 패키지를 모두 찾아 프로젝트 내의 정확한 위치에 다운로드한다.

3.7.2 gb 도구

gb는 Go 커뮤니티 구성원들이 개발한 완전히 새로운 빌드 도구이다. gb는 재사용 가능한 빌드 문제를 완전히 다른 접근법으로 해결한다. 이 도구는 기본적으로 Go의 도구들을 재활용해서는 문제를 완전히 해결할 수 없다는 점을 인지하고 개발된 도구다.

gb 도구의 철학은 Go가 import 구문 때문에 재사용 가능한 빌드를 만들 수 없다는 점에 기초한다. import 구문은 go get 명령이 참조하는데, 문제는 import 구문이 go get 명령이 실행될 때 정확히 패키지의 어떤 버전을 가져와야 하는지에 대한 명확한 정보를 제공하지는 못한다는 점이다. 따라서 go get 명령은 실행될 때마다 다른 버전의 패키지를 다운로드할 가능성을 내포하고 있으므로 아무리 해도 재사용 가능한 솔루션을 만들기가 어렵고 복잡하다. 앞서 godep 도구에 대한 예시에서 import 구문의 경로가 복잡해지는 것을 이미 확인한 바 있다.

이런 이유로 gb 빌드 도구가 만들어지게 되었다. gb는 Go의 도구를 재활용하지 않으며 GOPATH 환경 변수를 사용하지도 않는다. gb는 Go 도구가 가지고 있는 작업 공간(workspace) 개념을 프로젝트 기반 접근법으로 대체한다. 이렇게 하면 go get과 GOPATH 환경 변수가 의존하는 가져오기 경로를 수정하지 않고도 의존 패키지들을 벤더링할 수 있다.

그러면 앞서 살펴본 예제 프로젝트를 gb 프로젝트로 변환한 결과를 살펴보도록 하자.

```
/home/bill/devel/myproject ($PROJECT)
|-- src
|   |-- cmd
|   |   |-- myproject
|   |   |   |-- main.go
|   |-- examples
|   |-- model
|   |-- README.md
|-- vendor
|   |-- src
        |-- bitbucket.org
        |   |-- ww
        |       |-- goautoneg
        |       |-- Makefile
        |       |-- README.txt
        |       |-- autoneg.go
        |       |-- autoneg_test.go
        |-- github.com
            |-- beorn7
                |-- perks
                |-- README.md
                |-- qantile
                |-- bench_test.go
        |-- example_test.go
        |-- exampledata.txt
        |-- stream.go
```

gb 프로젝트는 단지 src/라는 이름의 서브디렉터리를 가진 디렉터리로서 디스크에 저장된다. $PROJECT라는 기호는 디스크상에서 src/ 디렉터리가 저장된 루트 디렉터리를 가리키며, 디스크상의 프로젝트의 위치를 참조하기 위한 단축 경로로만 사용된다.

$PROJECT는 반드시 설정해야 하는 환경 변수가 **아니다**. 사실 gb는 환경 변수를 전혀 사용하지 않는다.

gb 프로젝트는 여러분이 작성한 코드와 그 코드가 의존하는 다른 코드들을 별개로 취급한다.

여러분의 코드가 의존하는 코드는 **벤더링된 코드(vendored code)**라고 부른다. gb 프로젝트는 여러분의 코드와 벤더링된 코드를 명확하게 구분한다.

```
$PROJECT/src
```

```
$PROJECT/vendor/src/
```

gb 최고의 기능은 import 경로를 수정할 필요가 없다는 점이다. main.go 파일에 선언된 import 구문을 살펴보자. 벤더링된 의존 패키지를 참조하기 위해 아무것도 변경할 필요가 없다.

```
01 package main
02
03 import (
04     "bitbucket.org/ww/goautoneg"
05     "github.com/beorn7/perks"
06 )
```

gb 도구는 가져오는 패키지를 $PROJECT/src 경로에서 먼저 찾아보고, 이 경로에서 발견하지 못한 패키지는 $PROJECT/vendor/src 디렉터리에서 찾는다. 프로젝트의 전체 소스 코드는 각각 src/와 vendor/src/ 경로로 나눠져 하나의 저장소와 디스크상의 디렉터리에 저장된다. 따라서 가져오기 경로를 수정할 필요가 없으면서도 프로젝트를 디스크상의 어느 곳에나 저장할 수 있다. 이런 장점 때문에 재사용 가능한 빌드가 필요한 프로젝트에서는 가장 보편적으로 사용하는 도구로 인정받고 있다.

한 가지 알아둘 점은 gb 프로젝트가 go get을 비롯한 Go 도구들과 호환되지 않는다는 점이다. GOPATH 환경 변수를 사용하지 않기 때문에 Go 도구는 gb 프로젝트의 구조를 이해할 수 없으며, 따라서 빌드, 테스트 또는 get 명령을 올바르게 수행하지 못한다. gb 프로젝트를 빌드하고 테스트하려면 $PROJECT 디렉터리로 이동해서 gb 도구들을 사용해야 한다.

```
gb build all
```

gb 도구는 Go 도구가 제공하는 기능의 대부분을 지원한다. 또한 gb는 커뮤니티가 기능을 확장할 수 있도록 플러그인 시스템도 지원한다. vendor는 그런 플러그인 중 하나로 $PROJECT/vendor/src/ 디렉터리의 의존성을 관리하기 위한, 아직은 Go 도구들이 제공하지 못하는 여러 가지 편리한 기능들을 제공한다.

gb에 대해 더 자세히 알고 싶다면 http://getgb.io 사이트를 방문해보기 바란다.

3.8 요약

- 패키지는 Go에서 코드를 체계화하는 가장 기본적인 단위다.
- GOPATH 환경 변수에 지정된 경로는 Go 소스 코드가 디스크상에 저장되고, 컴파일되고, 설치되는 경로를 결정하는 데 사용된다.
- 각 프로젝트마다 각기 다른 GOPATH 환경 변수를 설정할 수 있어 소스 코드와 의존 패키지들을 별도로 관리할 수 있다.
- go 도구들은 명령 줄을 선호하는 개발자들을 위한 편리한 도구다.
- 다른 사람들이 생성한 패키지는 go get 명령을 이용해 GOPATH 환경 변수에 지정된 경로에 다운로드 및 설치할 수 있다.
- 직접 작성한 패키지는 공개 코드 저장소를 통해 다른 개발자들과 쉽게 공유할 수 있다. 이때 몇 가지 간단한 규칙을 준수한다면 금상첨화다.
- Go는 언어 차원에서 코드의 공유를 염두에 두고 디자인되었다.
- 의존성 관리를 위해서는 벤더링 기법을 활용하기를 권장한다.
- 커뮤니티에 의해 개발된 godep, vendor, gb 등의 도구들을 이용하면 보다 편리하게 의존성을 관리할 수 있다.

CHAPTER

4

배열, 슬라이스, 맵

이번 장에서 학습할 내용
- 배열의 내부 구조 및 원리
- 슬라이스를 이용한 데이터의 컬렉션 관리하기
- 맵을 이용한 키/값의 쌍 관리하기

오늘날의 프로그램들은 필연적으로 데이터의 컬렉션(collection)을 읽고 저장하는 기능을 필요로 한다. 만일 데이터베이스나 파일을 사용하거나 웹에 접근한다면 송수신 데이터를 관리할 수 있는 방법이 반드시 필요하다. Go는 데이터의 컬렉션을 관리하기 위해 배열(array), 슬라이스(slice), 맵(map)의 세 가지 데이터 구조를 제공한다. 이 데이터 구조들은 언어 내에 녹아있어 표준 라이브러리 내에서도 활발하게 활용된다. 이 데이터 구조들이 어떻게 동작하는지 이해한다면 보다 재미있고, 빠르며, 유연한 Go 프로그램을 작성할 수 있을 것이다.

4.1 배열의 내부 구조 및 원리

슬라이스와 맵은 기본적으로 배열을 기초로 구현된 데이터 구조이므로 이들에 앞서 배열을 먼저 살펴보는 것이 도움이 될 것이다. 배열이 어떻게 동작하는지 이해한다면 슬라이스와 맵이 제공하는 유연함과 강력함을 더욱 잘 이해하게 될 것이다.

73

4.1.1 내부 구조

Go의 배열은 동일한 타입의 원소가 연속된 블록에 저장되는 고정된 길이(fixed-length) 데이터 타입이다. 정수나 문자열 같은 내장 타입은 물론 구조체 타입의 배열도 활용이 가능하다.

그림 4.1은 배열의 구조를 보여준다. 배열의 원소는 회색 상자로 표현되어 있으며 그림에서 보듯이 서로 연결되어 늘어서 있다. 각 요소는 동일한 타입의 값을 가지고 있으며 — 그림의 경우는 정수형 값을 가지고 있다 — 각 원소에는 유일한 인덱스(index) 위치를 통해 접근할 수 있다.

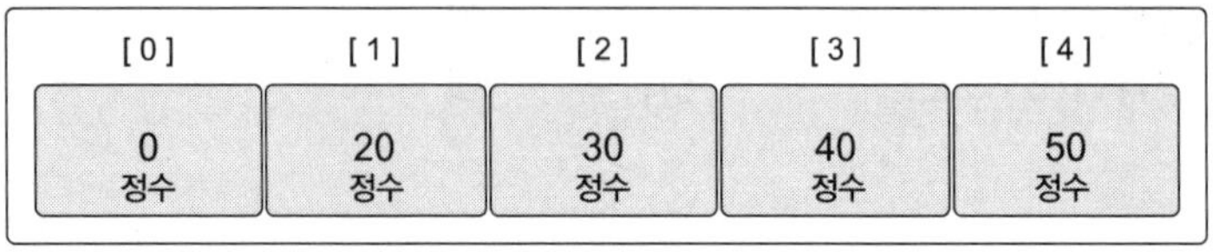

[0]	[1]	[2]	[3]	[4]
0 정수	20 정수	30 정수	40 정수	50 정수

그림 4.1 배열의 내부 구조

배열은 메모리에 연속적으로 할당되기 때문에 상당히 유용한 데이터 구조다. 메모리를 연속적인 형태로 확보하게 되면 그 메모리는 CPU 캐시에 보다 오래 보관되기 때문이다. 또한 인덱스 연산을 이용하면 배열 내의 모든 원소를 빠르게 조회할 수 있다. 배열 내의 각 원소를 탐색하기 위해 이동해야 할 메모리의 크기는 배열의 타입 정보를 통해 알 수 있다. 배열 내의 각 원소는 모두 동일한 타입이며 연속적으로 위치하기 때문에 배열 원소 간의 이동은 일관적이며 빠르게 수행된다.

4.1.2 배열의 선언 및 초기화

배열을 선언할 때는 저장할 데이터의 타입과 저장할 원소의 개수를 지정하면 된다. 저장할 원소의 개수는 배열의 길이(length)가 된다.

예제 4.1 배열을 제로 값으로 초기화하여 선언하기

```
// 다섯 개의 원소로 구성된 정수 배열을 선언한다.
var array [5]int
```

일단 배열을 선언하면 저장할 데이터의 타입이나 배열의 길이는 변경이 불가능하다. 더 많은 원소를 저장해야 한다면, 적당한 길이로 새로운 배열을 선언하고 이전 배열의 모든 원소를 새로운 배열로 복사해야 한다.

Go에서는 변수를 선언하면 이 변수들의 타입에 따라 적당한 제로 값으로 초기화되며 배열도 예외는 아니다. 배열이 초기화되면 배열 내의 각 원소는 해당 타입의 제로 값으로 초기화된다. 그림 4.2를 보면, 정수의 배열은 정수의 제로 값인 0으로 초기화되는 것을 알 수 있다.

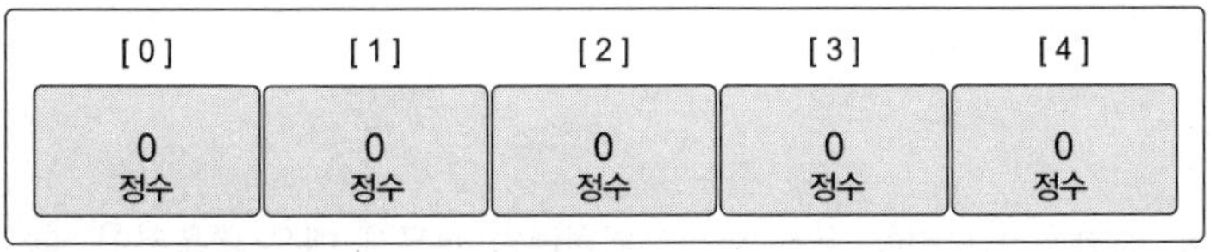

[0]	[1]	[2]	[3]	[4]
0 정수	0 정수	0 정수	0 정수	0 정수

그림 4.2   배열 변수를 선언한 후의 배열의 값

배열을 선언하고 초기화하는 가장 빠르고 쉬운 방법은 배열 리터럴(array literal)을 사용하는 것이다. 배열 리터럴을 이용하면 배열 내 원소 개수 및 각 원소의 값을 명시할 수 있다.

예제 4.2   배열 리터럴을 이용해 배열 선언하기

```
// 다섯 개의 원소를 가지는 정수 배열을 선언한다.
// 각 원소는 지정된 값으로 초기화된다.
array := [5]int{10, 20, 30, 40, 50}
```

만일 배열의 길이를 ...으로 지정하면 Go는 초기화되는 원소의 개수를 토대로 배열의 길이를 자동으로 지정한다.

예제 4.3   Go에 의해 자동으로 길이가 결정되는 배열의 선언

```
// 다섯 개의 원소를 가지는 정수 배열을 선언한다.
// 각 원소는 지정된 값으로 초기화된다.
// 배열의 길이는 초기화되는 값의 숫자에 의해 자동으로 결정된다.
array := [...]int{10, 20, 30, 40, 50}
```

만일, 배열의 길이는 알고 있지만 원소의 일부만 초기화하려면 다음 문법을 사용하면 된다.

예제 4.4   일부 요소만 초기화하는 배열의 선언

```
// 다섯 개의 원소를 가지는 정수 배열을 선언한다.
// 각 원소는 지정된 값으로 초기화된다.
// 배열의 나머지 원소는 제로 값으로 초기화된다.
array := [5]int{1: 10, 2: 20}
```

예제 4.4처럼 선언된 배열은 그림 4.3과 같은 형태로 초기화된다.

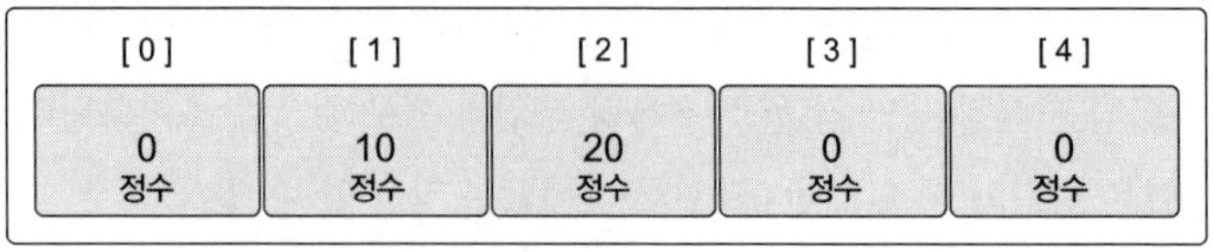

그림 4.3 배열 변수를 선언한 후 배열의 값

4.1.3 배열 활용하기

지금까지 살펴본 바와 같이, 배열은 메모리에 순차적으로 위치하기 때문에 매우 효율적인 데이터 구조이다. 이로 인해 개별 원소에 효율적으로 접근할 수 있다. 배열 내의 원소에 접근하려면 [] 연산자를 사용하면 된다.

예제 4.5 배열 원소에 접근하기

```
// 다섯 개의 원소를 가지는 정수 배열을 선언한다.
// 각 원소는 지정된 값으로 초기화된다.
array := [5]int{10, 20, 30, 40, 50}

// 인덱스 2에 해당하는 원소의 값을 변경한다.
array[2] = 35
```

예제 4.5에서 선언한 배열은 코드가 실행된 후 그림 4.4와 같은 값들을 갖는다.

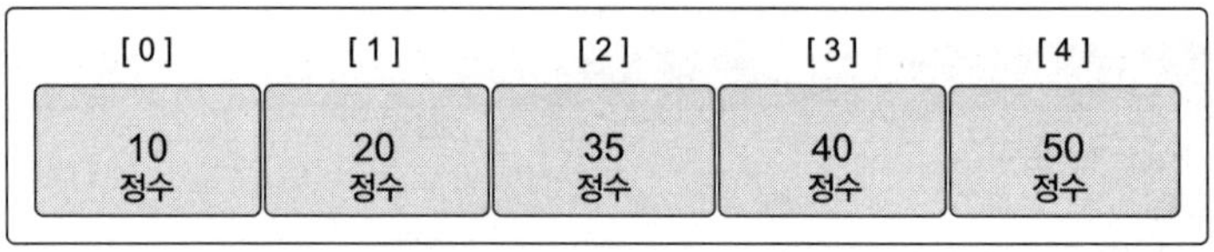

그림 4.4 인덱스 2의 원소 값을 수정한 후 배열의 모습

또한 배열에 대한 포인터를 사용할 수도 있다. 제2장처럼 * 연산자를 이용하여 각 원소의 포인터가 가리키는 값에 접근할 수 있다.

예제 4.6 원소의 포인터 요소에 접근하기

```
// 다섯 개의 원소를 가지는 정수 포인터 배열을 선언한다.
// 인덱스 0과 1을 정수 포인터로 초기화한다.
array := [5]*int{0: new(int), 1: new(int)}

// 인덱스 0과 1에 값을 대입한다.
*array[0] = 10
*array[1] = 20
```

예제 4.6에서 선언한 배열은 코드가 실행된 후 그림 4.5와 같은 값들을 가진다.

그림 4.5 정수를 가리키는 포인터의 배열

Go에서 배열은 값으로 취급된다. 이는 배열을 대입 연산자와 함께 사용할 수 있다는 것을 의미한다. 배열 변수의 이름은 전체 배열을 의미하며, 따라서 같은 타입의 다른 배열에 대입할 수 있다.

```
// 다섯 개의 원소를 가지는 문자열 배열을 선언한다.
var array1 [5]string

// 다섯 개의 원소를 가지는 두 번째 문자열 배열을 선언한다.
// 이 배열을 색상을 표현하는 문자열로 초기화한다.
array2 := [5]string{"Red", "Blue", "Green", "Yellow", "Pink"}

// array2의 값들을 array1로 복사한다.
array1 = array2
```

복사가 이루어지면 그림 4.6에서처럼 완전히 동일한 값을 가지는 두 개의 배열이 생성된다.

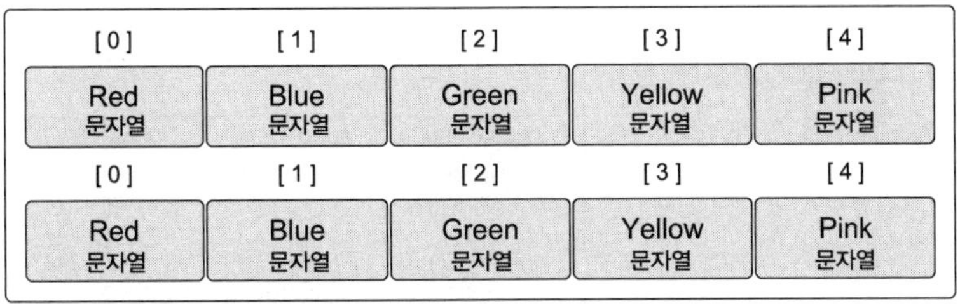

[0]	[1]	[2]	[3]	[4]
Red 문자열	Blue 문자열	Green 문자열	Yellow 문자열	Pink 문자열

[0]	[1]	[2]	[3]	[4]
Red 문자열	Blue 문자열	Green 문자열	Yellow 문자열	Pink 문자열

그림 4.6 복사가 완료된 후 두 배열의 상태

배열 변수의 타입은 배열의 길이 및 배열에 저장될 각 원소의 타입을 모두 포함하고 있다. 따라서 같은 타입을 사용하는 배열만 대입이 가능하다.

```
// 네개의 원소를 가지는 문자열 배열을 선언한다.
var array1 [4]string

// 다섯 개의 원소를 가지는 두 번째 문자열 배열을 선언한다.
// 이 배열을 색상을 표현하는 문자열로 초기화한다.
array2 := [5]string{"Red", "Blue", "Green", "Yellow", "Pink"}

// array2의 값들을 array1로 복사한다.
array1 = array2

Compiler Error:
cannot use array2 (type [5]string) as type [4]string in assignment
```

포인터의 배열을 복사하면 포인터가 가리키는 주소의 값이 아니라 포인터 값 자체가 복사된다.

```
// 세개의 원소를 가지는 문자열 포인터 배열을 선언한다.
var array1 [3]*string

// 세개의 원소를 가지는 두 번째 문자열 포인터 배열을 선언한다.
// 배열을 문자열 포인터로 초기화한다.
array2 := [3]*string{new(string), new(string), new(string)}

// 각 원소에 색상을 표현하는 문자열을 대입한다.
*array2[0] = "Red"
*array2[1] = "Blue"
*array2[2] = "Green"

// array2의 값들을 array1으로 복사한다.
array1 = array2
```

복사가 완료되면 그림 4.7과 같이 동일한 문자열을 가리키는 두 개의 배열을 갖게 된다.

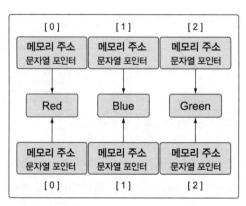

그림 4.7 동일한 문자열을 가리키는 두 개의 포인터 배열

4.1.4 다차원 배열

배열은 항상 일차원(one-dimensional)이지만 다차원 배열 또한 생성이 가능하다. 다차원 배열 (multidimentional arrays)은 부모/자식 관계를 표현하거나 좌표 시스템을 처리할 때 적합하다.

```
// 두 개의 요소를 가지는 네 개의 이차원 정수 배열을 선언한다.
var array [4][2]int

// 배열 리터럴을 이용하여 이차원 정수 배열을 초기화한다.
array := [4][2]int{{10, 11}, {20, 21}, {30, 31}, {40, 41}}

// 바깥 배열의 인덱스 1과 3을 초기화한다.
array := [4][2]int{1: {20, 21}, 3: {40, 41}}

// 바깥 배열과 내부 배열의 요소들을 선언과 동시에 초기화한다.
array := [4][2]int{1: {0: 20}, 3: {1: 41}}
```

그림 4.8은 배열의 선언 및 초기화 이후의 각 원소의 값들을 보여준다.

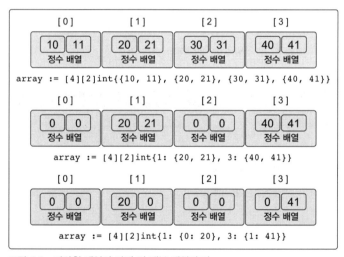

그림 4.8   이차원 배열의 바깥 및 내부 배열의 값

개별 원소에 접근하려면 [] 연산자를 조합하여 사용하면 된다.

```
// 두 개의 원소를 가지는 이차원 정수 배열을 선언한다.
var array [2][2]int
```

```
// 개별 원소에 정수 값을 대입한다.
array[0][0] = 10
array[0][1] = 20
array[1][0] = 30
array[1][1] = 40
```

두 배열의 타입이 동일하다면 다차원 배열 역시 복사가 가능하다. 다차원 배열의 타입은 각 차원의 길이 및 배열에 저장될 원소의 데이터 타입에 의해 결정된다.

예제 4.12 동일한 타입의 다차원 배열을 대입하기

```
// 두 개의 정수 배열을 가지는 이차원 배열을 두 개 선언한다.
var array1 [2][2]int
var array2 [2][2]int

// 각 원소에 정수 값을 대입한다.
array2[0][0] = 10
array2[0][1] = 20
array2[1][0] = 30
array2[1][1] = 40

// array2의 값들을 array1으로 복사한다.
array1 = array2
```

배열은 값으로 취급되기 때문에 각 차원을 개별적으로 복사할 수도 있다.

예제 4.13 인덱스를 이용해 다차원 배열 대입하기

```
// array1의 인덱스 1을 같은 타입의 새로운 배열에 복사한다.
var array3 [2]int = array1[1]

// 바깥 배열의 인덱스 1에 해당하는 배열에서 인덱스 0에 해당하는 값을
// 새로운 정수 변수에 대입한다.
var value int = array1[1][0]
```

4.1.5 함수에 배열 전달하기

함수에 배열을 전달하는 것은 메모리와 성능 면에서 높은 비용이 소모되는 작업이다. 함수 간에 변수를 전달할 때는 항상 그 값이 전달된다. 따라서 배열 변수를 전달한다는 것은 그 크기와는 상관없이 배열 전체를 복사하여 함수에 전달한다는 것을 의미한다.

예를 들어, int 타입의 원소 백만 개(1,000,000)를 저장하고 있는 배열을 생성해보자. 64비트 머신의 경우 이 배열은 800만 바이트, 즉 8메가바이트의 메모리를 소모한다. 이만한 배열을 함

수에 전달하면 어떤 일이 발생할까?

```
// 8메가바이트 크기의 배열을 선언한다.
var array [1e6]int

// 배열을 foo 함수에 전달한다.
foo(array)

// 백만 개의 정수 배열을 매개변수로 전달받는 함수.
func foo(array [1e6]int) {
    ...
}
```

함수 foo를 호출할 때마다 8메가바이트의 메모리가 스택에 할당된다. 그런 다음, 8메가바이트에 해당하는 배열의 값이 할당된 메모리에 복사된다. 이 복사 작업은 Go가 알아서 수행하는 것이지만 사실 이보다 더 효과적이고 나은 방법이 있다. 8메가바이트의 스택 메모리를 소비하는 대신 8바이트 크기의 데이터만 복사하도록 배열의 포인터를 전달하는 방법이다.

```
// 8메가바이트 크기의 배열을 선언한다.
var array [1e6]int

// 배열을 foo 함수에 전달한다.
foo(&array)

// 백만 개의 정수 배열의 포인터를 매개변수로 전달받는 함수.
func foo(array *[1e6]int) {
    ...
}
```

이제는 foo 함수를 호출할 때마다 백만 개의 요소를 가진 배열에 대한 포인터가 전달된다. 즉, 배열의 주소만을 전달하므로 스택에는 포인터 변수를 위한 8바이트 크기의 메모리만이 할당된다.

이렇게 하면 메모리 측면에서는 훨씬 효율적이지만, 성능 측면에서는 아직 더 개선의 여지가 있다. 한 가지 알아둘 점은 이제 포인터를 사용하고 있기 때문에 포인터가 가리키는 값을 변경하면 변경된 값이 공유된다는 점이다. 한 가지 멋진 소식은 슬라이스가 태생적으로 이런 종류의 문제를 처리할 수 있다는 것이다. 그러면 지금부터 슬라이스에 대해 살펴보도록 하자.

4.2 슬라이스의 내부 구조 및 원리

슬라이스(slice)는 데이터의 컬렉션을 처리할 수 있는 방법을 제공하는 데이터 구조다. 슬라이스는 동적 배열의 개념으로 구현되었기 때문에 필요에 따라 컬렉션의 크기를 늘리거나 줄일 수 있다. 슬라이스는 append와 같이 빠르고 효과적으로 그 크기를 조절할 수 있는 내장 함수들을 제공하기 때문에 크기 측면에서는 유연하다. 또한 사용 중인 메모리의 일부를 잘라내어 슬라이스의 크기를 줄일 수도 있다. 게다가 메모리가 연속적인 블록으로 할당되기 때문에 인덱싱, 반복(iteration) 및 가비지 컬렉션 최적화 등의 장점도 제공한다.

4.2.1 내부 구조

슬라이스는 배열을 추상화하여 조작하는 아주 작은 객체다. 이 객체는 Go가 내부의 배열을 조작하는 데 필요한 메타데이터를 관리하는 세 개의 필드로 구성되어 있다(그림 4.9).

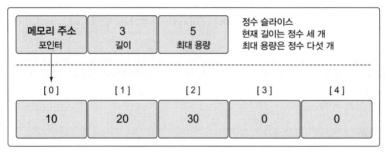

그림 4.9 슬라이스의 구조 및 내부 배열의 모습

슬라이스가 관리하는 세 개의 필드는 내부 배열에 대한 포인터, 슬라이스가 접근할 수 있는 요소의 개수나 길이, 마지막으로 슬라이스가 최대한 저장할 수 있는 원소의 개수나 최대 용량(capacity) 등이다. 길이와 최대 용량을 구분하여 관리하는 이유에 대해서는 잠시 후에 이해하게 될 것이다.

4.2.2 생성 및 초기화

Go에서 슬라이스를 생성하고 초기화하는 방법은 여러 가지다. 슬라이스를 생성하는 방법은 생성 시점에 얼마나 많은 원소를 저장할 것인지를 알고 있는지에 따라 달라진다.

make 함수와 슬라이스 리터럴

슬라이스를 생성하는 첫 번째 방법은 make 내장 함수를 사용하는 방법이다. make 함수를 호출할 때 슬라이스의 길이를 명시할 수 있다.

예제 4.16 길이를 명시하여 문자열 슬라이스를 생성하는 방법

```
// 문자열 슬라이스를 생성한다.
// 길이와 용량을 5개의 원소로 지정한다.
slice := make([]string, 5)
```

슬라이스의 길이만 지정하면 최대 용량도 같은 값으로 설정된다. 따라서 다음과 같이 길이와 용량을 별도로 지정할 수 있다.

예제 4.17 길이와 최대 용량을 명시하여 문자열 슬라이스를 생성하는 방법

```
// 정수 슬라이스를 생성한다.
// 길이는 3개, 최대 용량은 5개의 원소로 지정한다.
slice := make([]int, 3, 5)
```

길이와 용량을 구분하여 지정하면 내부 배열은 당장 사용되지는 않겠지만 지정한 용량만큼의 크기를 갖게 된다. 그림 4.9는 예제 4.17에서 선언한 정수 슬라이스를 초기화한 후의 모습을 묘사하고 있다.

예제 4.17의 슬라이스는 세 개의 원소에 접근이 가능하지만 내부의 배열은 총 다섯 개의 원소를 가지게 된다. 나머지 두 개의 원소는 슬라이스의 길이와는 무관하지만 나중에 합쳐질 수 있다. 새 슬라이스 객체를 생성하더라도 동일한 내부 배열을 공유하게 되어 동일한 용량을 갖는다.

반면, 길이보다 작은 크기의 용량을 가지는 배열은 생성할 수 없다.

예제 4.18 길이보다 작은 크기의 용량을 지정할 경우에 발생하는 컴파일러 에러

```
// 정수 슬라이스를 생성한다.
// 용량보다 길이의 값을 크게 지정한다.
slice := make([]int, 5, 3)

Compiler Error:
len larger than cap in make([]int)
```

슬라이스를 생성하는 보편적인 방법은 슬라이스 리터럴을 사용하는 것이다. 이 방법은 배열을

생성하는 방법과 유사하지만 [] 연산자 내에 값을 지정할 수 없다는 차이점이 있다. 기본 길이 및 용량은 초기화에 사용된 요소의 개수에 의해 결정된다.

예제 4.19 슬라이스 리터럴을 이용한 슬라이스 생성

```
// 문자열 슬라이스를 생성한다.
// 길이 및 용량은 5로 지정된다.
slice := []string{"Red", "Blue", "Green", "Yellow", "Pink"}

// 정수의 슬라이스를 생성한다.
// 길이 및 용량은 3으로 지정된다.
slice := []int{10, 20, 30}
```

슬라이스 리터럴을 사용하면 기본 길이 및 용량을 지정할 수 있다. 필요한 작업은 필요한 길이 및 용량을 지정하기 위한 인덱스를 초기화하는 것뿐이다. 다음 문법은 길이 및 용량을 100으로 설정한 슬라이스를 생성하는 코드다.

예제 4.20 인덱스 위치를 이용해 슬라이스를 생성하는 방법

```
// 문자열 슬라이스를 생성한다.
// 100번째 요소를 빈 문자열로 초기화한다.
slice := []string{99: ""}
```

여기서 기억할 점은 [] 연산자에 값을 지정하면 배열이 생성되고, 값을 지정하지 않으면 슬라이스가 생성된다는 점이다.

예제 4.21 배열과 슬라이스 선언의 차이점

```
// 세 개의 정수를 가지는 배열을 선언한다.
array := [3]int{10, 20, 30}

// 길이 및 용량이 3인 슬라이스를 생성한다.
slice := []int{10, 20, 30}
```

nil 슬라이스와 빈 슬라이스

간혹 프로그램에 따라 nil 값의 슬라이스를 생성해야 할 필요가 있다. nil 슬라이스는 초기화 코드를 선언하지 않으면 생성된다.

```
// nil 정수 슬라이스를 생성한다.
var slice []int
```

nil 슬라이스는 Go에서 슬라이스를 생성하는 가장 일반적인 방법이다. 이런 형태의 슬라이스는 슬라이스를 다루는 표준 라이브러리 및 내장 함수들과 함께 사용할 수 있다. 특히 슬라이스를 리턴하는 함수가 예외 상황이 발생하여 실제로 존재하지 않는 슬라이스를 리턴해야 할 때 유용하게 사용할 수 있다(그림 4.10 참조).

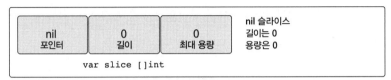

그림 4.10 nil 슬라이스

또한, 초기화를 이용해 빈 슬라이스를 생성할 수도 있다.

```
// make 함수를 이용해 빈 정수 슬라이스를 생성한다.
slice := make([]int, 0)
```

```
// 슬라이스 표현식을 이용해 빈 정수 슬라이스를 생성한다.
slice := []int{}
```

빈(empty) 슬라이스는 내부 배열에 원소를 전혀 갖고 있지 않기 때문에 저장소가 할당되지 않는다. 빈 슬라이스는 데이터베이스 질의가 결과 레코드 셋을 리턴하지 않는 등 빈 컬렉션을 표현해야 할 때 유용하다(그림 4.11 참조).

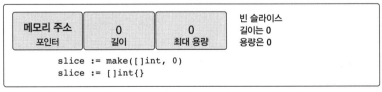

그림 4.11 빈 슬라이스

참고로 nil 슬라이스를 사용하든 빈 슬라이스를 사용하든 append, len, cap 같은 함수는 동일하게 동작한다.

4.2.3 슬라이스의 활용

이제 슬라이스의 기본 구조 및 생성 방법에 대해 알아봤으므로 프로그램 내에서 슬라이스를 활용하는 방법에 대해 학습해보자.

대입과 잘라내기

슬라이스 내의 특정 인덱스에 값을 대입(assigning)하는 방법은 배열과 동일하다. 개별 원소의 값을 변경하려면 [] 연산자를 이용하면 된다.

예제 4.24 배열 표현식을 이용하여 값 대입하기

```
// 정수 슬라이스를 생성한다.
// 길이 및 용량은 5로 설정된다.
slice := []int{10, 20, 30, 40, 50}

// 인덱스 1의 값을 변경한다.
slice[1] = 25
```

또한, 다음과 같은 방법으로 슬라이스의 일부를 잘라내어(slice) 새로운 슬라이스를 생성할 수도 있다.

예제 4.25 슬라이스 잘라내기

```
// 정수 슬라이스를 생성한다.
// 길이 및 용량은 5로 설정된다.
slice := []int{10, 20, 30, 40, 50}

// 정수 슬라이스를 생성한다.
// 용량은 4이며 길이는 2로 설정된다.
newSlice := slice[1:3]
```

예제 4.25의 잘라내기 작업이 수행되면 동일한 내부 배열을 공유하는 두 개의 슬라이스가 생성된다. 그러나 각 슬라이스는 내부 배열을 각각 다르게 참조한다(그림 4.12 참조).

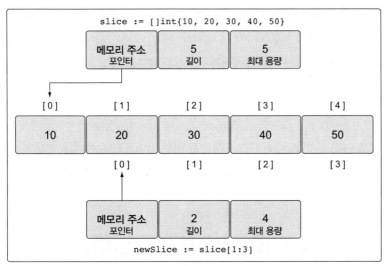

그림 4.12 같은 배열을 공유하는 두 개의 슬라이스

처음 생성한 슬라이스의 내부 배열은 다섯 개의 원소를 저장할 수 있는 용량을 가지고 있지만 newSlice 변수가 참조하는 슬라이스는 다르다. 이 슬라이스의 내부 배열은 네 개의 원소만을 저장할 수 있는 용량을 가지고 있다. 또한 newSlice 슬라이스는 그 포인터가 가리키고 있는 원소보다 앞에 위치한 원소에 접근이 불가능하다. newSlice 슬라이스에 있어 그 원소들은 존재하지 않는 것이나 다름없다.

새로운 슬라이스의 길이와 용량은 다음 공식을 토대로 계산된다.

예제 4.26 슬라이스의 길이와 용량을 계산하는 방법

용량이 k인 내부 배열을 갖는 슬라이스에 대한 slice[i:j] 연산의 결과

```
길이: j - i
용량: k - i
```

newSlice 슬라이스를 생성한 코드에 이 공식을 대입해보면 다음과 같다.

예제 4.27 길이와 용량을 수정하는 공식

용량이 5인 내부 배열을 갖는 슬라이스에 대한 slice[1:3] 연산의 결과

```
길이: 3 - 1 = 2
용량: 5 - 1 = 4
```

이 연산을 해석하는 또 다른 방법은 첫 번째 값을 새로운 슬라이스가 갖게 될 원소의 인덱스 위치라고 생각하는 방법이다. 예제의 경우 이 값은 1이 된다. 두 번째 값은 새 슬라이스에 추가하고자 하는 원소의 개수를 시작 인덱스 위치(1)에 더한 값이다. 예제의 경우는 두 개의 원소를 새 슬라이스에 추가하고자 했으므로 두 번째 값은 1 + 2 = 3이 된다. 용량은 슬라이스에 관련된 원소의 전체 개수가 된다.

반드시 기억해야 할 점은 이제 두 개의 슬라이스가 동일한 내부 배열을 공유한다는 점이다. 따라서 배열에서 공유되고 있는 부분의 값을 어느 한 슬라이스를 통해 변경하면 다른 슬라이스도 변경된 값을 참조하게 된다.

예제 4.28 슬라이스에 변경이 가해지는 경우

```go
// 정수 슬라이스를 생성한다.
// 길이 및 용량을 5로 지정한다.
slice := []int{10, 20, 30, 40, 50}

// 새로운 슬라이스를 생성한다.
// 새로운 슬라이스의 길이는 2이며 용량은 4가 된다.
newSlice := slice[1:3]

// `newSlice` 슬라이스의 인덱스 1의 값을 변경한다.
// 최초 슬라이스의 인덱스 2의 값이 변경된다.
newSlice[1] = 35
```

newSlice 슬라이스의 두 번째 요소에 35를 대입하면, 이로 인해 원래 슬라이스의 세 번째 요소의 값도 변경된다(그림 4.13 참조).

슬라이스는 자신의 길이 범위 내에 해당하는 인덱스에만 접근할 수 있다. 길이의 범위를 벗어나는 인덱스를 참조하려고 하면 런타임 예외가 발생한다. 슬라이스의 용량과 관련된 원소들은 오로지 길이를 증가시키는 경우에만 사용된다. 따라서 이 원소들을 사용하려면 반드시 슬라이스의 길이를 증가시켜 해당 원소들을 편입시켜야 한다.

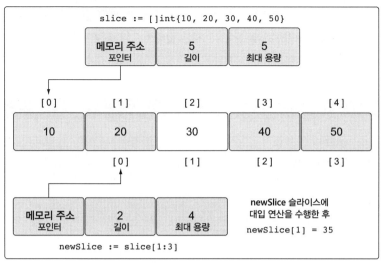

그림 4.13　대입 연산을 수행한 후 내부 배열의 모습

```
// 정수 슬라이스를 생성한다.
// 길이 및 용량이 5로 지정된다.
slice := []int{10, 20, 30, 40, 50}

// 새로운 슬라이스를 생성한다.
// 길이는 2, 용량은 4로 지정된다.
newSlice := slice[1:3]

// `newSlice` 슬라이스의 인덱스 3의 값을 변경한다.
// 이 원소는 `newSlice` 슬라이스에 존재하지 않는다.
newSlice[3] = 45

Runtime Exception:
panic: runtime error: index out of range
```

개발자가 슬라이스의 길이와 용량을 혼선 없이 제대로 활용할 수 있다면, 길이와 용량을 별개로 처리하는 것이 오히려 낫다. 다행히 Go는 이를 위해 append 내장 함수를 지원한다.

슬라이스의 크기를 확장하는 방법

배열보다 슬라이스를 사용할 때 얻을 수 있는 이점은 슬라이스의 용량을 필요에 따라 확장할 수 있다는 점이다. 그러려면 Go의 내장 함수인 append 함수를 이용하면 된다.

append 함수를 사용하려면 원본 슬라이스와 여기에 추가할 값을 준비해야 한다. 그러면

append 함수는 변경된 새로운 슬라이스를 리턴한다. append 함수는 매번 길이가 확장된 새로운 슬라이스를 리턴한다. 반면, 슬라이스의 용량은 원본 슬라이스의 용량에 여분이 있느냐에 따라 변경이 될 수도 있고 그렇지 않을 수도 있다.

```
// 정수 슬라이스를 생성한다.
// 길이와 용량은 5로 지정된다.
slice := []int{10, 20, 30, 40, 50}

// 새로운 슬라이스를 생성한다.
// 길이는 2, 용량은 4로 지정된다.
newSlice := slice[1:3]

// 용량에 따라 새로운 원소를 슬라이스에 추가한 뒤
// 새로 추가된 원소의 값에 60을 대입한다.
newSlice = append(newSlice, 60)
```

예제 4.30의 append 작업이 완료되면 슬라이스와 내부 배열은 그림 4.14처럼 변경된다.

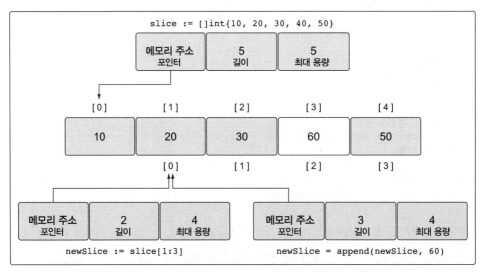

그림 4.14 append 작업이 완료된 후 내부 배열의 모습

newSlice 슬라이스의 내부 배열에 충분한 여분의 용량이 있었기 때문에 append 작업은 슬라이스의 길이를 확장하여 새로운 원소를 추가하고 값을 대입한다. 이 슬라이스는 원본 슬라이스와 내부 배열을 공유하고 있기 때문에 원본 슬라이스의 인덱스 3에 해당하는 원소의 값 역시 변경된다.

슬라이스의 내부 배열에 용량이 부족할 경우, append 함수는 새로운 내부 배열을 생성하고 기존의 값들을 새로운 배열로 복사한 후 새로운 값을 추가한다.

예제 4.31   append 함수를 이용해 슬라이스의 길이와 용량 확장하기

```
// 정수 슬라이스를 생성한다.
// 길이와 용량이 4로 지정된다.
slice := []int{10, 20, 30, 40}

// 슬라이스에 새로운 값을 추가한다.
// 새로운 값에는 50을 대입한다.
newSlice := append(slice, 50)
```

이 append 작업이 완료되면 newSlice 슬라이스가 참조하는 내부 배열의 용량은 원래 크기의 두 배로 확장된다(그림 4.15 참조).

append 작업은 내부 배열의 용량을 확장하는 데 상당히 스마트하게 동작한다. 기존 슬라이스의 용량이 1,000보다 작은 경우에는 용량이 두 배로 확장된다. 일단 원소의 개수가 증가하여 1,000개를 넘어서면 슬라이스의 용량은 1.25, 즉 25%씩 확장된다. 이 확장 알고리즘은 시간이 지남에 따라 변경될 수도 있다.

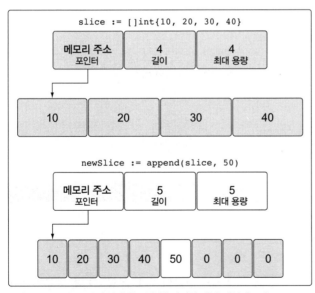

그림 4.15   append 작업이 완료된 후 변경된 내부 배열의 모습

슬라이스와 세 번째 인덱스

지금까지 언급한 적은 없지만, 슬라이스를 잘라낼 때 세 번째 인덱스 옵션을 설정할 수 있다. 이 세 번째 인덱스는 새로운 슬라이스의 용량을 조정하기 위한 것이다. 이 인덱스의 목적은 용량을 확장하는 것이 아니라 용량을 제한하는 것이다. 잠시 후 예제를 통해 살펴보겠지만 새 슬라이스의 용량을 제한함으로써 내부 배열을 보호할 수 있을 뿐만 아니라 append 함수를 통해 더 많은 부분을 제어할 수 있다.

우선 과일 이름을 표현하는 다섯 개의 문자열을 가지는 슬라이스를 생성하자.

예제 4.32 슬라이스 표현식을 이용해서 문자열 슬라이스 생성하기

```
// 문자열 슬라이스를 생성한다.
// 길이와 용량이 5로 지정된다.
source := []string{"Apple", "Orange", "Plum", "Banana", "Grape"}
```

이 슬라이스의 내부 구조는 그림 4.16과 같을 것이다.

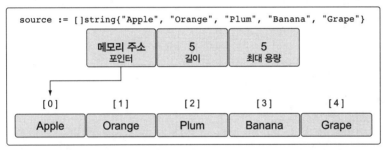

그림 4.16 문자열 슬라이스의 내부 구조

이제 다음과 같이 세 번째 인덱스를 이용해 슬라이스를 잘라내보자.

예제 4.33 세 번째 인덱스를 이용해 슬라이스 잘라내기

```
// 세 번째 원소를 잘라내면서 용량을 제한한다.
// 새 슬라이스의 길이는 1, 용량은 2가 된다.
slice := source[2:3:4]
```

이 코드가 실행되면, 새로운 슬라이스는 내부 배열에서 하나의 원소를 참조하며 용량은 최대 두 개의 원소를 가지게 된다. 그림 4.17에서 보듯이, 새 슬라이스는 Plum 원소를 참조하며 용량은 Banana 원소까지 확장될 수 있다.

슬라이스의 길이와 용량을 계산하는 공식은 앞서 살펴본 것과 동일하다.

slice[i:j:k] 또는 [2:3:4]를 실행한 경우

길이: j-i 또는 3-2=1
용량: k-i 또는 4-2=2

다시 말하지만, 슬라이스 연산에 사용되는 첫 번째 값은 새로운 슬라이스에 복사할 시작 요소의 인덱스 위치를 의미한다. 예제의 경우는 인덱스 2, 즉 세 번째 원소부터 복사를 시작한다. 두 번째 값은 시작 인덱스 위치(2)에 복사하고자 하는 원소의 개수(1)를 더한 값이다. 따라서 2 + 1 = 3이 된다. 용량을 설정하는 세 번째 값은 시작 원소의 인덱스 2에 지정하고자 하는 용량 (2)을 더하면 되므로 2 + 2 = 4라는 값을 사용하면 된다.

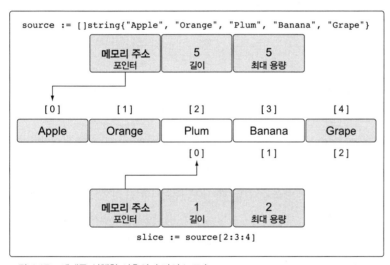

그림 4.17   예제를 실행한 이후의 슬라이스 모습

만일, 원본 슬라이스의 용량보다 큰 값의 용량을 지정하면 런타임 에러가 발생한다.

```
// 이 예제에서는 용량을 4로 지정하려고 한다.
// 이 값은 현재 남아있는 여분의 용량보다 큰 값이다.
slice := source[2:3:6]

Runtime Error:
panic: runtime error: slice bounds out of range
```

지금까지 설명했듯이 append 내장 함수는 사용 가능한 여분의 용량을 먼저 사용한다. 이 용량이 한계치에 도달하면 새로운 내부 배열을 생성한다. 슬라이스를 사용할 때 주의할 점은 어떤 슬라이스들이 내부 배열을 공유하는지 잊어버리기 쉽다는 점이다. 이런 경우 슬라이스를 변경한 후에 예상치 못한 결과를 보게 되거나 난해한 버그를 만날 수 있다. 물론 갑자기 엉뚱한 슬라이스들에 변경된 값이 적용되기도 한다.

슬라이스의 용량을 설정할 때 길이와 같은 값을 지정하면, append 작업이 처음으로 실행될 때 슬라이스와 내부 배열이 분리된다. 이렇게 새로운 슬라이스를 원본 배열에서 분리하면 아무런 염려 없이 필요한 값으로 변경이 가능하다.

예제 4.36　길이와 용량을 동일하게 지정할 때의 장점

```
// 문자열 슬라이스를 생성한다.
// 길이 및 용량이 5로 지정된다.
source := []string{"Apple", "Orange", "Plum", "Banana", "Grape"}

// 세 번째 원소를 잘라낸다. 이때 용량을 설정한다.
// 길이 및 용량이 1로 지정된다.
slice := source[2:3:3]

// 슬라이스에 새로운 문자열을 추가한다.
slice = append(slice, "Kiwi")
```

이 세 번째 인덱스를 지정하지 않으면 Kiwi라는 문자열을 추가할 때 슬라이스가 참조하는 내부 배열의 인덱스 3에 해당하는 Banana라는 값이 바뀌게 된다. 그 이유는 새 슬라이스의 용량을 지정하지 않으면 슬라이스가 용량을 조절할 때 내부 배열의 남은 공간을 계속 참조하기 때문이다. 그러나 예제 4.36에서는 슬라이스의 용량을 1로 제한했다. 따라서 이 슬라이스에 대해 append 함수를 처음 호출하면, 이 함수는 슬라이스 내에 두 개의 원소를 가진 새로운 내부 배열을 생성하고 첫 번째 값인 Plum을 복사한 다음 새로운 값인 Kiwi를 추가한다. 그리고 이 내부 배열을 참조하는 새로운 슬라이스를 생성하여 리턴한다. 이 과정은 그림 4.18에 잘 나타나 있다.

이제 새로 생성된 슬라이스가 새로운 내부 배열을 참조하기 때문에 슬라이스를 사용할 때 잠재적으로 발생할 수 있는 문제를 피할 수 있게 됐다. 즉, 같은 내부 배열을 참조하는 다른 슬라이스의 값이 변경되는 부분에 대해 전혀 걱정할 필요 없이 원하는 데이터를 추가할 수 있게 된 것이다. 또한 새로운 내부 배열을 참조하기 때문에 이 슬라이스이 데이터를 쉽게 비울(clean) 수도 있다.

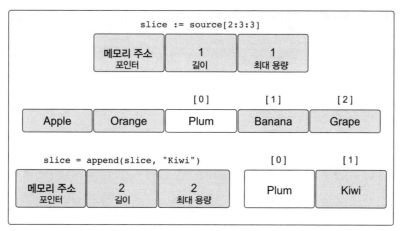

그림 4.18 **append** 작업이 완료된 후 생성된 새로운 슬라이드의 데이터 구조

append 내장 함수는 가변 함수이다. 즉, 함수를 한 번 호출할 때 여러 개의 값을 전달할 수 있다는 뜻이다. ... 연산자를 이용하면 한 슬라이스 내의 모든 원소를 다른 슬라이스에 추가할 수도 있다.

예제 4.37 슬라이스에 다른 슬라이스의 원소 추가하기

```
// 두 개의 정수를 갖는 슬라이스를 두 개 생성한다.
s1 := []int{1, 2}
s2 := []int{3, 4}

// 두 개의 슬라이스를 결합하고 그 결과를 출력한다.
fmt.Printf("%v\n", append(s1, s2...))

결과:
[1 2 3 4]
```

결과를 보면, 슬라이스 s2의 모든 원소들이 슬라이스 s1에 추가된 것을 볼 수 있다. append 함수가 리턴한 새로운 슬라이스는 Printf 함수를 통해 화면에 출력할 수 있다.

슬라이스의 원소 반복하기

슬라이스는 일종의 컬렉션이기 때문에 슬라이스 내의 모든 원소를 반복해서(iterate) 탐색할 수 있다. Go는 슬라이스를 반복하기 위해 for 키워드와 결합해서 사용할 수 있는 range라는 특별한 키워드를 제공한다.

```
// 정수 슬라이스를 생성한다.
// 길이와 용량이 4로 지정된다.
slice := []int{10, 20, 30, 40}

// 각 원소를 반복하면서 그 값을 표시한다.
for index, value := range slice {
  fmt.Printf("인덱스: %d  값: %d\n", index, value)
}

결과:
인덱스: 0  값: 10
인덱스: 1  값: 20
인덱스: 2  값: 30
인덱스: 3  값: 40
```

슬라이스를 반복할 때 range 키워드는 두 개의 값을 리턴한다. 첫 번째 값은 현재 탐색 중인 원소의 인덱스 값이며, 두 번째 값은 해당 인덱스에 저장된 값의 복사본이다(그림 4.19 참조).

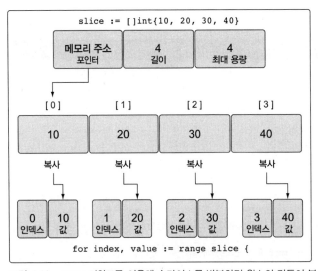

그림 4.19   range 키워드를 이용해 슬라이스를 반복하면 원소의 값들이 복사된다

range 키워드가 값에 대한 참조를 리턴하는 것이 아니라 복사본을 생성한다는 사실은 매우 중요하다. 각 원소의 값을 저장한 변수의 주소를 포인터로 사용하면 반드시 실수가 생긴다. 어떤 일이 발생할 수 있는지 살펴보자.

```
// 정수 슬라이스를 생성한다.
// 길이와 용량은 4로 지정된다.
slice := []int{10, 20, 30, 40}

// 각 원소를 반복하면서 그 값과 주소를 출력한다.
for index, value := range slice {
    fmt.Printf("값: %d   값의 주소: %X   원소의 주소: %X\n",
        value, &value, &slice[index])
}

결과:
값: 10   값의 주소: 10500168   원소의 주소: 1052E100
값: 20   값의 주소: 10500168   원소의 주소: 1052E104
값: 30   값의 주소: 10500168   원소의 주소: 1052E108
값: 40   값의 주소: 10500168   원소의 주소: 1052E10C
```

예제의 결과에서 보듯이 value 변수의 주소는 항상 동일한 값을 갖는다. 그 이유는 이 변수가 값의 복사본을 저장하는 변수이기 때문이다. 개별 원소의 주소는 slice 변수와 index 변수의 값을 이용하면 알아낼 수 있다.

인덱스 값이 필요하지 않다면 언더스코어(_) 문자를 이용해서 이 값을 무시할 수도 있다.

```
// 정수 슬라이스를 생성한다.
// 길이와 용량은 4로 지정된다.
slice := []int{10, 20, 30, 40}

// 각 원소를 반복하면서 그 값을 출력한다.
for _, value := range slice {
    fmt.Printf("값: %d", value)
}

결과:
값: 10
값: 20
값: 30
값: 40
```

range 키워드는 항상 슬라이스의 첫 번째 원소부터 반복한다. 이 동작을 보다 세밀하게 조정하고 싶다면 for 루프를 이용해야 한다.

```go
// 정수 슬라이스를 생성한다.
// 길이와 용량은 4로 지정된다.
slice := []int{10, 20, 30, 40}

// 세 번째 원소부터 각 원소를 반복한다.
for index := 2; index < len(slice); index++ {
    fmt.Printf("인덱스: %d  값: %d\n", index, slice[index])
}
```

결과:
인덱스: 2 값: 30
인덱스: 3 값: 40

Go는 배열, 슬라이스, 채널에 대해 호출할 수 있는 len과 cap이라는 내장 함수를 제공한다. 슬라이스의 경우 len 함수는 슬라이스의 길이를 리턴하며, cap 함수는 용량을 리턴한다. 예제 4.41에서는 len 함수를 이용하여 슬라이스의 반복을 언제 멈춰야 하는지를 알아내고 있다.

이제 슬라이스를 생성하고 다루는 방법을 학습했으므로 다차원 슬라이스를 생성하고 다루는 방법을 알아보도록 하자.

4.2.4 다차원 슬라이스

배열과 마찬가지로 슬라이스 역시 기본적으로 일차원이지만, 앞서 설명한 것과 마찬가지 이유로 다차원 슬라이스를 생성할 수도 있다.

```go
// 정수 슬라이스의 슬라이스를 생성한다.
slice := [][]int{{10}, {100, 200}}
```

이와 같이 내부에 두 개의 정수 슬라이스를 가지고 있는 슬라이스를 생성할 수 있다. 정수 슬라이스의 슬라이스의 값은 그림 4.20과 같은 모습을 하고 있다.

그림 4.20을 보면 슬라이스가 다른 슬라이스에 어떻게 합성(composition)되는지 알 수 있다. 바깥쪽의 슬라이스는 두 개의 원소로 구성되며, 각각의 원소 또한 슬라이스다. 첫 번째 원소의 슬라이스는 정수 10이라는 하나의 원소를 가지고 있으며, 두 번째 원소의 슬라이스는 정수 100과 200을 저장하고 있다.

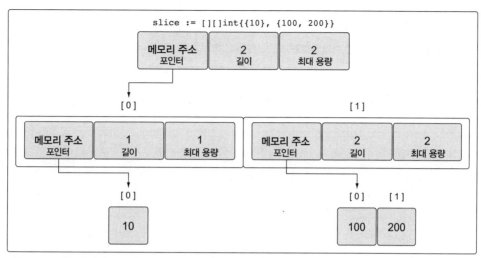

그림 4.20 정수 슬라이스를 담은 슬라이스의 구조

합성을 이용하면 매우 복잡하면서도 강력한 데이터 구조를 만들어낼 수 있다. 게다가 append 내장 함수에 대해 학습했던 모든 내용들을 그대로 적용할 수도 있다.

예제 4.43 슬라이스의 슬라이스 다루기

```
// 정수의 슬라이스의 슬라이스를 생성한다.
slice := [][]int{{10}, {100, 200}}

// 값 20을 첫 번째 정수 슬라이스에 추가한다.
slice[0] = append(slice[0], 20)
```

append 함수와 Go는 바깥쪽 슬라이스의 첫 번째 원소인 슬라이스의 크기를 조정하고 재할당 하는 과정을 매끄럽게 처리한다. 예제 4.43의 작업이 완료되면 그림 4.21에서 보듯이, 새로운 내부 배열을 갖는 완전히 새로운 정수 슬라이스를 생성한 후 이를 바깥쪽 슬라이스의 인덱스 0에 다시 대입한다.

비록 이번 예제에서 다룬 다차원 슬라이스가 무척이나 간단해 보여도 이를 처리하기 위해서는 다양한 계층과 값들이 동원된다. 이런 데이터 구조를 함수에 전달하는 것 또한 복잡해 보일 수도 있다. 그러나 슬라이스는 처리 비용이 적게 들기 때문에 함수에 전달하는 것에 대해서는 크게 걱정하지 않아도 된다.

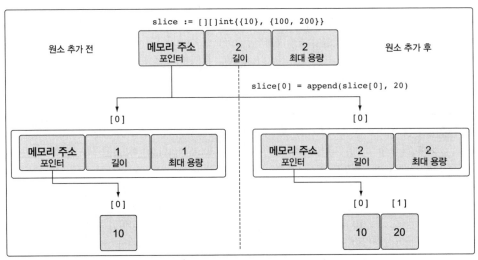

그림 4.21 바깥쪽 슬라이스의 첫 번째 원소인 슬라이스에 값을 추가한 모습

4.2.5 슬라이스를 함수에 전달하기

함수에 슬라이스를 전달하려면 그냥 슬라이스를 값으로 전달하기만 하면 된다. 슬라이스의 크기는 매우 작기 때문에 이를 복사하여 함수 간에 전달하는 처리 비용이 크지 않다. 예시를 위해 크기가 큰 슬라이스를 생성하고 이를 foo라는 함수에 값으로 전달해보자.

예제 4.44 함수에 슬라이스 전달하기

```
// 백만 개의 정수를 갖는 슬라이스를 생성한다.
slice := make([]int, 1e6)

// 슬라이스를 함수 foo에 전달한다.
slice = foo(slice)

// foo 함수는 정수 슬라이스를 전달받아 다시 리턴한다.
func foo(slice []int) []int {
    ...
    return slice
}
```

64비트 아키텍처의 경우 슬라이스는 24바이트의 메모리를 사용한다. 포인터 필드가 8바이트를 사용하며, 길이와 용량 필드가 각각 8바이트씩을 사용한다. 슬라이스에 할당된 데이터는 내부 배열에 저장되어 있기 때문에 슬라이스의 복사본을 함수에 전달하는 데는 아무런 문제가 없다. 즉, 슬라이스만 복사될 뿐 내부 배열은 복사되지 않는다(그림 4.22 참조).

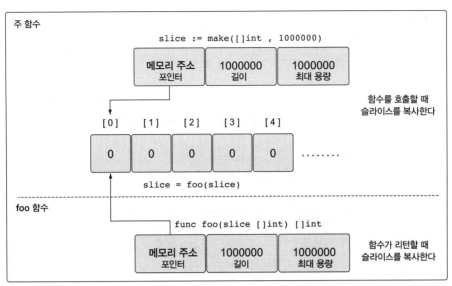

그림 4.22　바깥쪽 슬라이스의 첫 번째 원소인 슬라이스에 값을 추가한 모습

함수에 24바이트 데이터를 전달하는 것은 빠르고 쉽다. 이것이 바로 슬라이스의 장점이다. 포인터를 전달하기 위해 복잡한 문법을 사용할 필요가 없기 때문이다. 그저 슬라이스의 복사본을 생성한 후, 필요한 부분을 변경하고 새로운 복사본을 다시 전달하기만 하면 된다.

4.3 맵의 내부 구조 및 원리

맵(map)은 키/값의 쌍에 대한 정렬 없는(unordered) 컬렉션을 제공하는 데이터 구조다.

맵에는 키를 기준으로 값을 저장한다. 그림 4.23은 맵에 저장될 키/값의 쌍의 예시를 보여준다. 맵의 장점은 키를 이용해서 데이터를 빠르게 조회할 수 있다는 점이다. 키는 마치 인덱스처럼 동작해서 해당 키에 연결된 값을 가리킨다.

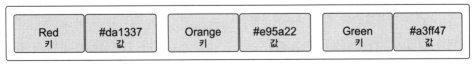

그림 4.23　키/값 쌍의 관계

4.3.1 내부 구조

맵은 일종의 컬렉션이며 배열이나 슬라이스와 마찬가지로 저장된 원소들을 반복할 수 있다. 그러나 맵은 **정렬되지 않은** 컬렉션이기 때문에 어떤 키/값의 쌍이 리턴될 것인지 그 순서를 예측할 수가 없다. 설령 키/값의 쌍을 동일한 순서로 저장한다 하더라도 맵을 반복할 때마다 서로 다른 순서로 리턴될 수 있다. 그 이유는 맵이 해시테이블(hashtable)을 기반으로 구현되어 있기 때문이다. 그림 4.24를 살펴보자.

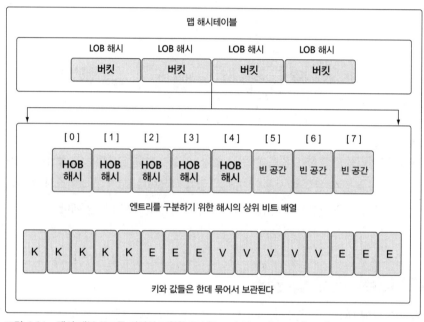

그림 4.24 맵의 내부 구조를 간단히 표현한 모습(K = 키, V = 값, E = 빈 공간)

맵의 해시테이블은 버킷의 컬렉션을 저장한다. 그래서 키/값의 쌍을 저장하거나 제거하거나 혹은 탐색할 때마다 버킷을 선택하는 작업이 우선 실행된다. 이 작업은 지정된 키를 맵의 해시 함수에 전달한다. 해시 함수의 목적은 모든 사용 가능한 버킷에 골고루 분포되어 저장된 키/값 쌍의 인덱스를 생성하는 것이다.

이렇게 분산해서 저장할 때의 장점은 맵이 커져도 키/값 쌍을 빠르게 탐색할 수 있다는 점이다. 예를 들어, 맵에 10,000개의 아이템이 저장되어 있을 때 원하는 키/값을 찾기 위해 10,000개의 키/값을 모조리 살펴보는 것은 그다지 효율적이라 할 수 없다. 균형 있게 잘 구현된 맵은 10,000개의 아이템이 저장된 맵에서 8개의 키/값 쌍만을 탐색하여 원하는 값을 찾을 수 있어야 한다. 그러려면 키/값 쌍을 적절한 수의 버킷에 균형 있게 나누어 보관해야 한다.

Go의 맵을 위해 생성된 해시 키는 그림 4.25에서 설명하는 것보다는 조금 더 길지만 동일한 방식으로 동작한다. 예제에서는 색상을 표현하는 문자열을 키로 사용한다. 이 문자열들은 현재 가용한 버킷의 개수보다 크지 않은 숫자로 변환된다. 그리고 이 변환된 숫자를 이용해서 키/값 쌍을 저장하거나 찾기 위한 버킷을 선택하게 된다. Go의 맵은 버킷을 선택하기 위한 해시 키를 생성할 때 **하위 순서 비트(LOB, Low Order Bits)**를 사용한다.

그림 4.24를 다시 살펴보면, 버킷의 내부가 어떻게 생겼는지 확인할 수 있다. 맵의 데이터는 두 개의 데이터 구조에 의해 저장된다. 첫 번째는 버킷을 선택하는 데 사용된 해시 키 중 8개의 **상위 순서 비트(HOB, High Order Bits)**를 저장하는 배열이다. 이 배열은 해당 버킷에 저장된 개별적인 키/값을 구분하기 위한 것이다. 두 번째 데이터 구조는 키/값의 쌍을 저장하는 바이트 (byte) 배열이다. 이 바이트 배열은 버킷 내의 모든 키를 먼저 저장한 후 모든 값들을 이어서 저장한다. 키/값 쌍의 묶음은 버킷의 메모리 사용량을 최소화하는 방향으로 구현된 것이다.

사실 맵의 구현에 대한 상세한 내용은 이 책의 범위를 벗어난다. 하지만 맵을 생성하고 사용하기 위해 그 내부 구조를 완벽하게 이해할 필요는 없다. 다만, 한 가지는 기억하자. 맵은 키/값 쌍의 정렬 없는 컬렉션이다.

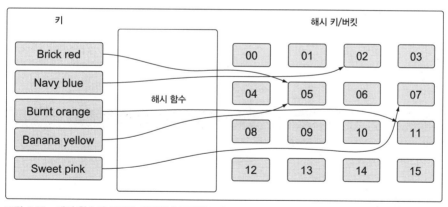

그림 4.25 해시 함수의 동작을 간략하게 표현한 모습

4.3.2 생성 및 초기화

Go는 다양한 방법으로 맵을 생성하고 초기화할 수 있다. make 내장 함수를 사용해도 되고 맵 리터럴(map literal)을 사용해도 된다.

```
// string 타입의 키와 int 타입의 값을 갖는 맵을 생성한다.
dict := make(map[string]int)

// string 타입의 키와 값을 갖는 맵을 생성한다.
// 두 개의 키/값 쌍을 이용해 초기화한다.
dict := map[string]string{"Red": "#da1337", "Orange": "#e95a22"}
```

맵을 생성하는 보편적인 방법은 맵 리터럴을 사용하는 방법이다. 이 경우 초기화에 사용된 키/값 쌍의 개수에 따라 맵의 기본 길이가 결정된다.

맵의 키는 == 연산자를 이용한 비교식에 사용될 수 있는 값이라면 내장 타입인지 구조체 타입인지 상관없이 어떤 값이든 사용할 수 있다. 다만, 슬라이스, 함수, 슬라이스를 가진 구조체는 맵의 키로 사용할 수 없다. 이들을 키로 사용하면 컴파일 오류가 발생한다.

```
// 문자열 슬라이스를 키로 사용하는 맵을 생성한다.
dict := map[[]string]int{}
```

```
컴파일러 예외:
invalid map key type []string
```

하지만 슬라이스를 맵의 값으로 사용하는 것은 아무런 문제가 없다. 하나의 키가 데이터의 컬렉션과 관련이 있는 경우에는 충분히 유용하게 활용할 수 있다.

```
// 문자열 슬라이스를 값으로 사용하는 맵을 생성한다.
dict := map[int][]string{}
```

4.3.3 맵 활용하기

맵에 키/값 쌍을 대입하려면 올바른 타입의 키를 지정하고 해당 키에 값을 대입하면 된다.

```
// 색상과 색상 코드를 저장할 빈 맵을 생성한다.
colors := map[string]string{}

// Red 색상 키에 대한 색상 코드를 맵에 추가한다.
colors["Red"] = "#da1337"
```

한편, 초기화를 생략하여 nil 값을 가지는 맵을 생성할 수도 있다. nil 맵은 키/값을 저장할 수 없으며, 키와 값을 저장하려고 하면 런타임 에러가 발생한다.

예제 4.49 nil 맵에 값을 대입할 때 발생하는 런타임 에러

```
// 맵을 선언하기만 하면 `nil` 맵이 생성된다.
var colors map[string]string

// Red 색상의 색상 코드를 맵에 추가한다.
colors["Red"] = "#da1337"

runtime error:
panic: runtime error: assignment to entry in nil map
```

맵을 활용할 때는 맵에 이미 키가 존재하는지 확인하는 것이 중요하다. 키의 존재 여부를 확인함으로써 특정 작업을 수행했는지를 판단하거나 맵에 특정 데이터를 캐시하고 있는지 등을 판단할 수 있다. 또한 두 개의 맵을 비교해서 키/값의 쌍이 일치하는지 확인하는 용도로도 활용할 수 있다.

맵에서 데이터를 조회하는 방법은 두 가지다. 첫 번째 방법은 키의 값을 조회하는 동시에 키의 존재 여부를 표현하는 플래그를 함께 확인하는 방법이다.

예제 4.50 맵에서 값과 키의 존재 여부를 동시에 확인하는 방법

```
// 키 "Blue"의 값을 조회한다.
value, exists := colors["Blue"]

// 키가 존재하는지를 확인한다.
if exists {
    fmt.Println(value)
}
```

두 번째는 값만을 리턴받은 후 이 값이 제로 값인지 검사하여 키의 존재 여부를 판단하는 방법이다. 이 방법은 리턴된 제로 값이 맵에 저장할 수 있는 유효한 데이터가 아닌 경우에만 활용할 수 있다.

예제 4.51 맵에서 값을 조회한 후 확인하는 방법

```
// 키 "Blue"의 값을 조회한다.
value := colors["Blue"]

// 키가 존재하는지를 확인한다.
```

```
if value != "" {
    fmt.Println(value)
}
```

Go에서는 인덱스를 이용해 맵에 접근하면 해당 키가 존재하지 않더라도 항상 값이 리턴된다. 키가 존재하지 않는 경우에는 값의 타입에 해당하는 제로 값이 리턴된다.

맵에 저장된 값들을 반복하는 방법은 배열이나 슬라이스를 반복하는 경우와 동일하다. 그러나 맵을 내상으로 range 키워드를 이용하면 인덱스와 값 대신에 키와 값의 쌍이 리턴된다.

예제 4.52   for range 키워드를 이용해 맵을 반복하기

```
// 색상과 색상 코드를 저장하는 맵을 생성한다.
colors := map[string]string{
    "AliceBlue":   "#f0f8ff",
    "Coral":       "#ff7F50",
    "DarkGray":    "#a9a9a9",
    "ForestGreen": "#228b22",
}

// 맵에 저장된 모든 색상을 출력한다.
for key, value := range colors {
    fmt.Printf("키: %s   값: %s\n", key, value)
}
```

맵에서 키/값의 쌍을 제거하려면 delete 내장 함수를 활용하면 된다.

예제 4.53   맵에서 아이템 제거하기

```
// 키 "Coral"에 해당하는 키와 값의 쌍을 제거한다.
delete(colors, "Coral")

// 맵에 저장된 모든 색상을 출력한다.
for key, value := range colors {
    fmt.Printf("키: %s   값: %s\n", key, value)
}
```

이 경우 맵을 반복하면 Coral 색상은 맵에서 삭제되었으므로 화면에 출력되지 않는다.

4.3.4 맵을 함수에 전달하기

함수에 맵을 전달하는 경우 맵의 복사본이 생성되지는 않는다. 사실 함수에 맵을 전달하고 함수 내에서 맵을 변경하면, 이 변경 사항은 맵에 그대로 적용되며 해당 맵을 참조하는 모든 코

드가 영향을 받는다.

예제 4.54 맵을 함수에 전달하기

```go
func main() {
    // 색상과 색상 코드를 저장하는 맵을 생성한다.
    colors := map[string]string{
        "AliceBlue":   "#f0f8ff",
        "Coral":       "#ff7F50",
        "DarkGray":    "#a9a9a9",
        "ForestGreen": "#228b22",
    }

    // 맵에 저장된 모든 색상을 출력한다.
    for key, value := range colors {
        fmt.Printf("키: %s  값: %s\n", key, value)
    }

    // 특정 키를 삭제하는 함수를 호출한다.
    removeColor(colors, "Coral")

    // 맵에 저장된 모든 색상을 출력한다.
    for key, value := range colors {
        fmt.Printf("키: %s  값: %s\n", key, value)
    }
}

// removeColor 함수는 맵에서 지정된 키를 제거한다.
func removeColor(colors map[string]string, key string) {
    delete(colors, key)
}
```

이 프로그램을 실행하면 다음과 같은 결과를 보게 될 것이다.

예제 4.55 예제 4.54의 실행 결과

```
키: AliceBlue 값: #F0F8FF
키: Coral 값: #FF7F50
키: DarkGray 값: #A9A9A9
키: ForestGreen 값: #228B22

키: AliceBlue 값: #F0F8FF
키: DarkGray 값: #A9A9A9
키: ForestGreen 값: #228B22
```

remoteColor 함수의 호출이 완료되면 main 함수가 참조하는 맵에서 Coral 색상이 삭제된다. 맵은 슬라이스와 마찬가지로 최소한의 자원만을 활용하도록 디자인되었다는 것을 알 수 있다.

4.4 요약

- 배열은 슬라이스와 맵을 구현하기 위한 일종의 빌딩 블록 역할을 담당한다.
- 슬라이스는 Go에서 데이터의 컬렉션을 다루기 위한 가장 보편화된 방법이다. 맵은 키와 값의 쌍을 다룰 때 유용하다.
- make 내장 함수를 이용하면 슬라이스와 맵을 초기 길이 및 용량을 지정하여 생성할 수 있다. 슬라이스와 맵 리터럴을 이용하면 선언 시점에 초깃값을 함께 지정할 수도 있다.
- 슬라이스는 용량의 제한을 가지고 있지만 append 내장 함수를 통해 확장이 가능하다.
- 맵은 용량이 정해져 있지 않으며 제한 없이 확장이 가능하다.
- len 내장 함수를 호출하면 슬라이스나 맵의 길이를 알아낼 수 있다.
- cap 내장 함수는 슬라이스에 대해서만 호출할 수 있다.
- 합성을 이용하면 다차원 배열과 다차원 슬라이스를 활용할 수 있다. 또한 슬라이스와 다른 맵을 값으로 저장하는 맵을 생성할 수도 있다. 슬라이스는 맵의 키로 활용할 수는 없다.
- 슬라이스나 맵을 함수에 전달하는 작업은 기반 데이터 구조의 복사본을 생성하지 않으므로 자원 활용에 대한 비용 측면에서 이점이 있다.

5

Go의 타입 시스템

Go는 정적 타입(statically typed) 프로그래밍 언어다. 즉, 컴파일러가 프로그램 내의 모든 값의 타입을 정확히 알고 있다는 뜻이다. 컴파일러가 타입 정보를 미리 알고 있으면 프로그램이 값들을 더 안전하게 활용할 수 있다. 이를 통해 잠재적인 메모리 문제와 버그를 줄일 수 있음은 물론 컴파일러가 더 나은 코드를 생성할 수 있는 기회를 가질 수 있게 된다.

컴파일러는 값의 타입을 이용해 두 가지 정보를 얻을 수 있다. 첫 번째는 값에 할당해야 하는 메모리의 크기이며, 두 번째는 할당된 메모리를 통해 표현할 수 있는 값의 종류다. 내장 타입의 대부분은 타입 이름에서 그 크기와 표현을 짐작할 수 있다. 예를 들어, int64 타입은 메모리의 8바이트(64비트)를 사용하며 정수 값을 표현한다. float32 타입은 4바이트의 메모리(32비트)를 사용하며 IEEE-754 표준 부동소수점 숫자를 표현한다. bool 타입은 메모리의 1바이트(8비트)를 사용하며 true나 false 중 하나인 불리언(boolean) 값을 표현한다.

일부 타입은 코드가 빌드되는 머신의 아키텍처에 따라 값의 표현이 달라지기도 한다. 예를 들어, int 타입의 경우 아키텍처에 따라 8바이트(64비트) 혹은 4바이트(32비트)의 크기를 사용한다. Go의 모든 참조 타입 역시 아키텍처에 따라 그 표현이 달라진다. 다행히 값을 생성하고 처리하기 위해 개발자가 이런 정보를 모두 알아야 할 필요는 없다. 그러나 컴파일러가 타입 정보를 알지 못한다면, 프로그램과 프로그램이 실행 중인 머신의 오동작을 유발할 수 있는 행위를 개발자가 사전에 방지할 수는 없을 것이다.

5.1 사용자정의 타입

Go는 사용자가 직접 타입을 정의하는 것을 허용한다. 새로운 타입을 선언할 때는 내장 타입들과 마찬가지로 컴파일러에게 정보의 크기와 표현 방법을 알려주어야 한다. Go에서 사용자정의 타입을 선언하는 방법은 크게 두 가지다. 가장 일반적인 방법은 struct 키워드를 이용하여 합성(composite) 타입을 생성하는 것이다.

구조체(struct) 타입은 고정된 개수의 유일한 필드로 구성하여 선언한다. 구조체 내의 각 필드는 내장 타입이나 다른 사용자정의 타입 등 이미 알려진 타입(known types)을 이용하여 선언한다.

예제 5.1 구조체 타입의 선언

```
01 // 시스템에 user 타입을 선언한다.
02 type user struct {
03     name        string
04     email       string
05     ext         int
06     privileged  bool
07 }
```

예제 5.1은 구조체 타입을 선언하는 예제다. 구조체를 선언할 때는 type 키워드 다음에 새로운 타입의 이름을 지정하고 마지막으로 struct 키워드를 덧붙인다. 이 구조체 타입은 각기 다른 내장 타입을 사용하는 네 개의 필드로 구성된다. 이를 통해 데이터의 구조를 구성하기 위해 필드들을 어떻게 합성할 수 있는지 알 수 있다. 일단 타입을 선언하고 나면 이 타입의 값을 생성할 수 있게 된다.

```
09 // user 타입의 변수를 선언한다.
10 var bill user
```

예제 5.2의 10번 줄을 보면 var 키워드를 이용해 user 타입의 변수 bill을 생성했다. 변수를 선언하면 변수가 표현하는 값이 항상 초기화된다. 이때 특정한 값으로 초기화될 수도 있고, 변수의 타입에 대한 기본 값인 제로 값으로 초기화될 수도 있다. 제로 값은 숫자 타입의 경우 0, 문자열인 경우 빈 문자열이며, 불리언 타입의 경우 false이다. 구조체의 경우 제로 값은 구조체 내의 모든 필드에 적용된다.

변수가 선언되어 제로 값으로 초기화될 때는 통상 var 키워드를 이용한다. 따라서 var 키워드를 변수가 제로 값으로 초기화되었음으로 표현하는 용도로만 사용하기를 권한다. 만일 변수가 제로 값이 아닌 다른 값으로 초기화되어야 한다면, 구조체 리터럴과 함께 변수 선언 연산자(variable declaration operator)를 사용하도록 하자.

```
12 // user 타입의 변수를 선언하고 모든 필드를 초기화한다.
13 lisa := user {
14     name:        "Lisa"
15     email:       "lisa@email.com"
16     ext:         123,
17     privileged: true,
18 }
```

예제 5.3은 user 타입의 변수를 제로 값이 아닌 다른 값으로 선언하고 초기화하는 방법을 보여준다. 13번 줄을 보면, 변수 이름 다음에 변수 선언 연산자를 사용한 것을 볼 수 있다. 이 연산자는 콜론(:)과 등호 기호(=)로 구성된다. 변수 선언 연산자는 한 번의 연산으로 변수의 선언과 초기화 작업을 모두 수행한다. 변수 선언 연산자는 연산자 오른쪽의 타입 정보를 이용해서 변수의 타입을 결정한다.

이 예제에서는 구조체 타입의 변수를 선언 및 초기화하고 있으므로 초기화를 위해 구조체 리터럴을 사용했다. 구조체 리터럴은 중괄호 안에 구조체에 선언된 각 필드에 대한 초기화를 수행하는 형태를 가지고 있다.

```
13 lisa := user {
14     name:      "Lisa"
15     email:     "lisa@email.com"
16     ext:       123,
17     privileged: true,
18 }
```

구조체 리터럴은 두 가지 형태가 있다. 예제 5.4의 경우는 그 첫 번째 형태로, 구조체 내에 정의된 각각의 필드와 값을 한 줄에 하나씩 선언하는 방법이다. 필드와 값은 콜론(:)으로 구분하며 각 줄은 콤마(,)로 끝나야 한다. 이때 필드의 나열 순서는 중요하지 않다. 두 번째 형태는 필드 이름 없이 값만 선언하는 형태다.

```
12 // user 타입의 변수를 선언한다.
13 lisa := user{"Lisa", "lisa@email,com", 123, true}
```

이 경우 역시 값들을 한 줄에 하나씩 나열할 수 있지만, 이 형태의 초기화 기법을 사용할 때는 전통적으로 콤마 없이 값들을 한 줄에 나열하는 방법을 주로 사용한다. 이 경우 값의 나열 순서가 중요해서 구조체에 필드를 정의한 것과 동일한 순서로 나열해야 한다. 구조체 타입을 선언할 때는 각 필드에 반드시 내장 타입만을 사용해야 하는 것이 아니라 다른 사용자정의 타입을 사용할 수도 있다.

```
20 // 권한이 할당된 관리자 계정을 표현하는 admin 타입
21 type admin struct {
22     person  user
23     level   string
24 }
```

예제 5.6은 admin이라는 새로운 구조체 타입을 선언한 코드를 보여준다. 이 구조체 타입은 user 타입의 person이라는 필드와 string 타입의 level이라는 필드를 정의하고 있다. person 필드처럼 구조체 타입의 필드를 가진 구조체를 초기화할 때는 조금 다른 형식을 사용해야 한다.

person 필드를 초기화하기 위해서는 user 타입의 값을 선언해야 한다. 이 코드는 예제 5.7의

28번 줄과 완전히 동일하다. 이렇게 하면 구조체 리터럴을 통해 user 타입의 값을 생성해서 person 필드에 대입할 수 있다.

```
26 // admin 타입의 변수를 선언한다.
27 fred := admin {
28     person: user {
29         name:       "Lisa",
30         email:      "lisa@email.com",
31         ext:        123
32         privileged: true,
33     },
34     level:  "super",
35 }
```

사용자정의 타입을 선언하는 두 번째 방법은 기존의 타입을 새로운 타입의 명세로 활용하는 방법이다. 이 방법은 이미 존재하는 타입이 표현하는 값을 표현할 새로운 타입이 필요할 때 유용하게 활용할 수 있다. 표준 라이브러리는 이 기법을 이용하여 내장 타입의 기능을 바탕으로 조금 더 고수준의 기능을 구현하곤 한다.

```
type Duration int64
```

예제 5.8은 표준 라이브러리의 time 패키지가 제공하는 타입의 선언을 보여준다. Duration 타입은 지속된 시간을 나노초 단위로 표현하는 타입이다. 이 타입은 내장 타입인 int64를 이용해 값을 표현한다. 이런 경우 우리는 Duration 타입의 선언에 대해 int64 타입이 Duration 타입의 기반 타입(base type)이라고 말한다. 그런데 int64 타입이 기반 타입이라 하더라도 Go는 이 두 가지 타입을 동일한 것으로 취급하지 않는다. Duration과 int64 타입은 서로 다른 두 개의 타입일 뿐이다.

이 의미를 조금 더 명확히 하기 위해 컴파일 오류를 유발하는 다음 코드를 살펴보기로 하자.

```
01 package main
02
03 type Duration int64
04
```

```
05 func main() {
06     var dur Duration
07     dur = int64(1000)
08 }
```

예제 5.9의 프로그램은 3번 줄에서 Duration이라는 이름의 타입을 선언한다. 그리고 6번 줄에서는 Duration 타입의 변수 dur을 선언하고 제로 값으로 초기화한다. 그다음 7번 줄의 코드 때문에 프로그램을 빌드할 때 다음과 같은 컴파일러 오류가 발생하게 된다.

<table>
<tr><td>예제 5.10</td><td>실제 컴파일러 오류</td></tr>
</table>

```
prog.go:7: cannot use int64(1000) (type int64) as type Duration in assignment
```

이 경우 컴파일러는 무엇이 문제인지를 명확하게 알고 있다. int64 타입의 값은 Duration 타입의 값으로 사용할 수 없는 것이다. 다시 말하면 int64 타입이 Duration 타입의 기반 타입이라 하더라도 Duration 타입은 여전히 별개의 타입인 것이다. 서로 다른 두 타입의 값은 설령 두 타입이 호환이 가능한 타입이라 하더라도 다른 타입에 대입할 수 없다. 컴파일러는 서로 다른 타입의 값을 묵시적(implicitly)으로 변환하지 않는다.

5.2 메서드

메서드(method)는 사용자가 정의한 타입에 행위(behavior)를 정의하기 위한 방법이다. 메서드는 실제로는 func 키워드와 함수 이름 사이에 추가 매개변수를 정의한 함수다.

<table>
<tr><td>예제 5.11</td><td>listing11.go</td></tr>
</table>

```
01 // Go에서 메서드를 선언하는 방법과 컴파일러가 함수를 어떻게 지원하는지를
02 // 설명하기 위한 예제 프로그램
03 package main
04
05 import (
06     "fmt"
07 )
08
09 // 프로그램의 사용자를 표현하는 user 타입
10 type user struct {
11     name  string
12     email string
13 }
14
```

```
15  // 값 수신자와 함께 notify 메서드를 선언한다.
16  func (u user) notify() {
17      fmt.Printf("사용자에게 메일을 전송합니다: %s<%s>\n",
18          u.name,
19          u.email)
20  }
21
22  // 포인터 수신자와 함께 changeEmail 메서드를 선언한다.
23  func (u *user) changeEmail(email string) {
24      u.email = email
25  }
26
27  // 애플리케이션 진입점
28  func main() {
29      // user 타입의 값을 이용하여 값 수신자에 선언한
30      // 메서드를 호출한다.
31      bill := user{"Bill", "bill@email.com"}
32      bill.notify()
33
34      // user 타입의 포인터를 이용하여 값 수신자에 선언한
35      // 메서드를 호출한다.
36      lisa := &user{"Lisa", "lisa@email.com"}
37      lisa.notify()
38
39      // user 타입의 값을 이용하여 포인터 수신자에 선언한
40      // 메서드를 호출한다.
41      bill.changeEmail("bill@newdomain.com")
42      bill.notify()
43
44      // user 타입의 포인터를 이용하여 포인터 수신자에 선언한
45      // 메서드를 호출한다.
46      lisa.changeEmail("lisa@newdomain.com")
47      lisa.notify()
48  }
```

예제 5.11의 16번과 23번 줄에서는 두 개의 서로 다른 메서드를 정의하고 있다. func 키워드와 함수 이름 사이의 매개변수는 **수신자(receiver)**라고 부르며, 함수를 특정 타입에 바인딩하는 역할을 담당한다. 이처럼 수신자가 정의된 함수를 **메서드(method)**라고 한다. 프로그램을 실행하면 다음과 같은 결과를 확인할 수 있다.

예제 5.12 listing11.go 파일의 실행 결과

```
사용자에게 메일을 전송합니다: Bill<bill@email.com>
사용자에게 메일을 전송합니다: Lisa<lisa@email.com>
사용자에게 메일을 전송합니다: Bill<bill@newdomain.com>
사용자에게 메일을 전송합니다: Lisa<lisa@newdomain.com>
```

그러면 이 프로그램이 어떤 동작을 실행하는지 확인해보자. 10번 줄을 보면, user라는 이름의
구조체를 선언한 후 notify라는 이름의 메서드를 선언한다.

예제 5.13   listing11.go: 9~20번 줄

```
09 // 프로그램의 사용자를 정의하는 user 타입
10 type user struct {
11     name  string
12     email string
13 }
14
15 // 값 수신자와 함께 notify 메서드를 선언한다.
16 func (u user) notify() {
17     fmt.Printf("사용자에게 메일을 전송합니다: %s<%s>\n",
18         u.name,
19         u.email)
20 }
```

Go에는 두 종류의 수신자, **값** 수신자(value receiver)와 **포인터** 수신자(pointer receiver)가 제공된
다. 예제 5.13의 16번 줄에서 선언한 notify 메서드는 값 수신자를 이용하여 선언되었다.

예제 5.14   값 수신자와 함께 메서드를 선언하는 방법

```
func (u user) notify() {
```

notify 메서드의 수신자는 user 타입의 값으로 선언되었다. 이렇게 값 수신자에 정의된 메서
드는 호출 시점에 항상 그 값의 복사본을 대상으로 실행된다. 예제 5.11에서 프로그램의 32번
줄로 건너뛰어 notify 메서드를 호출하는 코드를 살펴보자.

예제 5.15   listing11.go: 29~32번 줄

```
29     // user 타입의 값을 이용하여 값 수신자에 정의한
30     // 메서드를 호출한다.
31     bill := user{"Bill", "bill@email.com"}
32     bill.notify()
```

예제 5.15는 user 타입의 값을 이용하여 notify 메서드를 호출하는 방법을 보여준다. 31번 줄
을 보면, user 타입의 변수 bill을 선언한 후 이름과 메일 주소를 초기화했다. 그리고 32번 줄
에서는 이 bill 변수를 이용하여 notify 메서드를 호출하고 있다.

```
bill.notify()
```

문법 자체는 패키지에 정의된 함수를 호출하는 것과 유사하다. 그러나 메서드 호출에 사용된 bill이 패키지 이름이 아닌 변수라는 점에서 차이가 있다. 예제처럼 notify 메서드를 호출하는 경우 변수 bill의 값이 메서드 호출을 위한 수신자의 값이 되며, notify 메서드는 이 값의 복사본을 이용해 작업을 수행한다.

한편, 포인터를 이용해서 값 수신자에 정의된 메서드를 호출할 수도 있다.

```
34      // user 타입의 포인터를 이용하여 값 수신자에 정의한
35      // 메서드를 호출한다.
36      lisa := &user{"Lisa", "lisa@email.com"}
37      lisa.notify()
```

예제 5.17은 user 타입의 포인터를 이용하여 notify 메서드를 호출하는 방법을 보여준다. 36번 줄을 보면, user 타입의 변수 lisa를 선언한 후 이름과 메일 주소를 초기화한다. 그리고 37번 줄에서는 포인터 변수를 이용하여 notify 메서드를 호출한다. 이때 메서드 호출이 가능하도록 하기 위해 Go는 포인터 값을 메서드의 수신자에 적합한 값으로 조정한다. 즉, Go가 다음 동작을 대신 수행한다고 볼 수 있다.

```
(*lisa).notify()
```

예제 5.18은 포인터 수신자를 이용한 메서드 호출을 지원하기 위해 Go 컴파일러가 수행하는 동작을 보여준다. 즉, 포인터 값을 역참조(dereference)하여 값 수신자에 정의된 메서드를 호출할 수 있도록 돕는 것이다. 다시 말하지만 notify 메서드는 값의 복사본을 대상으로 작업을 수행하게 되는데, 이 경우에는 lisa 포인터 변수를 가리키는 값의 복사본을 갖게 된다.

메서드는 다음과 같이 포인터 수신자를 이용해서 정의할 수도 있다.

```
22  // 포인터 수신자와 함께 changeEmail 메서드를 선언한다.
23  func (u *user) changeEmail(email string) {
24      u.email = email
25  }
```

예제 5.19는 포인터 수신자에 정의된 changeEmail 메서드의 선언을 보여준다. 이번에는 메서드의 수신자가 user 타입의 값이 아니라 포인터다. 포인터 수신자에 정의한 메서드를 호출하면 메서드를 호출하기 위해 사용된 값을 메서드가 공유한다.

```
36      lisa := &user{"Lisa", "lisa@email.com"}

44      // user 타입의 포인터를 이용하여 포인터 수신자에 정의한
45      // 메서드를 호출한다.
46      lisa.changeEmail("lisa@newdomain.com")
```

예제 5.20에서는 lisa 포인터 값을 선언한 후 46번 줄에서와 같이 changeEmail 메서드를 호출했다. 이 경우 changeEmail 메서드 내에서 lisa 포인터가 가리키는 값에 대해 이루어진 모든 변경 사항은 메서드 호출이 리턴된 이후에도 계속해서 유지된다. 바로 이 점이 포인터 수신자의 장점이다. 값 수신자는 메서드를 호출하는 시점에 생성된 값의 복사본을 전달받지만 포인터 수신자는 실제 값을 전달받기 때문이다.

포인터 수신자에 정의된 메서드는 값을 이용해서도 호출이 가능하다.

```
31      bill := user{"Bill", "bill@email.com"}

39      // user 타입의 값을 이용하여 포인터 수신자에 정의한
40      // 메서드를 호출한다.
41      bill.changeEmail("bill@newdomain.com")
```

예제 5.21에서는 bill 변수를 선언한 후 포인터 수신기에 선언된 changeEmail 메서드를 호출한다. 다시 말하지만, Go는 메서드를 호출하는 값을 메서드 수신기의 값으로 알아서 조정한다.

```
(&bill).changeEmail("bill@newdomain.com")
```

예제 5.22 역시 메서드 호출을 지원하기 위해 Go 컴파일러가 어떤 동작을 수행하는지를 보여 준다. 이번 경우에는 값을 참조(referenced)하여 메서드 호출에 적합한 수신자 타입으로 변환한 다. Go는 편리하게도 메서드의 본래 수신자와 일치하지 않는 값과 포인터를 이용해도 메서드 를 호출할 수 있도록 허용하고 있다.

값과 포인터 수신자 중 어느 것을 사용해야 하는지 결정하는 것은 다소 혼란스러울 수 있다. 이런 혼란을 줄이기 위해 표준 라이브러리는 몇 가지 기본 가이드라인을 제시하고 있다.

5.3 타입의 본질

새로운 타입을 정의했다면 타입의 메서드를 선언하기 전에 이 질문에 답해보기 바란다. 이 타 입의 값에 무언가를 더하거나 삭제해야 한다면 새로운 값이 생성되어야 하는가 아니면 기존의 값이 변경되어야 하는가? 만일 이 질문에 대한 대답이 새로운 값이라면 메서드에 값 수신자를 사용하면 된다. 반대로, 기본 값의 변경이 답이라면 포인터 수신자를 사용하면 된다. 이 규칙 은 프로그램의 다른 부분에 타입의 값을 전달할 때에도 동일하게 적용된다. 가장 중요한 것은 일관성이다. 따라서 메서드가 이 값으로 무엇을 수행하느냐보다는 그 값의 본질에 집중하기를 권한다.

5.3.1 내장 타입

내장 타입(built-in types)은 언어 차원에서 지원되는 타입들을 말한다. 숫자, 문자열 그리고 불리 언 타입 등이 이 내장 타입에 해당한다. 이런 타입들은 근원적인(primitive) 성질을 가지고 있어 서 이 타입의 값들로부터 뭔가를 추가하거나 제거하면 기본값이 변경되지 않고 반드시 새로운 값이 생성된다. 마찬가지로, 이 값들을 함수나 메서드에 전달하면 이 값들의 복사본이 전달된 다. 예시를 위해 내장 타입의 값들을 다루는 표준 라이브러리의 함수 중 하나를 살펴보자.

예제 5.23 golang.org/src/strings/strings.go: 620~625번 줄

```
620 func Trim(s string, cutset string) string {
621     if s == "" || cutset == "" {
622         return s
623     }
624     return TrimFunc(s, makeCutsetFunc(cutset))
625 }
```

예제 5.23의 코드는 표준 라이브러리의 strings 패키지에 선언된 Trim이라는 함수의 구현 코드다. 이 Trim 함수는 작업의 대상이 되는 문자열 값과 탐색할 문자를 매개변수로 전달받는다. 그리고 작업을 수행한 결과를 가진 새로운 문자열 값을 리턴한다. 이 함수는 호출자가 가지고 있던 원래 문자열 값의 복사본을 이용해 작업을 수행하며, 새로운 문자열 값의 복사본을 리턴한다. 문자열은 정수나 실수, 불리언 타입과 마찬가지인 기본 데이터 타입이기 때문에 함수나 메서드에 전달되거나 리턴될 때 항상 복사본이 생성된다.

원초적인 본질을 가진 내장 타입들을 어떻게 다루는지 보여주는 예제를 하나 더 살펴보사.

예제 5.24 golang.org/src/os/env.go: 38~44번 줄

```
38 func isShellSpecialVar(c uint8) bool {
39     switch c {
40     case '*', '#', '$', '@', '!', '?', '0', '1', '2', '3', '4', '5',
                                         '6', '7', '8', '9':
41         return true
42     }
43     return false
44 }
```

예제 5.24의 isShellSpecialVar 함수는 env 패키지에 선언된 함수다. 이 함수는 uint8 타입의 값을 전달받아 bool 타입의 값을 리턴한다. 매개변수나 리턴 값을 공유하기 위해 포인터가 사용되지 않았음을 유의하기 바란다. 이러면 함수의 호출자는 자신이 보유하고 있는 uint8 타입 값의 복사본을 전달하고 true 혹은 false를 리턴받는다.

5.3.2 참조 타입

Go의 참조 타입(reference types)으로는 슬라이스, 맵, 채널, 인터페이스, 함수 타입 등이 있다. 이런 타입의 변수를 선언하면 **헤더** 값(header value)이라고 불리는 값이 생성된다. 기술적으로는 문자열 역시 참조 타입의 값이다. 참조 타입을 위한 각각의 헤더 값들은 기반 데이터 구조에 대한 포인터를 가지고 있다. 또한 각 참조 타입은 그 기반 데이터 구조를 관리하기 위해 필요한 필드들 역시 정의하고 있다. 헤더 값은 복사를 염두에 두고 만들어졌기 때문에 참조 타입 값을 공유해서는 안 된다. 대신 헤더 값이 이미 포인터를 가지고 있기 때문에 참조 타입의 값의 복사본을 전달하기만 하면 기반 데이터 구조는 자동적으로 공유할 수 있다.

그러면 net 패키지에 선언된 타입을 하나 살펴보자.

```
32 type IP []byte
```

예제 5.25는 바이트의 슬라이스 타입을 기초로 한 IP 타입을 선언한 코드다. Go의 컴파일러는 사용자정의 타입에 대해서만 메서드를 선언할 수 있도록 강제하고 있기 때문에, 기반 타입에 대해 필요한 동작을 정의해야 할 때는 이와 같이 내장 타입이나 참조 타입을 기초로 새로운 타입을 생성하면 이미 정의된 타입에 필요한 동작을 선언할 수 있어 편리하다.

```
329 func (ip IP) MarshalText() ([]byte, error) {
330     if len(ip) == 0 {
331         return []byte(""), nil
332     }
333     if len(ip) != IPv4len && len(ip) != IPv6len {
334         return nil, errors.New("invalid IP address")
335     }
336     return []byte(ip.String()), nil
337 }
```

예제 5.26의 MarshalText 메서드는 IP 타입의 값 수신자를 이용하여 선언되었다. 참조 타입의 값을 공유할 것이 아니므로 값 수신자를 이용해 선언하는 것이 타당하다. 이는 함수나 메서드에 참조 타입의 값을 전달할 때도 마찬가지다.

```
318 // ipEmptyString은 ip.String과 비슷하지만
319 // IP 주소가 지정되지 않은 경우에는 빈 문자열을 리턴한다.
320 func ipEmptyString(ip IP) string {
321     if len(ip) == 0 {
322         return ""
323     }
324     return ip.String()
325 }
```

예제 5.27은 ipEmptyString 함수를 구현한 코드다. 이 함수는 IP 타입을 매개변수로 사용한다. 다시 말하지만, 이 함수를 보면 호출자가 참조 타입의 값을 매개변수에 전달하더라도 그 값이 함수와 공유되지 않는다는 것을 알 수 있다. 이 함수에는 호출자의 참조 타입 값의 복사본이 전달된다. 물론 리턴 값도 마찬가지다. 결과적으로 참조 타입 값들이 기본 데이터(primitive data) 값처럼 활용되고 있는 셈이다.

5.3.3 구조체 타입

구조체 타입을 이용하면 기본형(primitive) 또는 비기본형(non-primitive) 성질을 모두 가질 수 있는 데이터 값을 표현할 수 있다. 값에 무언가를 더하거나 뺄 때 구조체 타입의 값이 변경되지 않아야 한다면 내장 타입 및 참조 타입을 위한 가이드라인을 준수해야 한다. 표준 라이브러리에서 기본형의 성질을 갖도록 선언된 구조체를 살펴보자.

예제 5.28 golang.org/src/time/time.go: 39~55번 줄

```
39 type Time struct {
40     // UTC 기준 0001년 1월 1일 00:00:00부터 지금까지 흘러온
41     // 시간을 초로 표현한 값
42     set int64
43
44     // Seconds가 표현하는 초의 오프셋을
45     // 양수의 나노초(nanosecond)로 표현한다.
46     // 이 값은 반드시 [0, 999999999] 사이여야 한다.
47     nsec int32
48
49     // 현재의 Time 자료형을 위해
50     // 분, 시, 월, 일 및 년을 판단하기 위해 사용되는
51     // 지역 정보를 저장한다.
52     // Time 자료형의 제로 값은 nil 값을 갖는다.
53     // 그런 경우 시간은 현재 UTC 시간으로 해석된다.
54     loc *Location
55 }
```

예제 5.28의 Time 구조체는 time 패키지에 선언되어 있다. 사실, 시간이라는 개념에 대해 생각해보면 어느 특정 시점의 시간은 결코 변하는 법이 없다. 표준 라이브러리의 Time 타입은 정확하게 이처럼 동작하도록 만들어져 있다. 그러면 Now 함수가 Time 타입의 값을 생성하는 과정을 살펴보자.

예제 5.29 golang.org/src/time/time.go: 781~784번 줄

```
781 func Now() Time {
782     sec, nsec := now();
783     return Time{sec + unixToInternal, nsec, Local}
784 }
```

예제 5.29는 Now 함수의 실제 코드다. 이 함수는 Time 타입의 값을 생성한 후 그 복사본을 함수 호출자에게 리턴한다. 이 함수가 생성한 Time 값을 공유하기 위한 포인터는 전혀 사용하지 않고 있다. 다음으로 Time 타입에 선언된 메서드를 하나 살펴보자.

```
610 func (t Time) Add(d Duration) Time {
611     t.sec += int64(d / 1e9);
612     nsec := int32(t.nsec) + int32(d%1e9)
613     if nsec >= 1e9 {
614         t.sec++
615         nsec -= 1e9
616     } else if nsec < 0 {
617         t.sec --
618         nsec += 1e9
619     }
620     t.nsec = nsec
621     return t
622 }
```

예제 5.30의 Add 메서드는 표준 라이브러리가 Time 타입에 어떻게 기본형의 성격을 부여하는 지 볼 수 있는 훌륭한 예다. 이 메서드는 값 수신자를 이용해 선언되어 있으며 새로운 Time 값을 리턴한다. 이 메서드는 호출자의 Time 값에 대한 복사본을 가져와 필요한 작업을 수행한 후 자신이 보유하고 있던 Time 값의 복사본을 다시 호출자에게 리턴한다. 호출자는 필요에 따라 자신이 가지고 있던 Time 값을 메서드가 리턴한 값으로 대체할 것인지를 결정하면 된다.

대부분의 경우 구조체 타입은 기본형이 아닌 비기본형의 성격을 갖는다. 이런 경우 어떤 값에서 무언가를 더하거나 빼면 원래의 값이 변경된다. 즉, 프로그램의 나머지 코드와 값을 공유하기 위해 포인터를 사용하게 된다는 의미다. 그러면 표준 라이브러리에서 비기본형의 성격을 갖도록 선언된 구조체를 하나 살펴보자.

```
15 // 파일을 표현하는 File 구조체
16 type File struct {
17     *file
18 }
19
20 // file은 *File 타입을 표현한다.
21 // 이렇게 간접적으로 파일에 접근함으로써
22 // os 패키지의 클라이언트가 데이터를 덮어쓰지 못하도록 하여
23 // 소멸자가 엉뚱한 파일을 닫지 않도록 방지한다.
24 type file struct {
25     fd int
26     name string
27     dirinfo *dirinfo // 디렉터리 정보를 읽기 전까지는 nil 값을 가진다.
28     nepipe int32 // 쓰기 대기 중인 EPIPE의 개수
29 }
```

예제 5.31에서는 표준 라이브러리에 정의된 File 타입의 코드를 볼 수 있다. 이 타입은 본질적으로 비기본형의 성격을 가진다. 이 타입의 값은 여기저기에 복사되기에는 안전하지 못하다. 내부에 숨겨진 타입의 주석을 보면 이 점이 더욱 명확해진다. 실질적으로 프로그래머가 복사본을 생성하는 것을 막을 수는 없기 때문에 File 타입을 작성할 때 숨겨진 타입에 대한 포인터를 포함한다. 타입 임베딩(type embedding)에 대해서는 이 장의 후반부에서 다시 살펴보겠지만, 이 방법을 통해 특정 타입에 대한 간접적인 접근을 허용함으로써 값이 복사되는 것을 방지할 수 있다. 반드시 모든 구조체 타입을 이와 같이 데이터를 보호하도록 만들어야 할 필요는 없다. 다만 프로그래머라면 각 타입의 본질을 이해하고 그에 따라 적절하게 활용할 수 있어야 한다.

그러면 Open 함수를 작성한 코드를 살펴보자.

예제 5.32   golang.org/src/os/file.go: 238~240번 줄

```
238 func Open(name string) (file *File, err error) {
239     return OpenFile(name, O_RDONLY, 0)
240 }
```

예제 5.32에 작성된 Open 함수는 함수의 호출자와 File 타입을 공유하기 위해 포인터를 사용하는 방법을 잘 보여주고 있다. Open 함수는 File 타입의 값을 생성한 후 그에 대한 포인터를 리턴한다. 팩토리 함수가 이처럼 포인터를 리턴한다는 것은 리턴된 값의 본질이 비기본형이라는 점을 표현하는 것이다.

설령 함수나 메서드가 비기본형 값의 상태를 직접 변경하는 일이 없다 하더라도 값 자체는 여전히 공유되고 있다.

예제 5.33   golang.org/src/os/file.go: 224~232번 줄

```
224 func (f *File) Chdir() error {
225     if f == nil {
226         return ErrInvalid
227     }
228     if e := syscall.Fchdir(f.fd); e != nil {
229         return &PathError("chdir", f.name, e)
230     }
231     return nil
232 }
```

예제 5.33의 Chdir 메서드는 포인터 수신자를 이용해 선언되었지만 실제로 이 메서드가 수신된 값을 변경하지는 않는다. File 타입의 값은 비기본형이기 때문에 그 값이 복사되는 것이 아니라 공유된다.

사실 메서드를 정의할 때 값 수신자와 포인터 수신자 중 어느 것을 사용할 것인지를 선택하는데 메서드가 수신된 값을 변경하는지는 전혀 관련이 없다. 둘 중 어느 것을 선택할 것인지는 값의 본질에 따라 결정해야 한다. 이 가이드라인에 대한 단 하나의 예외는 인터페이스 값이 다른 경우 값 타입 수신자에게 유연성을 제공해야 할 때뿐이다. 이런 경우라면 타입의 본질이 비기본형이라 하더라도 메서드의 선언에 값 수신자를 사용하기도 한다. 이 예외 상황은 인터페이스 타입이 자신이 참조하는 값에 대한 메서드를 호출하는 방식 때문에 발생한다. 다음 절에서는 인터페이스 타입이란 무엇이며, 이 타입에 대한 메서드를 호출할 때 적용되는 메커니즘에 대해 알아보도록 하자.

5.4 인터페이스

다형성(polymorphism)이란 타입을 작성할 때 다양한 동작을 수행할 수 있는 코드 작성을 가능하게 해주는 기법이다. 어떤 타입이 인터페이스를 구현하면 그 타입의 값을 통해 그 기능을 외부에 노출할 수 있다. 역시나 표준 라이브러리에서 괜찮은 활용 예를 찾아볼 수 있다. io 패키지는 스트리밍 데이터를 코드에 쉽게 적용하기 위한 멋진 인터페이스와 기능들을 제공한다. 단지 두 개의 인터페이스를 구현하기만 하면 io 패키지가 제공하는 모든 기술적 이점을 누릴 수 있다.

그러나 프로그램에서 인터페이스를 선언하고 구현하려면 상당한 기술적 기반이 필요하다. 이미 선언된 인터페이스를 구현만 하는 경우라도 인터페이스의 동작에 대한 이해가 요구된다. 인터페이스의 동작 방식과 구현에 대한 상세한 내용을 설명하기에 앞서, 표준 라이브러리가 인터페이스를 어떻게 활용하고 있는지를 먼저 살펴보기로 하자.

5.4.1 표준 라이브러리

다음 예제 코드는 유명한 프로그램인 curl을 간략하게 재작성한 코드다.

예제 5.34 listing34.go

```
01  // io.Reader와 io.Writer 인터페이스를 이용하여
02  // curl을 간략하게 재작성한 예제 프로그램
03  package main
```

```
04
05 import (
06     "fmt"
07     "io"
08     "net/http"
09     "os"
10 )
11
12 // 초기화 함수
13 func init() {
14     if len(os.Args) != 2 {
15         fmt.Println("사용법: ./example2 <url>")
16         os.Exit(-1)
17     }
18 }
19
20 // 애플리케이션 진입점
21 func main() {
22     // 웹 서버로부터 응답을 받는다.
23     r, err := http.Get(os.Args[1])
24     if err != nil {
25         fmt.Println(err)
26         return
27     }
28
29     // 본문을 표준 출력으로 복사한다.
30     io.Copy(os.Stdout, r.Body)
31     if err := r.Body.Close(); err != nil {
32         fmt.Println(err)
33     }
34 }
```

예제 5.34의 코드를 통해 표준 라이브러리가 인터페이스를 활용하는 기법과 그 강력함을 엿볼 수 있다. 이 예제는 불과 몇 줄 안 되는 코드만으로 인터페이스 값을 활용하는 curl 프로그램을 완성하고 있다. 23번 줄을 보면 http 패키지의 Get 함수를 호출하는데, 이 http.Get 함수는 서버와의 통신이 성공하면 http.Response 타입의 포인터를 리턴한다. 그리고 http.Response 타입은 io.ReadCloser 인터페이스 타입의 Body라는 필드를 제공한다.

30번 줄의 코드를 보면, 이 Body 필드를 io.Copy 함수의 두 번째 매개변수로 전달한다. io.Copy 함수의 두 번째 매개변수는 io.Reader 인터페이스 타입이며, 그 값은 스트림으로 전달되는 데이터를 표현한다. 다행히 Body 필드는 io.Reader 인터페이스를 구현하고 있기 때문에 Body 필드를 io.Copy 함수에 전달하여 웹 서버를 데이터 원본으로 활용하는 것이 가능하다.

io.Copy 함수의 첫 번째 매개변수는 데이터를 기록할 목적지를 표현한다. 따라서 이 매개변수에 전달되는 값은 반드시 io.Writer 인터페이스를 구현해야 한다. 예제의 경우는 os 패키지에 선언된 Stdout이라는 특별한 인터페이스 값을 이용했다. 이 인터페이스 값은 표준 출력 장치를 표현한 것으로 io.Writer 인터페이스를 구현하고 있다. Body 필드와 Stdout 값을 io.Copy 함수에 전달하면 이 함수는 웹 서버의 스트림 데이터를 터미널 창에 조금씩 나누어 출력한다. 데이터의 마지막 부분을 읽어 출력하는 것을 완료하면 io.Copy 함수가 리턴된다.

io.Copy 함수는 이런 동작을 표준 라이브러리에 이미 작성된 다양한 종류의 타입에 대해 동일하게 실행할 수 있다.

예제 5.35   listing35.go

```
01 // io.Copy 함수에 bytes.Buffer 타입을 사용하는
02 // 예제 프로그램
03 package main
04
05 import (
06     "bytes"
07     "fmt"
08     "io"
09     "os"
10 )
11
12 // 애플리케이션 진입점
13 func main() {
14     var b bytes.Buffer
15
16     // 버퍼에 문자열을 기록한다.
17     b.Write([]byte("안녕하세요"))
18
19     // Fprintf 함수를 이용하여 버퍼에 문자열을 덧붙인다.
20     fmt.Fprintf(&b, "Go 인 액션!")
21
22     // 버퍼의 콘텐츠를 표준 출력 장치에 출력한다.
23     io.Copy(os.Stdout, &b)
24 }
```

예제 5.35의 코드에서는 인터페이스를 이용하여 문자열을 연결한 후 표준 출력으로 데이터를 스트리밍하는 과정을 볼 수 있다. 14번 줄의 코드를 보면 bytes 패키지가 제공하는 Buffer 타입의 변수를 선언한 후, 17번 줄의 코드에서 Write 메서드를 호출하여 문자열 "안녕하세요"를 버퍼에 기록한다. 그리고 20번 줄에서는 fmt 패키지의 Fprintf 함수를 이용하여 버퍼에 저장된 문자열에 두 번째 문자열을 덧붙인다.

fmt.Fprintf 함수는 io.Writer 인터페이스 타입의 값을 첫 번째 매개변수로 전달받는다. 사실 io.Writer 인터페이스는 bytes.Buffer 타입의 포인터가 구현하고 있기 때문에 문자열 연결을 위한 fmt.Fprintf 함수에 포인터를 전달하고 있음을 볼 수 있다. 마지막으로 23번 줄에서는 io.Copy 함수를 다시 이용해서 지금까지 생성된 문자열을 터미널 창에 출력한다. bytes.Buffer 타입의 포인터는 io.Reader 인터페이스도 구현하고 있기 때문에 io.Copy 함수가 버퍼의 콘텐츠를 터미널 창에 출력할 수 있게 된다.

지금까지 살펴본 두 개의 예제 코드가 인터페이스를 활용할 때의 장점과 표준 라이브러리 내에서의 활용 기법을 이해하는 데 도움이 되었기를 바란다. 다음으로는 인터페이스가 실제로 어떻게 동작하는지 조금 더 자세히 살펴보도록 하자.

5.4.2 인터페이스의 구현 기법

인터페이스는 단지 행위를 선언하기 위한 타입이다. 이렇게 선언된 행위는 인터페이스 타입이 직접 구현하지 않는다. 대신, 사용자정의 타입이 메서드 형태로 구현해야 한다. 사용자정의 타입이 인터페이스 타입에 선언된 메서드를 구현하면, 이 사용자정의 타입 값은 인터페이스 타입의 값에 대입하여 활용할 수 있다. 이 경우 사용자정의 타입의 값이 인터페이스 값으로 저장된다.

인터페이스 타입 값에 선언된 메서드를 호출하면 실제 사용자정의 타입 값에 구현되어 있는 동일한 메서드가 실행된다. 사용자정의 타입은 어떤 종류의 인터페이스도 구현할 수 있기 때문에 인터페이스 값의 메서드에 대한 호출은 본질적으로 다형성을 갖는다. 사용자정의 타입이 인터페이스에 선언된 메서드를 구현하지 않으면 인터페이스 자체는 아무런 동작을 실행할 수 없기 때문에 사용자정의 타입을 종종 **구현 타입(concrete type)**이라고 부르기도 한다.

사용자정의 타입의 값이나 포인터가 특정 인터페이스의 구현을 만족하기 위해서는 지켜야 하는 규칙이 있다. 사실 값들은 서로 다르다. 이 규칙들은 언어 명세의 메서드 집합(method sets)이라는 섹션에 명시되어 있다. 메서드 집합에 대해 자세히 살펴보기에 앞서, 사용자정의 타입 값에 저장된 인터페이스 타입의 모습을 이해한다면 메서드 집합을 이해하는 데 도움이 될 것이다.

그림 5.1은 사용자정의 타입의 값을 대입한 후 인터페이스 타입인 변수의 값이 어떤 구조를 갖는지 표현하고 있다. 인터페이스 값은 두 개의 워드(word)[1]로 구성된 데이터 구조다. 첫 번째 워

---

1 **역주** 2바이트로 구성된 데이터

드는 **iTable**이라고 부르는 내부 테이블에 대한 포인터를 가지고 있는데 이 테이블은 저장된 값에 대한 타입 정보를 저장한다. iTable 테이블은 저장된 값의 타입과 그 값에 관련된 메서드의 목록을 가지고 있다. 두 번째 워드는 저장된 값에 대한 포인터다. 이 타입 정보와 포인터를 이용하여 두 값 사이의 관계를 규정할 수 있다.

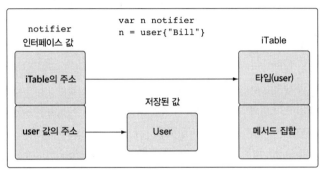

그림 5.1   구현 타입의 값을 대입한 이후의 인터페이스 값의 구조

그림 5.2는 인터페이스 값에 포인터를 대입했을 때의 구조를 보여준다. 이 경우 타입 정보는 저장된 타입에 대입된 포인터다. 그리고 대입된 주소는 인터페이스 값의 두 번째 워드에 저장된다.

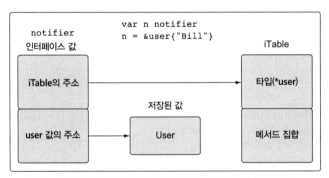

그림 5.2   구현 타입의 포인터를 대입한 이후의 인터페이스 값의 구조

5.4.3 메서드 집합

메서드 집합은 인터페이스를 준수하는 것과 관련된 규칙들을 정의한다. 다음 예제 코드를 살펴보면, 메서드 집합이 인터페이스를 다루는 데 얼마나 중요한 역할을 하는지 알 수 있다.

```
01 // Go에서 인터페이스의 사용법을 설명하기 위한 예제
02 package main
03
04 import (
05     "fmt"
06 )
07
08 // 알림을 수행하는 동작을 정의하는
09 // notifier 인터페이스를 선언한다.
10 type notifier interface {
11     notify()
12 }
13
14 // 사용자를 표현하는 user 타입을 선언한다.
15 type user struct {
16     name  string
17     email string
18 }
19
20 // 포인터 수신자를 이용하여 notify 메서드를 구현한다.
21 func (u *user) notify() {
22     fmt.Printf("사용자에게 메일을 전송합니다.: %s<%s>\n",
23         u.name,
24         u.email)
25 }
26
27 // 애플리케이션 진입점
28 func main() {
29     // User 타입의 값을 생성한 후 알림을 전송한다.
30     u := user{"Bill", "bill@email.com"}
31
32     sendNotification(u)
33
34     // ./listing36.go:32: user 타입 변수 u는
35     // user 타입이 notifier 인터페이스를 구현하고 있지 않기 때문에
36     // ( notifier 메서드는 포인터 수신자에 정의되어 있다 )
37     // sendNotification 함수의 notifier 타입 매개변수에 전달할 수 없다.
38 }
39
40 // sendNotification 함수는 notifier 인터페이스를 구현하는 값을 매개변수로 전달받아
41 // 알림을 보내는 기능을 수행한다.
42 func sendNotification(n notifier) {
43     n.notify()
44 }
```

예제 5.36의 코드를 봤을 때 이 코드가 문제없이 컴파일될 것이라고 생각했겠지만 사실은 그렇지 않다. 10번 줄의 코드는 notify라는 하나의 메서드를 정의하는 notifier라는 이름의 인

터페이스를 선언하고 있다. 그리고 15번 줄에서는 user라는 구현 타입을 선언하고, 21번 줄의 코드처럼 이 구현 타입에 메서드를 선언하여 notifier 인터페이스를 구현하고 있다. 이 메서드는 user 타입의 포인터 수신자를 이용해 구현되었다.

```
40 // sendNotification 함수는 notifier 인터페이스를 구현하는 값을 매개변수로 전달받아
41 // 알림을 보내는 기능을 수행한다.
42 func sendNotification(n notifier) {
43     n.notify()
44 }
```

예제 5.37의 42번 줄의 코드를 보면 sendNotification이라는 이름의 함수를 선언하고 있는데, 이 함수는 notifier 인터페이스 타입의 매개변수를 선언한다. 그리고 이 인터페이스 타입의 notify 메서드를 호출한다. 따라서 notifier 인터페이스를 구현하는 값이라면 어떤 값이든 sendNotification 함수에 전달할 수 있다. 이제 main 함수의 코드를 살펴보자.

```
28 func main() {
29     // User 타입의 값을 생성한 후 알림을 전송한다.
30     u := user{"Bill", "bill@email.com"}
31
32     sendNotification(u)
33
34     // ./listing36.go:32: cannot use u (type user) as type
35     //                  notifier in argument to sendNotification:
36     //   user does not implement notifier
37     //                       (notify method has pointer receiver)
38 }
```

main 함수를 보면, 예제 5.38의 30번 줄의 코드에서처럼 구현 타입인 user 타입의 값을 생성한 후 이 값을 변수 u에 대입한다. 그리고 32번 줄의 코드에서는 변수 u의 값을 sendNotification 함수에 전달한다. 그러나 sendNotification 함수를 호출하려고 하면 컴파일러 오류가 발생한다.

```
./listing36.go:32: cannot use u (type user) as type
                notifier in argument to sendNotification:
user does not implement notifier (notify method has pointer receiver)
```

21번 줄의 코드를 보면, user 타입은 분명히 notify 메서드를 구현하고 있는데 대체 왜 이런 컴파일러 오류가 발생하는 것일까? 그 해답은 코드를 다시 확인하면 알 수 있다.

예제 5.40   listing36.go: 08~12번 줄, 21~25번 줄

```
08 // 알림을 수행하는 동작을 정의하는
09 // notifier 인터페이스를 선언한다.
10 type notifier interface {
11     notify()
12 }

21 func (u *user) notify() {
22     fmt.Printf("사용자에게 메일을 전송합니다.: %s<%s>\n",
23         u.name,
24         u.email)
25 }
```

컴파일러는 user 타입이 인터페이스를 구현하지 않는다고 했지만, 예제 5.40의 코드를 보면 인터페이스를 구현하고 있음을 볼 수 있다. 그러나 컴파일러의 오류 메시지를 자세히 살펴보면 문제의 원인을 확실하게 알 수 있다.

예제 5.41   문제의 원인에 해당하는 오류 메시지

```
(notify method has pointer receiver)
```

인터페이스를 포인터 수신자를 이용하여 구현했을 때 user 타입의 값이 인터페이스를 구현하지 않는 것처럼 인식되는 이유를 이해하려면 메서드 집합이 무엇인지 먼저 이해해야 한다. **메서드 집합**(method sets)은 주어진 타입 값이나 포인터와 관련된 메서드 집합을 정의한다. 이때 수신자의 종류에 따라 메서드가 값에 관련된 것인지, 포인터에 관련된 것인지, 아니면 둘 다 관련이 있는지 결정한다.

Go 언어 명세에서 설명하고 있는 메서드 집합 규칙을 살펴보자.

예제 5.42   언어 명세에 기술된 메서드 집합

```
값                  메서드 수신자
---------------------------------
T                   (t T)
*T                  (t T)와 (t *T)
```

예제 5.42는 언어 명세가 설명하는 메서드 집합의 모습이다. 이 문서에 따르면 타입 T 값의 메

서드 집합은 값 수신자에 선언된 메서드만을 갖는다. 반면 타입 T 포인터의 메서드 집합은 값과 포인터 수신자에 선언된 메서드를 모두 갖는다. 이 규칙을 값의 관점에서 보면 조금은 혼란스러울 수 있다. 이 규칙을 메서드 수신자의 관점에서 한번 살펴보자.

타입의 수신자 관점에서 살펴본 메서드 집합의 모습

```
메서드 수신자              값
---------------------------
  (t T)                  T와 *T
  (t *T)                 *T
```

예제 5.43은 동일한 규칙을 도식화한 것이지만 이번에는 메서드 수신자의 관점에서 설명한 것이다. 이 표에서 보듯이 포인터 수신자를 이용해 인터페이스를 구현하면 그 타입의 포인터만이 인터페이스를 구현하게 된다는 것을 알 수 있다. 반면, 인터페이스를 값 수신자를 이용해 구현하면 해당 타입의 값과 포인터가 모두 인터페이스를 구현하게 되는 셈이다. 예제 5.36의 코드를 다시 살펴보면 이제는 왜 컴파일러 오류가 발생했는지 이해할 수 있을 것이다.

예제 5.44 listing36.go: 28~38번 줄

```
28 func main() {
29     // User 타입의 값을 생성한 후 알림을 전송한다.
30     u := user{"Bill", "bill@email.com"}
31
32     sendNotification(u)
33
34     // ./listing36.go:32: cannot use u (type user) as type
35     //                    notifier in argument to sendNotification:
36     //   user does not implement notifier
37     //                    (notify method has pointer receiver)
38 }
```

이 코드에서는 포인터 수신자를 이용하여 인터페이스를 구현했는데, sendNotification 함수에는 user 타입의 값을 전달했다. 예제 5.44의 30번과 32번 줄의 코드를 보면 이 부분이 명확하다. 그러나 우리가 user 타입 값의 주소를 전달하면 코드는 문제없이 컴파일되어 실행될 것이다.

예제 5.45 listing36.go: 28~35번 줄

```
28 func main() {
29     // User 타입의 값을 생성한 후 알림을 전송한다.
30     u := user{"Bill", "bill@email.com"}
```

```
31
32     sendNotification(&u)
33
34     // 주소를 전달하면 더 이상 오류가 발생하지 않는다.
35 }
```

예제 5.45처럼 코드를 수정하면 이 프로그램이 문제없이 컴파일되고 실행될 것이다. 다시 설명하자면, 인터페이스를 포인터 수신자를 이용해 구현했기 때문에 sendNotification 함수에는 오로지 user 타입의 포인터만을 전달할 수 있다.

그렇다면 왜 이런 제약을 두는 것일까? 그 답은, 경우에 따라서는 값의 주소를 알아내는 것이 불가능하기 때문이다.

예제 5.46 listing46.go

```
01 // 값의 주소를 알아낼 수 없는 경우를
02 // 설명하기 위한 예제 프로그램
03 package main
04
05 import "fmt"
06
07 // int 타입을 기반 타입으로 duration 타입을 선언한다.
08 type duration int
09
10 // duration 값을 예쁘게 출력하는 함수
11 func (d *duration) pretty() string {
12     return fmt.Sprintf("기간: %d", *d)
13 }
14
15 // 애플리케이션 진입점
16 func main() {
17     duration(42).pretty()
18
19     // ./listing46.go:17: cannot call pointer method on duration(42)
20     // ./listing46.go:17: cannot take the address of duration(42)
21 }
```

예제 5.46의 코드는 duration 타입의 값의 주소를 알아내려고 했지만 그럴 수 없는 상황을 보여준다. 즉, 값의 주소는 항상 알아낼 수 있는 것이 아니다. 메서드 집합 규칙을 다시 한 번 살펴보자.

```
값                      메서드 수신자
-----------------------------------------
 T                      (t T)
*T                      (t T)와 (t *T)


메서드 수신자             값
-----------------------------------------
(t T)                   T와 *T
(t *T)                  *T
```

값의 주소를 알아내는 것이 불가능할 수 있기 때문에 값에 대한 메서드 집합은 오로지 값 수신자에 구현된 메서드만을 가질 수밖에 없다.

5.4.4 다형성

이제 인터페이스와 메서드 집합의 메커니즘을 이해했으므로 인터페이스와 관련된 마지막 예제를 통해 인터페이스의 다형성에 대해 살펴보기로 하자.

예제 5.48 listing48.go

```go
01 // 인터페이스의 다형성을 보여주기 위한 예제
02 package main
03
04 import (
05     "fmt"
06 )
07
08 // 알림 동작을 정의하는
09 // notifier 인터페이스를 선언한다.
10 type notifier interface {
11     notify()
12 }
13
14 // 사용자를 표현하는 user 타입을 선언한다.
15 type user struct {
16     name  string
17     email string
18 }
19
20 // 포인터 수신자를 이용하여 notify 메서드를 구현한다.
21 func (u *user) notify() {
22     fmt.Printf("사용자에게 메일을 전송합니다: %s<%s>\n",
23         u.name,
24         u.email)
```

```
25  }
26
27  // 관리자를 표현하는 admin 타입을 선언한다.
28  type admin struct {
29      name  string
30      email string
31  }
32
33  // 포인터 수신자를 이용하여 notify 메서드를 구현한다.
34  func (a *admin) notify() {
35      fmt.Printf("관리자에게 메일을 전송합니다: %s<%s>\n",
36          a.name,
37          a.email)
38  }
39
40  // 애플리케이션 진입점
41  func main() {
42      // user 타입의 값을 생성하고 sendNotification 함수에 전달한다.
43      bill := user{"Bill", "bill@email.com"}
44      sendNotification(&bill)
45
46      // admin 타입의 값을 생성하고 sendNotification 함수에 전달한다.
47      lisa := admin{"Lisa", "lisa@email.com"}
48      sendNotification(&lisa)
49  }
50
51  // sendNotification 함수는 notifier 인터페이스를 구현하는 값을 매개변수로 전달받아
52  // 알림을 보내는 기능을 수행한다.
53  func sendNotification(n notifier) {
54      n.notify()
55  }
```

인터페이스에 대한 마지막 예제인 예제 5.48은 인터페이스의 다형성을 설명하고 있다. 10번 줄의 코드를 보면, 앞의 예제에서 선언한 것과 같은 notifier 인터페이스를 선언하고 있다. 그리고 15~25번 줄까지의 코드에서는 user 타입의 구조체를 선언하고 포인터 수신자를 이용해 notifier 인터페이스를 구현한다. 28~38번 줄까지의 코드는 admin이라는 구조체를 선언하고 역시 notifier 인터페이스를 구현한다. 즉, 이번 예제에는 두 개의 구현 타입이 notifier 인터페이스를 구현하고 있다.

53번 줄의 코드를 살펴보자. 이 코드는 notifier 인터페이스를 구현하는 값을 매개변수로 전달받는 sendNotification 함수를 선언했다. 그 어떤 구현 타입이든 인터페이스를 구현할 수 있으므로 이 함수는 매개변수에 전달된 구현 타입이 notify 메서드를 구현하고 있다면 구현 타입의 종류와 관계없이 그 메서드를 호출할 수 있다. 이를 통해 다형성의 특징을 갖게 되는 셈이다.

마지막으로 예제 5.49를 살펴보자. main 함수의 43번 줄을 보면 user 타입의 값을 생성하고 44번 줄의 코드에서 이 값을 sendNotification 함수에 전달한다. 이렇게 하면 user 타입에 선언된 notify 메서드가 호출된다. 그다음 47번과 48번 줄의 코드는 admin 타입의 값에 대해 같은 동작을 수행한다. sendNotification 함수는 notifier 인터페이스 타입의 값을 매개변수로 전달받기 때문에 user 타입과 admin 타입에 구현된 동작을 실행할 수 있다.

예제 5.49 listing48.go: 40~49번 줄

```
40  // 애플리케이션 진입점
41  func main() {
42      // user 타입의 값을 생성하고 sendNotification 함수에 전달한다.
43      bill := user{"Bill", "bill@email.com"}
44      sendNotification(&bill)
45
46      // admin 타입의 값을 생성하고 sendNotification 함수에 전달한다.
47      lisa := admin{"Lisa", "lisa@email.com"}
48      sendNotification(&lisa)
49  }
```

5.5 타입 임베딩

Go에서는 기존의 타입을 확장하거나 그 동작을 변경하는 것이 가능하다. 이런 기능은 코드의 재사용은 물론 새로운 수요에 따라 기존 타입의 동작을 변경할 때 특히 유용하다. 이것이 가능한 이유는 바로 **타입 임베딩(type embedding)** 덕분이다. 타입 임베딩은 기존에 선언된 타입을 새로운 구조체 타입의 내부에 선언하는 것이다. 이렇게 포함된 타입은 새로운 **외부(outer) 타입**의 **내부(inner) 타입**으로 활용된다.

내부 타입에 선언된 식별자는 승격 과정을 거쳐 외부 타입의 식별자로 승격된다. 이렇게 승격된 식별자는 외부 타입의 일부로 인식되어 마치 외부 타입에 직접 선언된 것처럼 동작한다. 이렇게 해서 외부 타입은 내부 타입이 가진 모든 것들과 결합되어 새로운 필드와 메서드들이 추가된다. 또한 외부 타입은 내부 타입에 선언된 것과 동일한 식별자를 선언하여 필요한 필드나 메서드를 재정의할 수 있다. 이런 과정을 통해 이미 존재하는 타입을 확장하고 변경할 수 있다.

그러면 타입 임베딩의 기본적인 동작을 확인하기 위한 예제 프로그램을 살펴보자.

```go
01 // 타입 임베딩을 이용해 다른 타입을 포함하는 방법과
02 // 이 경우 내부 및 외부 타입의 관계를 확인하기 위한 예제 프로그램
03 package main
04
05 import (
06     "fmt"
07 )
08
09 // 사용자를 표현하는 user 타입을 선언한다.
10 type user struct {
11     name  string
12     email string
13 }
14
15 // user 타입의 값을 통해 호출할 수 있는
16 // notify 메서드를 구현한다.
17 func (u *user) notify() {
18     fmt.Printf("Sending user email to %s<%s>\n",
19         u.name,
20         u.email)
21 }
22
23 // 더 많은 권한을 가진 관리자를 표현하는 admin 타입을 선언한다.
24 type admin struct {
25     user  // 포함된 타입
26     level string
27 }
28
29 // 애플리케이션 진입점
30 func main() {
31     // admin 타입의 사용자를 생성한다.
32     ad := admin{
33         user: user{
34             name:  "john smith",
35             email: "john@yahoo.com",
36         },
37         level: "super",
38     }
39
40     // 내부 타입의 메서드를 직접 호출할 수 있다.
41     ad.user.notify()
42
43     // 내부 타입의 메서드가 승격되었다.
44     ad.notify()
45 }
```

예제 5.50을 보면 타입을 포함하는 방법과 포함된 타입의 식별자에게 접근하는 방법을 볼 수 있다. 우선 10번과 24번 줄의 코드를 보면 두 개의 구조체 타입을 선언하고 있음을 볼 수 있다.

```
09 // 사용자를 표현하는 user 타입을 선언한다.
10 type user struct {
11     name  string
12     email string
13 }

23 // 더 많은 권한을 가진 관리자를 표현하는 admin 타입을 선언한다.
24 type admin struct {
25     user  // 포함된 타입
26     level string
27 }
```

예제 5.51의 10번 줄의 코드는 user라는 이름의 구조체를 선언하며, 24번 줄의 코드는 admin 이라는 이름의 두 번째 구조체를 선언한다. admin 타입을 선언하는 중간의 25번 줄의 코드를 보면 user 타입을 admin 타입의 내부 타입으로 포함하는 것을 볼 수 있다. 타입을 포함하려면 포함하고자 하는 타입을 필드 이름을 선언하는 곳과 같은 위치에 선언하면 된다. 필드를 선언하는 방법과 타입을 포함하는 방법이 약간 다른 것에 유의하자.

admin 타입에 user 타입을 포함하면 user 타입은 admin 타입의 내부 타입이라고 설명할 수 있다. 내부와 외부 타입의 개념 덕분에 이 두 타입 사이의 관계를 더 쉽게 이해할 수 있다.

예제 5.52 listing50.go: 15~21번 줄

```
15 // user 타입의 값을 통해 호출할 수 있는
16 // notify 메서드를 구현한다.
17 func (u *user) notify() {
18     fmt.Printf("사용자에게 메일을 전송합니다: %s<%s>\n",
19         u.name,
20         u.email)
21 }
```

예제 5.52를 보면 user 타입의 포인터 수신자를 이용해 notify라는 이름의 메서드를 선언하는 것을 볼 수 있다. 이 메서드는 지정된 사용자의 메일 주소로 메일을 보내고 있음을 알리는 문자열을 출력한다. 이제 main 함수를 살펴보자.

예제 5.53 listing50.go: 30~45번 줄

```
30 func main() {
31     // admin 타입의 사용자를 생성한다.
32     ad := admin{
33         user: user{
```

```
34              name:  "john smith",
35              email: "john@yahoo.com",
36          },
37          level: "super",
38      }
39
40      // 내부 타입의 메서드를 직접 호출할 수 있다.
41      ad.user.notify()
42
43      // 내부 타입의 메서드가 승격되었다.
44      ad.notify()
45 }
```

예제 5.53의 main 함수는 타입 임베딩을 가능하게 하는 메커니즘을 설명하고 있다. 32번 줄의 코드를 보면 admin 타입 값을 생성한다. 이때 구조체 리터럴을 이용해 내부 타입의 초기화를 수행하는데, 내부 타입에 접근하기 위해 타입의 이름을 이용하고 있음을 볼 수 있다. 내부 타입의 특이한 점은 그 자체로 항상 존재한다는 점이다. 즉, 내부 타입은 자신의 정체성을 결코 잃어버리지 않으며 언제든지 직접 접근이 가능하다.

```
40      // 내부 타입의 메서드를 직접 호출할 수 있다.
41      ad.user.notify()
```

예제 5.54의 41번 줄의 코드를 보면 notify 메서드를 호출하고 있음을 볼 수 있다. 이때 admin 타입인 ad 변수의 user 내부 타입에 직접 접근하여 호출하고 있다. 즉, 내부 타입이 그 자체로도 항상 존재하고 있으며 언제든지 접근이 가능하다는 것을 알 수 있다. 그러나 내부 타입에 대한 승격 또한 이루어지기 때문에 ad 변수를 통해 notify 메서드에 직접 접근할 수도 있다.

```
43      // 내부 타입의 메서드가 승격되었다.
44      ad.notify()
45 }
```

예제 5.55의 44번 줄을 보면 외부 타입의 변수를 통해 notify 메서드를 호출하고 있다. 내부 타입의 식별자는 외부 타입으로 승격되기 때문에 내부 타입의 식별자를 외부 타입의 값을 통해 접근하는 것이 가능하다. 그러면 이번에는 인터페이스를 추가한 예제를 살펴보자.

```go
01 // 인터페이스와 타입 임베딩의 관계를 설명하기 위한 예제
02 package main
03
04 import (
05     "fmt"
06 )
07
08 // 알림 동작을 정의하는
09 // notifier 인터페이스를 선언한다.
10 type notifier interface {
11     notify()
12 }
13
14 // 사용자를 표현하는 user 타입을 선언한다.
15 type user struct {
16     name  string
17     email string
18 }
19
20 // user 타입의 값을 통해 호출할 수 있는
21 // notify 메서드를 구현한다.
22 func (u *user) notify() {
23     fmt.Printf("사용자에게 메일을 전송합니다: %s<%s>\n",
24         u.name,
25         u.email)
26 }
27
28 // 더 많은 권한을 가진 관리자를 표현하는 admin 타입을 선언한다.
29 type admin struct {
30     user
31     level string
32 }
33
34 // 애플리케이션 진입점
35 func main() {
36     // admin 타입의 사용자를 생성한다.
37     ad := admin{
38         user: user{
39             name:  "john smith",
40             email: "john@yahoo.com",
41         },
42         level: "super",
43     }
44
45     // 관리자에게 알림을 전송한다.
46     // 이 경우 포함된 내부 타입이 구현한 인터페이스가
47     // 외부 타입으로 승격된다.
48     sendNotification(&ad)
49 }
```

```
50
51  // sendNotification 함수는 notifier 인터페이스를 구현하는 값을 매개변수로 전달받아
52  // 알림을 보내는 기능을 수행한다.
53  func sendNotification(n notifier) {
54      n.notify()
55  }
```

예제 5.56의 예제 코드는 앞의 예제를 약간 수정한 것이다.

예제 5.57   listing56.go: 08~12번, 51~55번 줄

```
08  // 알림 동작을 정의하는
09  // notifier 인터페이스를 선언한다.
10  type notifier interface {
11      notify()
12  }

51  // sendNotification 함수는 notifier 인터페이스를 구현하는 값을 매개변수로 전달받아
52  // 알림을 보내는 기능을 수행한다.
53  func sendNotification(n notifier) {
54      n.notify()
55  }
```

예제 5.57의 8번 줄의 코드에서는 notifier 인터페이스를 선언한다. 그리고 53번 줄에서는 이
notifier 인터페이스 타입 값을 매개변수로 사용하는 sendNotification 함수를 선언하고
있다. 우리는 앞의 코드에서 이미 user 타입이 notifier 인터페이스의 포인터 수신자를 이용
해 notify라는 이름의 메서드를 구현하고 있음을 확인했다. 이제는 main 함수로 이동해 코드
를 약간 수정해보자.

예제 5.58   listing56.go: 35~49번 줄

```
35  func main() {
36      // admin 타입의 사용자를 생성한다.
37      ad := admin{
38          user: user{
39              name:  "john smith",
40              email: "john@yahoo.com",
41          },
42          level: "super",
43      }
44
45      // 관리자에게 알림을 전송한다.
46      // 이 경우 포함된 내부 타입이 구현한 인터페이스가
47      // 외부 타입으로 승격된다.
48      sendNotification(&ad)
49  }
```

이 부분이 매우 흥미로운 부분이다. 예제 5.58의 37번 줄의 코드를 보면 외부 타입인 admin 타입의 변수 ad를 선언했다. 그리고 48번 줄의 코드에서는 이 외부 타입 변수의 주소를 sendNotification 함수에 전달했다. 컴파일러는 외부 타입의 포인터를 notifier 인터페이스를 구현하는 값으로 취급하여 함수의 매개변수에 대입했다. 그러나 전체 코드를 살펴보면 admin 타입은 인터페이스를 구현하지 않음을 알 수 있을 것이다.

그러나 내부 타입이 승격되기 때문에 내부 타입이 구현한 인터페이스 역시 외부 타입으로 승격된다. 즉, 내부 타입 덕분에 이제는 외부 타입 역시 자동적으로 인터페이스를 구현하게 된 것이다. 이 프로그램을 실행해보면 다음과 같은 결과를 보게 될 것이다.

예제 5.59 listing56.go 파일의 실행 결과

실행 결과:
사용자에게 메일을 전송합니다: john smith<john@yahoo.com>

```
20 // user 타입의 값을 통해 호출할 수 있는
21 // notify 메서드를 구현한다.
22 func (u *user) notify() {
23     fmt.Printf("사용자에게 메일을 전송합니다: %s<%s>\n",
24         u.name,
25         u.email)
26 }
```

예제 5.59의 코드는 내부 타입이 인터페이스를 구현한 코드다.

만일 외부 타입이 내부 타입의 인터페이스 구현을 사용하지 않고 직접 인터페이스를 구현해야 한다면 어떻게 될까? 이 문제를 해결하기 위한 다른 예제 코드를 살펴보자.

예제 5.60 listing60.go

```
01 // 내부 및 외부 타입이 동일한 인터페이스를 구현할 때의 문제를
02 // 설명하기 위한 예제 프로그램
03 package main
04
05 import (
06     "fmt"
07 )
08
09 // 알림 동작을 정의하는
10 // notifier 인터페이스를 선언한다.
11 type notifier interface {
12     notify()
13 }
```

```
14
15   // 사용자를 표현하는 user 타입을 선언한다.
16   type user struct {
17       name  string
18       email string
19   }
20
21   // user 타입의 값을 통해 호출할 수 있는
22   // notify 메서드를 구현한다.
23   func (u *user) notify() {
24       fmt.Printf("사용자에게 메일을 전송합니다: %s<%s>\n",
25           u.name,
26           u.email)
27   }
28
29   // 더 많은 권한을 가진 관리자를 표현하는 admin 타입을 선언한다.
30   type admin struct {
31       user
32       level string
33   }
34
35   // admin 타입의 값을 통해 호출할 수 있는
36   // notify 메서드를 구현한다.
37   func (a *admin) notify() {
38       fmt.Printf("관리자에게 메일을 전송합니다: %s<%s>\n",
39           a.name,
40           a.email)
41   }
42
43   // 애플리케이션 진입점
44   func main() {
45       // admin 타입의 사용자를 생성한다.
46       ad := admin{
47           user: user{
48               name:  "john smith",
49               email: "john@yahoo.com",
50           },
51           level: "super",
52       }
53
54       // 관리자에게 알림을 전송한다.
55       // 이 경우 내부 타입이 구현한 인터페이스는
56       // 외부 타입으로 승격되지 않는다.
57       sendNotification(&ad)
58
59       // 내부 타입의 메서드에 직접 접근할 수 있다.
60       ad.user.notify()
61
62       // 내부 타입의 메서드가 승격되지 않는다.
63       ad.notify()
64   }
```

```
65
66  // sendNotification 함수는 notifier 인터페이스를 구현하는 값을 매개변수로 전달받아
67  // 알림을 보내는 기능을 수행한다.
68  func sendNotification(n notifier) {
69      n.notify()
70  }
```

예제 5.60의 예제 코드는 앞의 예제를 약간 변경한 것이다.

예제 5.61   listing60.go: 35~41번 줄

```
35  // admin 타입의 값을 통해 호출할 수 있는
36  // notify 메서드를 구현한다.
37  func (a *admin) notify() {
38      fmt.Printf("관리자에게 메일을 전송합니다: %s<%s>\n",
39          a.name,
40          a.email)
41  }
```

이 예제 코드에서는 admin 타입이 notifier 인터페이스를 직접 구현하도록 했다. 그래서 user 타입이 구현한 메서드는 "사용자에게 메일을 전송합니다"라는 문자열을 출력하는 것과 달리, admin 타입이 구현한 메서드를 호출하면 "관리자에게 메일을 전송합니다"라는 문자열이 출력된다.

그 외에 main 함수도 다음과 같이 변경되었다.

예제 5.62   listing60.go: 43~64번 줄

```
43  // 애플리케이션 진입점
44  func main() {
45      // admin 타입의 사용자를 생성한다.
46      ad := admin{
47          user: user{
48              name:  "john smith",
49              email: "john@yahoo.com",
50          },
51          level: "super",
52      }
53
54      // 관리자에게 알림을 전송한다.
55      // 이 경우 내부 타입이 구현한 인터페이스는
56      // 외부 타입으로 승격되지 않는다.
57      sendNotification(&ad)
58
59      // 내부 타입의 메서드에 직접 접근할 수 있다.
```

```
60        ad.user.notify()
61
62        // 내부 타입의 메서드가 승격되지 않는다.
63        ad.notify()
64  }
```

예제 5.62의 46번 줄의 코드를 보면 외부 타입의 ad를 생성한 것을 알 수 있다. 그리고 57번 줄에서는 ad 변수의 주소를 sendNotification 함수에 전달했다. 이 값은 인터페이스를 구현했기 때문에 매개변수로 전달이 가능하다. 60번 줄의 코드에서는 내부 타입인 user 타입에 직접 접근해서 notify 메서드를 호출했다. 마지막으로, 63번 줄에서는 외부 타입의 ad 변수를 이용해 notify 메서드를 호출했다. 이 예제 프로그램을 실행해보면 조금 다른 결과가 나타난다.

```
관리자에게 메일을 전송합니다: john smith<john@yahoo.com>
사용자에게 메일을 전송합니다: john smith<john@yahoo.com>
관리자에게 메일을 전송합니다: john smith<john@yahoo.com>
```

이 결과에서 확인할 수 있듯이 sendNotificiation 함수와 외부 타입인 ad 변수를 이용하여 메서드를 호출하면, admin 타입이 구현한 notifier 인터페이스 메서드가 실행되는 것을 알 수 있다. 즉, 외부 타입이 notify 메서드를 구현하면 내부 타입이 구현한 notify 메서드는 외부 타입으로 승격되지 않는다. 그러나 내부 타입은 항상 그 자체로 존재하기 때문에 내부 타입의 구현 메서드를 직접 호출하는 것은 가능하다.

5.6 외부 노출 식별자와 비노출 식별자

우리가 선언한 식별자의 노출에 대한 규칙은 좋은 API 디자인과 관련해 아주 중요한 부분이다. 이를 위해 Go는 패키지에 선언한 식별자를 외부에 노출하거나 숨기는 것을 지원한다. 제3장에 우리는 패키지의 개념과 함께 다른 패키지에 선언된 식별자를 가져오는 방법에 대해 살펴보았다. 하지만 경우에 따라 타입이나 함수, 혹은 메서드가 패키지의 공용 API처럼 노출되어서는 안 되는 경우도 있을 것이다. 이런 경우에는 패키지 외부의 코드로부터 식별자들을 내부로 숨길 수 있는 방법이 필요하다. 이런 식별자들은 비노출 식별자(unexporting identifier)로 선언하면 된다.

그러면 패키지에 비노출 식별자를 선언하는 예제 프로그램을 살펴보자.

counters/counters.go

```
01 // counters 패키지를 선언한다.
02 package counters
03
04 // 알림 횟수를 저장하기 위한 정수 값을 저장하는
05 // alertCounter 타입을 비노출 타입으로 선언한다.
06 type alertCounter int
```

listing64.go

```
01 // 다른 패키지에서 비노출 식별자에 대한 접근이 차단되는 것을
02 // 보여주기 위한 예제 프로그램
03 package main
04
05 import (
06     "fmt"
07
08     "github.com/goinaction/code/chapter5/listing64/counters"
09 )
10
11 // 애플리케이션 진입점
12 func main() {
13     // 비노출 타입의 변수를 생성하고
14     // 10이라는 값으로 초기화한다.
15     counter := counters.alertCounter(10)
16
17     // ./listing64.go:15: cannot refer to unexported name
18     //                                    counters.alertCounter
19     // ./listing64.go:15: undefined: counters.alertCounter
20
21     fmt.Printf("카운터: %d\n", counter)
22 }
```

이 예제에서는 두 개의 코드 파일을 사용한다. 첫 번째 파일은 counters라는 패키지를 작성하기 위한 counters.go 파일이며, 두 번째 파일은 첫 번째 파일에 정의된 counters 패키지를 가져오는 listing64.go 파일이다. 먼저 counters 패키지의 코드부터 살펴보자.

```
01 // counters 패키지를 선언한다.
02 package counters
03
04 // 알림 횟수를 저장하기 위한 정수 값을 저장하는
05 // alertCounter 타입을 비노출 타입으로 선언한다.
06 type alertCounter int
```

예제 5.65는 counters 패키지를 정의한 코드를 보여준다. 먼저 2번 줄의 코드를 살펴보자. 지금까지의 모든 예제 코드는 main 패키지에 작성했지만 여기서는 counters 패키지가 정의된 것을 볼 수 있다. 별도의 패키지에 코드를 작성할 때는 패키지의 이름과 코드를 저장할 폴더의 이름을 동일하게 사용하기를 권한다. Go와 관련된 모든 도구들은 이 규칙을 따르므로 여기서도 마찬가지로 이 규칙을 준수하는 것이 좋다.

counters 패키지에는 6번 줄의 코드처럼 alertCounter라는 하나의 식별자를 선언한다. 이식별자는 int 타입을 기반 타입으로 사용한다. 이때 중요한 점은 이 식별자가 비노출 식별자로 선언되었다는 점이다.

식별자의 이름을 소문자로 시작하면 이 식별자는 패키지 외부에 노출되지 않는다. 식별자의 이름의 대문자로 시작하면 그 식별자는 패키지 외부의 코드에도 노출된다. 그러면 이 패키지를 가져오는 코드를 살펴보자.

예제 5.66 listing64.go

```
01  // 다른 패키지에서 비노출 식별자에 대한 접근이 차단되는 것을
02  // 보여주기 위한 예제 프로그램
03  package main
04
05  import (
06      "fmt"
07
08      "github.com/goinaction/code/chapter5/listing64/counters"
09  )
10
11  // 애플리케이션 진입점
12  func main() {
13      // 비노출 타입의 변수를 생성하고
14      // 10이라는 값으로 초기화한다.
15      counter := counters.alertCounter(10)
16
17      // ./listing64.go:15: cannot refer to unexported name
18      //                                      counters.alertCounter
19      // ./listing64.go:15: undefined: counters.alertCounter
20
21      fmt.Printf("카운터: %d\n", counter)
22  }
```

listing64.go 파일에 작성된 코드를 보자. 우선 3번 줄에서는 main 패키지를 정의하고 있다. 그리고 8번 줄처럼 counters 패키지를 가져온다. counters 패키지를 가져온 후에는 15번 줄처럼 main 함수를 작성한다.

```
13     // 비노출 타입의 변수를 생성하고
14     // 10이라는 값으로 초기화한다.
15     counter := counters.alertCounter(10)
16
17     // ./listing64.go:15: cannot refer to unexported name
18     //                                    counters.alertCounter
19     // ./listing64.go:15: undefined: counters.alertCounter
```

예제 5.67의 15번 줄을 보면 이 코드는 비노출 타입인 alertCounter 타입 값을 생성하려고 시도한다. 그러나 이 코드를 실행하려고 하면 컴파일러 오류가 발생한다. 15번 줄의 주석에서 볼 수 있듯이, 이 컴파일러 오류는 counters.alertCounter 타입이 비노출 타입이기 때문에 참조할 수 없다고 설명하고 있다. 즉, 이 식별자는 정의되지 않은(undefined) 식별자로 인식된다.

alertCounter 타입은 counters 패키지 내에서 소문자로 선언되었기 때문에 비노출 식별자로 취급되어 listing64.go 파일에 작성된 코드에서는 접근이 불가능하다. 이 식별자의 이름을 대문자로 변경하면 더 이상 컴파일러 오류가 발생하지 않는다. 그러면 counters 패키지에 팩토리 함수를 구현한 다른 예제를 살펴보도록 하자.

```
counters/counters.go
--------------------------------------------------
01 // counters 패키지를 정의한다.
02 package counters
03
04 // 알림 횟수를 저장하기 위한 정수 값을 저장하는
05 // alertCounter 타입을 비노출 타입으로 선언한다.
06 type alertCounter int
07
08 // 비노출 타입인 alertCounter 타입의
09 // 값을 생성하여 리턴하는 New 함수를 정의한다.
10 func New(value int) alertCounter {
11     return alertCounter(value)
12 }
```

```
listing68.go
--------------------------------------------------
01 // 다른 패키지에서 비노출 식별자에 대한 접근이 가능하다는 것을
02 // 보여주기 위한 예제 프로그램
03 package main
04
05 import (
06     "fmt"
```

```
07
08     "github.com/webgenie/go-in-action/chapter5/listing68/counters"
09 )
10
11 // 애플리케이션 진입점
12 func main() {
13     // counters 패키지가 노출한 New 함수를 이용하여
14     // 비노출 타입의 변수에 접근할 수 있다.
15     counter := counters.New(10)
16
17     fmt.Printf("카운터: %d\n", counter)
18 }
```

이번에는 예제 코드를 수정하여 비노출 타입인 alertCounter 타입의 값을 생성하는 팩토리 함수를 작성했다. counters 패키지의 코드를 먼저 살펴보자.

```
01 // counters 패키지를 정의한다.
02 package counters
03
04 // 알림 횟수를 저장하기 위한 정수 값을 저장하는
05 // alertCounter 타입을 비노출 타입으로 선언한다.
06 type alertCounter int
07
08 // 비노출 타입인 alertCounter 타입의
09 // 값을 생성하여 리턴하는 New 함수를 정의한다.
10 func New(value int) alertCounter {
11     return alertCounter(value)
12 }
```

예제 5.69는 수정된 counters 패키지의 코드를 보여준다. alertCounter 타입은 여전히 비노출 타입이지만 10번 줄에서 보듯이 New라는 함수를 새로 작성했다. 팩토리 함수에 New라는 이름을 지정하는 것 역시 Go의 규칙 중 하나다. 이 New 함수의 역할 또한 자못 흥미롭다. 이 함수는 비노출 타입의 값을 생성하여 호출자에게 리턴하는 역할을 수행한다. 그러면 listing68.go 파일의 main 함수를 살펴보자.

```
11 // 애플리케이션 진입점
12 func main() {
13     // counters 패키지가 노출한 New 함수를 이용하여
14     // 비노출 타입의 변수에 접근할 수 있다.
15     counter := counters.New(10)
16
```

```
17      fmt.Printf("카운터: %d\n", counter)
18 }
```

예제 5.70의 15번 줄의 코드에서는 counters 패키지의 New 함수를 호출한다. 그리고 New 함수가 리턴한 값을 counter라는 이름의 변수에 대입한다. 이 프로그램은 아무런 문제없이 컴파일되고 실행된다. 왜일까? New 함수가 리턴하는 값은 비노출 타입인 alertCounter 타입의 값이지만 main 함수는 이 값에 접근이 가능하여 비노출 타입의 변수를 생성할 수 있다.

이런 동작이 가능한 이유는 두 가지다. 첫 번째는 노출이 되든 안 되든 식별자는 값이 아니기 때문이다. 두 번째는 단축 변수 선언 연산자는 타입을 추정하여 비노출 타입의 변수를 생성할 수 있기 때문이다. 비노출 타입의 변수는 절대 명시적으로 선언할 수 없지만, 단축 변수 선언 연산자를 이용하면 가능하다.

다음은 이와 같은 규칙이 구조체 타입의 필드에 어떻게 적용되는지 설명하기 위한 예제다.

예제 5.71 listing71/

entities/entities.go

```
01 // 시스템에 정의된 사용자를 표현하는
02 // 타입을 선언하는 패키지
03 package entities
04
05 // 사용자를 표현하는 User 타입을 선언한다.
06 type User struct {
07      Name   string
08      email string
09 }
```

listing71.go

```
01 // 노출된 구조체 타입의 비노출 타입 필드에
02 // 접근이 불가능하다는 것을 설명하기 위한 예제
03 package main
04
05 import (
06      "fmt"
07
08      "github.com/webgenie/go-in-action/chapter5/listing71/entities"
09 )
10
11 // 애플리케이션 진입점
12 func main() {
13      // entities 패키지의 User 타입의 값을 생성한다.
14      u := entities.User{
```

```
15        Name:  "Bill",
16        email: "bill@email.com",
17    }
18
19    // ./example71.go:16: unknown entities.User field 'email' in
20    //                    struct literal
21
22    fmt.Printf("사용자: %v\n", u)
23 }
```

예제 5.71의 코드를 보면, 이번에는 User라는 구조체 타입을 선언하는 entities 패키지를 정의하고 있다.

예제 5.72   entities/entities.go

```
01 // 시스템에 정의된 사용자를 표현하는
02 // 타입을 선언하는 패키지
03 package entities
04
05 // 사용자를 표현하는 User 타입을 선언한다.
06 type User struct {
07    Name   string
08    email string
09 }
```

예제 5.72의 6번 줄에서는 외부로 노출이 가능한 User 타입을 선언하고 있다. 이 User 타입은 두 개의 필드를 정의하고 있는데, 그중 Name 필드는 외부로 노출이 가능하지만 email 필드는 비노출 필드로 정의하고 있다. 이제 listing71.go 파일에 작성된 코드를 살펴보자.

예제 5.73   listing71.go

```
01 // 노출된 구조체 타입의 비노출 타입 필드에
02 // 접근이 불가능하다는 것을 설명하기 위한 예제
03 package main
04
05 import (
06    "fmt"
07
08    "github.com/webgenie/go-in-action/chapter5/listing71/entities"
09 )
10
11 // 애플리케이션 진입점
12 func main() {
13    // entities 패키지의 User 타입의 값을 생성한다.
14    u := entities.User{
15        Name:  "Bill",
```

```
16          email: "bill@email.com",
17      }
18
19      // ./example71.go:16: unknown entities.User field 'email' in
20      //                    struct literal
21
22      fmt.Printf("사용자: %v\n", u)
23 }
```

예제 5.73의 8번 줄의 코드에서는 entities 패키지를 가져오고 있다. 그리고 14번 줄의 코드에서는 entities 패키지에 선언된 User 타입의 값을 생성하고 그 필드들을 초기화한다. 그런데 여기에 문제가 있다. 16번 줄처럼 비노출 필드인 email 필드를 초기화하려고 하면 컴파일러 오류가 발생한다. 이 식별자는 비노출 식별자이므로 entities 패키지 외부에서는 접근이 불가능하기 때문이다.

마지막으로, 포함된 타입에 대한 노출 및 비노출이 어떻게 동작하는지를 살펴보자.

entities/entities.go

```
01 // 시스템에 정의된 사용자를 표현하는
02 // 타입을 선언하는 패키지
03 package entities
04
05 // 사용자를 표현하는 User 타입을 선언한다.
06 type user struct {
07     Name   string
08     Email string
09 }
10
11 // 관리자를 표현하는 Admin 타입을 선언한다.
12 type Admin struct {
13     user   // 포함된 타입을 비노출 타입으로 선언한다.
14     Rights int
15 }
```

listing74.go

```
01 // 노출된 구조체 타입의 비노출 필드에 접근이 불가능하다는 것을
02 // 설명하기 위한 예제
03 package main
04
05 import (
06     "fmt"
07
```

```
08          "github.com/webgenie/go-in-action/chapter5/listing74/entities"
09  )
10
11  // 애플리케이션 진입점
12  func main() {
13      // entities 패키지의 Admin 타입의 값을 생성한다.
14      a := entities.Admin{
15          Rights: 10,
16      }
17
18      // 비노출 타입인 내부 타입의 노출 타입의 필드들에
19      // 값을 대입한다.
20      a.Name = "Bill"
21      a.Email = "bill@email.com"
22
23      fmt.Printf("사용자: %v\n", a)
24  }
```

예제 5.74에서는 entities 패키지에 두 개의 구조체 타입을 선언했다.

예제 5.75   entities/entities.go

```
01  // 시스템에 정의된 사용자를 표현하는
02  // 타입을 선언하는 패키지
03  package entities
04
05  // 사용자를 표현하는 User 타입을 선언한다.
06  type user struct {
07      Name   string
08      Email  string
09  }
10
11  // 관리자를 표현하는 Admin 타입을 선언한다.
12  type Admin struct {
13      user    // 포함된 타입을 비노출 타입으로 선언한다.
14      Rights  int
15  }
```

예제 5.75의 6번 줄을 보면, 외부에 노출되지 않는 user라는 구조체 타입을 선언하고 있다. 이 구조체는 외부로 노출이 가능한 Name과 Email 필드를 정의한다. 12번 줄의 코드에서는 외부로 노출이 가능한 Admin 타입을 선언하고 있다. Admin 타입에 정의된 필드 중 Rights 필드는 외부로 노출이 가능하지만 외부로 노출이 불가능한 user 타입 역시 포함하고 있다. 이제 listing74.go 파일의 코드를 살펴보자.

```
11  // 애플리케이션 진입점
12  func main() {
13      // entities 패키지의 Admin 타입의 값을 생성한다.
14      a := entities.Admin{
15          Rights: 10,
16      }
17
18      // 비노출 타입인 내부 타입의 노출 타입의 필드들에
19      // 값을 대입한다.
20      a.Name = "Bill"
21      a.Email = "bill@email.com"
22
23      fmt.Printf("사용자: %v\n", a)
24  }
```

예제 5.76의 14번 줄에 선언된 main 함수를 보면 entities 패키지에 선언된 Admin 타입의 값을 생성한다. 이 타입의 내부 타입인 user 타입은 비노출 타입이기 때문에 이 코드는 구조체 리터 럴을 이용하여 내부 타입을 초기화할 수 없다. 그러나 내부 타입이 비노출 타입이라 하더라도 내부 타입에 선언된 필드들은 외부로 노출이 가능하다. 내부 타입의 식별자들은 외부 타입으 로 승격되기 때문에 내부 타입에 선언된 식별자들은 외부 타입의 값을 통해 접근할 수 있다.

따라서 20번과 21번 줄의 코드처럼, 외부 타입 변수인 a를 통해 비노출 내부 타입의 Name 필드 와 Email 필드에 접근하여 초기화가 가능하다. 물론 user 타입은 비노출 타입이기 때문에 내 부 타입에 직접 접근하는 것은 불가능하다.

5.7 요약

- 사용자정의 타입은 struct 키워드를 이용해 선언하거나 기존의 타입을 기반으로 정의할 수 있다.
- 사용자정의 타입에는 메서드를 선언하여 행위를 부여할 수 있다.
- 모든 타입은 기본형 또는 비기본형 성질을 갖는다.
- 인터페이스는 행위를 선언하는 동시에 다형성을 지원하기 위한 타입이다.
- 타입 임베딩을 이용하면 타입을 상속하지 않고도 타입을 확장할 수 있다.
- 식별자는 패키지 외부로 노출되는 것과 노출되지 않는 것으로 구분할 수 있다.

6

동시성

이번 장에서 학습할 내용
- 고루틴을 이용하여 코드 실행하기
- 경쟁 상태를 탐지하고 수정하기
- 채널 간 데이터 공유하기

프로그램은 하나의 작업을 실행하기 위한 일련의 코드를 쭉 실행한 후 종료되도록 작성하는 경우가 많다. 사실 이런 타입의 프로그램은 주로 작성 및 유지보수가 쉽기 때문에 가능한 한 항상 이 방식을 선택하는 것이 옳다. 그러나 여러 작업을 동시적(concurrently)으로 실행하는 것이 훨씬 도움이 되는 경우도 있다. 데이터를 조회하기 위한 여러 개의 요청을 개별적인 소켓으로 동시에 전달받는 웹 서비스가 좋은 예다. 각각의 소켓 요청은 유일한 것이어서 다른 것들과 독립적으로 처리할 수 있다. 이런 요청을 동시적으로 실행할 수 있다면 이런 종류의 시스템의 전반적인 속도는 몰라보게 향상될 수 있을 것이다. Go는 이런 점을 염두에 두고 언어와 런타임 차원에서 동시성을 직접 지원할 수 있도록 만들어졌다.

Go에서 동시성이란, 함수들을 다른 함수들과 독립적으로 실행할 수 있는 기능을 의미한다. 함수를 고루틴으로 생성하면 이 함수는 곧바로 실행되는 것이 아니라 실행해야 할 함수로 예약된 후 논리 프로세스가 여력이 있을 때 실행되는 독립적인 작업 단위로 취급된다. Go 런타임 스케줄러는 코드에서 생성되어 프로세서가 개별적으로 처리해야 할 모든 고루틴들을 관리하기 위해 만들어진 소프트웨어다. 이 스케줄러는 운영체제를 기반으로 동작하며 운영체제의 스레드를 고루틴을 실행하는 논리 프로세서에 바인딩된다. 또한, 스케줄러는 어떤 고루틴이 어떤 논리 프로세서상에서 얼마나 오래 실행 중인지를 추적하는 데 필요한 모든 것들을 관리한다.

Go에서의 **동시성 처리 시 동기화(concurrency synchronization)**는 **CSP(Communicating Sequential Processes, 통신 순차 처리)**라는 패러다임에서 비롯되었다. CSP는 고루틴 사이에 데이터를 교환할 때 동시적 접속으로부터 데이터를 잠그는 기법이 아니라 메시지를 전달하는 모델이다. 고루틴 사이의 동기화 및 메시지 교환을 위한 핵심 데이터 타입은 **채널(channel)**이다. 채널을 이용해 동시성 프로그램을 작성해본 적이 없는 많은 개발자들은 아마도 이 부분에 꽤 흥미를 가질 것이다. 채널을 이용하면 비교적 오류가 적은 동시성 프로그램을 보다 손쉽게 작성할 수 있다.

6.1 동시성과 병렬성

그러면 우선 운영체제 **프로세스(process)**와 **스레드(thread)**가 무엇인지 간략하게 살펴보자. 이 둘을 이해하면 향후에 Go 런타임 스케줄러가 고루틴을 동시적으로 실행하기 위해 운영체제와 어떤 상호작용을 하는지 이해하는 데 도움이 될 것이다. IDE나 편집기 같은 애플리케이션을 실행하면 운영체제는 애플리케이션을 위한 프로세스를 시작한다. 이 프로세스는 애플리케이션이 실행되는 동안 사용하고 관리하는 모든 리소스를 가진 일종의 컨테이너라고 생각해도 좋다.

그림 6.1은 어떤 프로세스에도 할당될 수 있는 공통의 자원(resource)을 가진 프로세스의 모습을 보여준다. 이 자원에는 메모리 주소 공간, 파일 및 장치, 스레드에 대한 핸들을 비롯해 다양한 것들이 포함된다. **스레드**는 우리가 코드로 작성한 함수를 실행하기 위해 운영체제가 예약해 둔 실행 경로다. 프로세스는 최소한 하나의 스레드를 가지며, 각 프로세스를 위해 생성된 최초의 스레드를 **주 스레드(main thread)**라고 부른다. 주 스레드의 실행 경로를 통해 애플리케이션이 실행 중이기 때문에 주 스레드가 종료되면 애플리케이션도 종료된다. 운영체제는 프로세스와는 무관하게 프로세서에 대해 스레드를 예약한다. 운영체제가 스레드를 예약하기 위해 사용하는 알고리즘은 운영체제마다 다르며 프로그래머들을 위해 추상화되어 있다.

운영체제는 스레드를 물리적 프로세스를 통해 실행할 수 있도록 예약하며, Go 런타임 스케줄러는 고루틴을 논리적 프로세스를 통해 실행할 수 있도록 예약한다. 각 논리 프로세서는 하나의 운영체제 스레드에 개별적으로 바인딩된다. Go 1.5 버전에서는 기본적으로 논리 프로세서를 사용 가능한 각 물리 프로세서마다 할당하지만, 그 이전 버전에서는 오로지 하나의 논리 프로세서만 할당한다. 이 논리 프로세서들은 생성된 모든 고루틴들을 실행한다. 설령 하나의

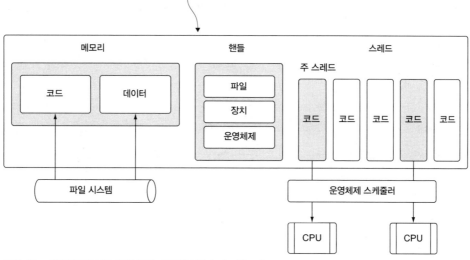

프로세스는 실행 중인 애플리케이션의 메모리 주소 공간, 파일 및 장치, 스레드에 대한 핸들 등을 관리한다. 운영체제 스케줄러는 CPU에 할당된 어떤 스레드에 얼마의 시간을 할애할 것인지 결정한다.

그림 6.1 애플리케이션을 실행 중인 프로세스와 스레드의 모습

논리 프로세서만 존재한다 하더라도 수백 수천의 고루틴을 동시적으로 실행해서 효율과 성능을 향상시킬 수 있다.

그림 6.2를 보면 운영체제 스레드와 논리 프로세서 그리고 지역 실행 큐(local run queue)의 관계를 알 수 있다. 고루틴이 생성되고 실행할 준비가 되면 스케줄러의 범용 실행 큐(global run queue)에 위치한다. 그리고 논리 프로세서가 할당되어 해당 프로세서의 지역 실행 큐에 위치한다. 그리고 여기에서 논리 프로세서가 자신을 실행해줄 때까지 기다린다.

간혹 실행 중인 고루틴이 파일을 여는 등 자신의 실행을 중단해야 하는 시스템 콜을 수행하는 경우가 있다. 이런 작업이 발생하면 먼저 논리 프로세서로부터 스레드와 고루틴이 분리된 후, 스레드는 시스템 콜이 리턴될 때까지 대기한다. 그러는 동안 논리 프로세서는 할당된 스레드가 없는 상태가 된다. 그러면 스케줄러가 새로운 스레드를 생성하여 논리 프로세서에 다시 연결한 다음, 지역 실행 큐에서 다른 고루틴을 선택하여 실행한다. 앞서 수행한 시스템 콜이 리턴되면 실행 중인 고루틴은 다시 지역 실행 큐로 이동하며, 이때 나중에 다시 사용될 것을 대비해 고루틴이 실행 중이던 스레드도 함께 보관된다.

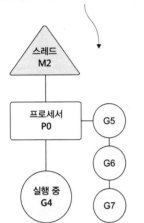

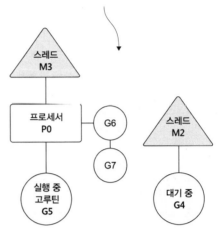

Go 런타임 스케줄러는 하나의 운영체제 스레드에 바인딩된 논리적 프로세서에서 고루틴이 실행되도록 예약한다. 고루틴이 실행 가능 상태가 되면 논리 프로세서의 실행 큐에 추가한다.

고루틴이 실행을 중단하는 시스템 콜을 실행하면 스케줄러는 프로세서에서 스레드를 분리한 후 해당 프로세서를 위한 새로운 스레드를 생성한다.

그림 6.2 Go 스케줄러가 고루틴을 관리하는 방법

네트워트 I/O(입출력) 콜이 필요한 경우에는 처리 과정이 조금 다르다. 이런 경우에는 고루틴이 논리 프로세서에서 분리되어 런타임에 통합된 네트워크 풀러(poller)로 이동한다. 네트워크 풀러가 읽기나 쓰기 작업을 실행할 준비가 되었음을 알려오면 고루틴이 다시 논리 프로세서에 연결되어 해당 작업을 처리한다. 스케줄러는 필요한 논리 프로세서를 제한 없이 생성할 수 있다. 그러나 런타임의 프로그램당 최대 스레드의 개수는 기본적으로 10,000개로 제한되어 있다. 이 값은 runtime/debug 패키지의 SetMaxThreads 함수를 호출하여 변경할 수 있다. 어떤 프로그램이 설정된 개수의 스레드보다 더 많은 스레드를 사용하려고 하면 프로그램이 충돌하여 실행이 종료된다.

동시성은 병렬성(parallelism)과는 다른 개념이다. 병렬성은 여러 개의 코드가 각기 다른 물리적 프로세서에서 동시에 실행되는 것을 말한다. 따라서 한 번에 여러 작업을 수행(doing)할 수 있다. 이에 비해 동시성은 한 번에 여러 작업을 관리하는(managing) 것을 말한다. 대부분 병렬성에 비해 동시성 성능이 더 좋은데, 그 이유는 운영체제와 하드웨어에 가해지는 부담이 적어 시스템이 더 많은 일을 할 수 있기 때문이다. 이처럼 간결함을 통해 더 많은 것을 추구하는 것이 바로 이 개발 언어의 철학이다.

고루틴을 병렬적으로 실행하고 싶다면 반드시 하나 이상의 논리적 프로세스를 사용해야 한다. 논리 프로세서가 여러 개 있다면 스케줄러가 고루틴을 논리 프로세서에 골고루 분배한다. 그 결과 고루틴이 별개의 스레드에서 실행된다. 그러나 진정한 의미의 병렬성을 확보하려면 물리적으로 다중 프로세서를 갖춘 머신에서 프로그램을 실행해야 한다. 그렇지 않으면 Go 런타임이 다중 스레드를 관리한다 하더라도 고루틴들은 하나의 물리적 프로세서에서 동시적으로 실행된다.

그림 6.3은 하나의 논리 프로세서상에서 동시적으로 실행되는 고루틴과 두 개의 논리 프로세서상에서 병렬적으로 실행되는 경우의 차이점을 보여준다. 논리 프로세서에 대한 런타임의 기본 값을 변경하는 것은 그다지 권장하지는 않는다. 스케줄러는 Go의 새로운 버전이 릴리즈될 때마다 수정되고 향상되어 충분히 지능적인 알고리즘을 갖추고 있다. 하지만 논리 프로세서의 숫자를 수정해야만 해결할 수 있다는 확신이 드는 성능 문제를 경험한다면 물론 값을 변경하는 것도 가능하다. 그 방법에 대해서는 잠시 후에 살펴보기로 하자.

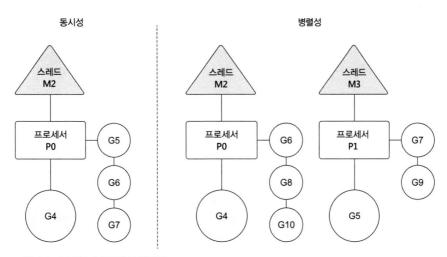

그림 6.3 동시성과 병렬성의 차이점

6.2 고루틴

지금부터 스케줄러의 비밀을 파헤쳐보고, 고루틴을 생성하고 그들의 실행주기를 관리하는 방법에 대해 알아보자. 고루틴을 병렬적으로 실행하는 방법을 설명하기 전에, 하나의 논리 프로세서에서 고루틴을 실행하는 예제를 먼저 살펴볼 것이다. 다음 예제는 영어의 알파벳 소문자와 대문자를 동시적으로 출력하는 두 개의 고루틴을 생성하는 프로그램이다.

```go
01 // 고루틴을 생성하는 방법과 스케줄러의 동작을
02 // 설명하는 예제
03 package main
04
05 import (
06     "fmt"
07     "runtime"
08     "sync"
09 )
10
11 // 애플리케이션 진입점
12 func main() {
13     // 스케줄러가 사용할 하나의 논리 프로세서를 할당한다.
14     runtime.GOMAXPROCS(1)
15
16     // wg는 프로그램의 종료를 대기하기 위해 사용한다.
17     // 각각의 고루틴마다 하나씩, 총 두 개의 카운트를 추가한다.
18     var wg sync.WaitGroup
19     wg.Add(2)
20
21     fmt.Println("고루틴을 실행합니다.")
22
23     // 익명 함수를 선언하고 고루틴을 생성한다.
24     go func() {
25         // main 함수에게 종료를 알리기 위한 Done 함수 호출을 예약한다.
26         defer wg.Done()
27
28         // 알파벳을 세 번 출력한다.
29         for count := 0; count < 3; count++ {
30             for char := 'a'; char < 'a'+26; char++ {
31                 fmt.Printf("%c ", char)
32             }
33         }
34     }()
35
36     // 익명 함수를 선언하고 고루틴을 생성한다.
37     go func() {
38         // main 함수에게 종료를 알리기 위한 Done 함수 호출을 예약한다.
39         defer wg.Done()
40
41         // 알파벳을 세 번 출력한다.
42         for count := 0; count < 3; count++ {
43             for char := 'A'; char < 'A'+26; char++ {
44                 fmt.Printf("%c ", char)
45             }
46         }
47     }()
48
49     // 고루틴이 종료될 때까지 대기한다.
```

```
50    fmt.Println("대기 중...")
51    wg.Wait()
52
53    fmt.Println("\n프로그램을 종료합니다.")
54 }
```

예제 6.1의 14번 줄을 보면, runtime 패키지의 GOMAXPROCS 함수를 호출하는 것을 볼 수 있다. 이 함수 덕분에 프로그램은 스케줄러가 사용할 논리 프로세서의 개수를 스스로 조정할 수 있다. 이 함수를 코드 내에서 명시적으로 호출하는 것이 마음에 들지 않는다면 같은 이름의 환경 변수를 설정해도 된다. 어쨌든 이 값을 1로 지정하면 스케줄러는 이 프로그램을 위해서 단 하나의 논리 프로세서만을 활용한다.

24번과 37번 줄의 코드에서는 영어의 알파벳을 출력하는 두 개의 익명 함수를 선언하고 있다. 24번 줄의 함수는 알파벳을 소문자로 출력하며, 37번 줄의 함수는 대문자로 출력한다. 중요한 것은 두 함수 모두 go 키워드를 이용하여 고루틴으로서 생성되었다는 점이다. 예제 6.2의 결과를 보면, 이 두 고루틴이 하나의 논리 프로세서 내에서 동시적으로 실행되었음을 알 수 있다.

예제 6.2 listing01.go 파일의 실행 결과

```
고루틴을 실행합니다.
대기 중...
ABCDEFGHIJKLMNOPQRSTUVWXYZABCDEFGHIJKLMNOPQRSTUVWXYZABCDEFGHIJKLMNOPQRSTUVWXYZ
abcdefghijklmnopqrstuvwxyzabcdefghijklmnopqrstuvwxyzabcdefghijklmnopqrstuvwxyz
프로그램을 종료합니다.
```

첫 번째 고루틴이 알파벳을 출력하기까지 걸리는 시간이 너무 짧기 때문에 스케줄러가 두 번째 고루틴을 실행하기 전에 이미 작업이 완료되어버렸다. 그렇기 때문에 첫 번째 줄에는 대문자 알파벳만 표시되고 두 번째 줄에는 소문자 알파벳만 나타나게 된 것이다. 우리가 생성한 두 고루틴은 동시적으로 하나씩 실행되어 알파벳을 출력하는 각자의 역할을 수행했다.

두 익명 함수를 고루틴으로 생성하여 실행하는 시점에는 main 함수의 코드 역시 실행 중인 상태다. 즉, main 함수가 고루틴의 작업이 종료되기 전에 리턴될 수도 있다는 뜻이다. 그렇게 되면 고루틴이 실행되기도 전에 프로그램이 종료될 수 있다. 그래서 51번 줄처럼 main 함수가 WaitGroup을 이용해 두 개의 고루틴이 실행을 완료할 때까지 대기하도록 코드를 작성한 것이다.

```
16      // wg은 프로그램의 종료를 대기하기 위해 사용한다.
17      // 각각의 고루틴마다 하나씩, 총 두 개의 카운트를 추가한다.
18      var wg sync.WaitGroup
19      wg.Add(2)

23      // 익명 함수를 선언하고 고루틴을 생성한다.
24      go func() {
25          // main 함수에게 종료를 알리기 위한 Done 함수 호출을 예약한다.
26          defer wg.Done()

49      // 고루틴이 종료될 때까지 대기한다.
50      fmt.Println("대기 중...")
51      wg.Wait()
```

WaitGroup은 카운팅 세마포어를 이용해 실행 중인 고루틴의 기록을 관리하고 있다. WaitGroup의 값이 0보다 큰 값이면 Wait 메서드의 실행이 블록된다. 18번 줄의 코드를 보면 WaitGroup 타입의 변수를 생성한 후, 두 개의 고루틴이 실행 중이기 때문에 WaitGroup의 값을 2로 설정했다. WaitGroup의 값을 감소시켜 결과적으로 main 함수가 종료되도록 하려면 26번과 39번 줄의 코드처럼 defer 구문의 범위 내에서 Done 함수를 호출해야 한다.

defer 키워드는 현재 실행 중인 함수 내에서 함수가 리턴되기 전에 반드시 호출되어야 할 다른 함수를 예약하기 위한 것이다. 예제에서는 defer 키워드를 이용하여 각각의 고루틴이 작업을 완료한 후에는 반드시 Done 메서드를 호출하도록 보장하고 있다.

스케줄러의 내부 알고리즘에 따르면 실행 중인 고루틴은 작업을 완료하기 전에 실행이 중단된 후 다음 순서로 다시 예약되기도 한다. 스케줄러가 이런 작업을 수행하는 이유는 하나의 고루틴이 논리 프로세서를 너무 오래 독점하는 것을 방지하기 위함이다. 이를 통해 현재 실행 중인 고루틴이 대기 상태가 되어 실행을 대기 중이던 다른 고루틴이 실행될 수 있는 기회를 얻게 된다.

그림 6.4는 논리 프로세서의 관점에서 이 과정을 설명하고 있다. 1단계에서는 스케줄러에 의해 고루틴A가 실행되고 고루틴B는 대개 큐 내에서 자신의 순서를 기다린다. 그러다 갑자기 2단계에서 스케줄러가 고루틴A를 고루틴B로 교체했다. 그러나 고루틴A가 아직 실행을 완료하지 않았기 때문에 이 고루틴은 실행 큐로 되돌아간다. 그리고 3단계에서 고루틴B가 작업을 완료하고 사라지면, 고루틴A가 다시 실행 기회를 얻어 하던 작업을 계속할 수 있게 된다.

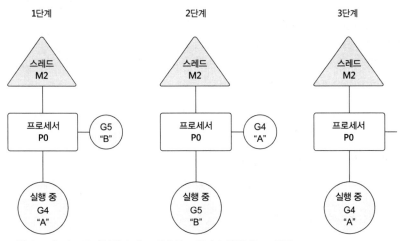

그림 6.4 논리 프로세서의 스레드 내에서 교체되며 실행되는 고루틴

실제로 이런 일이 일어나는지는 작업을 완료하기까지 오랜 시간이 걸리는 고루틴을 작성해서 확인할 수 있다.

예제 6.4   listing04.go

```
01  // 단일 스레드 환경에서 고루틴이 스케줄러에 의해
02  // 분할 실행되는 것을 보여주기 위한 예제
03  package main
04
05  import (
06      "fmt"
07      "runtime"
08      "sync"
09  )
10
11  // wg는 프로그램의 종료를 대기하기 위해 사용한다.
12  var wg sync.WaitGroup
13
14  // 애플리케이션 진입점
15  func main() {
16      // 스케줄러에 하나의 논리 프로세서만 할당한다.
17      runtime.GOMAXPROCS(1)
18
19      // 고루틴마다 하나씩, 두 개의 카운트를 추가한다.
20      wg.Add(2)
21
22      // 두 개의 고루틴을 생성한다.
23      fmt.Println("고루틴을 실행합니다.")
24      go printPrime("A")
25      go printPrime("B")
```

```
26
27        // Wait for the goroutines to finish.
28        fmt.Println("대기 중...")
29        wg.Wait()
30
31        fmt.Println("프로그램을 종료합니다.")
32 }
33
34 // 소수 중 처음 5000개를 출력하는 함수
35 func printPrime(prefix string) {
36        // 작업이 완료되면 Done 함수를 호출하도록 예약한다.
37        defer wg.Done()
38
39 next:
40        for outer := 2; outer < 5000; outer++ {
41            for inner := 2; inner < outer; inner++ {
42                if outer%inner == 0 {
43                    continue next
44                }
45            }
46            fmt.Printf("%s:%d\n", prefix, outer)
47        }
48        fmt.Println("완료: ", prefix)
49 }
```

예제 6.4는 1부터 5,000 사이의 숫자 중 소수만을 출력하는 두 개의 고루틴을 작성하고 있다. 소수를 찾아 출력하는 것은 어느 정도의 시간을 소요하기 때문에 먼저 실행한 고루틴이 소수를 모두 찾아 출력하기 전에 스케줄러가 고루틴의 실행 시간을 조정할 것이다.

이 프로그램이 가장 먼저 하는 일은 WaitGroup을 선언하고 20번 줄의 코드처럼 2라는 값을 설정하는 것이다. 그리고 24번, 25번 줄처럼 go 키워드와 함께 printPrime 함수를 호출하여 두 개의 고루틴이 실행되도록 한다. 이때 첫 번째 고루틴을 A로 표시하고 두 번째 고루틴은 B로 표시한다. 함수를 고루틴처럼 실행하는 경우에도 일반적인 함수 호출과 마찬가지로 매개변수를 전달할 수 있다. 그러나 고루틴이 종료할 때 값을 리턴할 수는 없다. 예제 6.5의 출력 결과를 살펴보면, 첫 번째 고루틴이 실행되는 도중 스케줄러에 의해 실행 순서가 변경되는 것을 볼 수 있다.

예제 6.5 listing04.go 파일의 실행 결과

고루틴을 생성합니다.
대기 중...
B:2
B:3

```
...
B:4583
B:4591
A:3              ** 고루틴이 변경되었다.
A:5
...
A:4561
A:4567
B:4603           ** 고루틴이 변경되었다.
B:4621
...
완료: B
A:4457           ** 고루틴이 변경되었다.
A:4463
...
A:4993
A:4999
완료: A
프로그램을 종료합니다.
```

이 실행 결과에서 보듯이 고루틴 B가 먼저 소수를 출력하기 시작한다. 그러다가 4591을 출력한 이후 스케줄러가 고루틴 B의 실행을 중단하고 고루틴 A를 실행하기 시작했다. 고루틴 A가 어느 정도 스레드에서 실행되면 다시 고루틴 B로 실행이 변경된다. 그 후 고루틴 B가 자신의 작업을 완료하면 대기 중이던 고루틴 A가 다시 실행되어 작업을 완료한다. 스케줄러가 실행 중인 고루틴을 변경하는 시점은 프로그램을 실행할 때마다 조금씩 차이가 있을 수 있다.

예제 6.1과 6.4는 모두 스케줄러가 하나의 논리 프로세서상에서 고루틴을 동시적으로 실행하는 과정을 설명하기 위한 것이었다. 앞서 설명했듯이 Go의 표준 라이브러리는 runtime 패키지의 GOMAXPROCS라는 함수를 통해 스케줄러가 사용할 논리 프로세서의 개수를 조정할 수 있는 방법을 제공한다. 이를 통해 런타임이 물리적 프로세서 한 개당 논리 프로세서 한 개를 할당하도록 변경할 수 있다. 앞으로 살펴볼 예제부터는 고루틴을 병렬적으로 처리할 것이다.

예제 6.6 논리 프로세서의 개수를 변경하는 방법

```
import "runtime"

// 사용 가능한 코어마다 하나의 논리 프로세서의 개수를 지정한다.
runtime.GOMAXPROCS(runtime.NumCPU())
```

runtime 패키지는 Go 런타임 환경 변수를 조정하기 위한 기능들을 제공한다. 예제 6.6의 경우, runtime 패키지가 제공하는 두 개의 함수를 이용하여 스케줄러가 사용할 논리 프로세서

의 개수를 변경하고 있다. NumCPU 함수는 사용 가능한 물리적 프로세서의 개수를 리턴한다. 그래서 이 함수의 리턴 값을 GOMAXPROCS 함수에 전달하면 물리적 프로세서마다 하나의 논리 프로세서를 할당할 수 있다. 중요한 점은 하나 이상의 논리 프로세서를 사용한다고 해서 성능의 향상이 이루어지지는 않는다는 점이다. 따라서 런타임 환경 변수를 변경하면, 프로그램 수행에 어떤 영향을 주는지 벤치마킹을 통해 반드시 확인하고 적용할 것을 권한다.

스케줄러에 하나 이상의 논리 프로세서를 할당하면 예제 프로그램들의 실행 결과가 달라지는 것을 볼 수 있다. 논리 프로세서의 개수를 2로 변경한 후 알파벳을 출력하는 첫 번째 예제를 다시 실행해보자.

예제 6.7 listing07.go

```
01 // 고루틴을 생성하는 방법과 논리 프로세서가 두 개인 경우
02 // 스케줄러의 동작을 설명하는 예제
03 package main
04
05 import (
06     "fmt"
07     "runtime"
08     "sync"
09 )
10
11 // 애플리케이션 진입점
12 func main() {
13     // 스케줄러가 사용할 두 개의 논리 프로세서를 할당한다.
14     runtime.GOMAXPROCS(2)
15
16     // wg은 프로그램의 종료를 대기하기 위해 사용한다.
17     // 각각의 고루틴마다 하나씩, 총 두 개의 카운트를 추가한다.
18     var wg sync.WaitGroup
19     wg.Add(2)
20
21     fmt.Println("고루틴을 실행합니다.")
22
23     // 익명 함수를 선언하고 고루틴을 생성한다.
24     go func() {
25         // main 함수에게 종료를 알리기 위한 Done 함수 호출을 예약한다.
26         defer wg.Done()
27
28         // 알파벳을 세 번 출력한다.
29         for count := 0; count < 3; count++ {
30             for char := 'a'; char < 'a'+26; char++ {
31                 fmt.Printf("%c ", char)
32             }
33         }
34     }()
```

```
35
36        // 익명 함수를 선언하고 고루틴을 생성한다.
37        go func() {
38            // main 함수에게 종료를 알리기 위한 Done 함수 호출을 예약한다.
39            defer wg.Done()
40
41            // 알파벳을 세 번 출력한다.
42            for count := 0; count < 3; count++ {
43                for char := 'A'; char < 'A'+26; char++ {
44                    fmt.Printf("%c ", char)
45                }
46            }
47        }()
48
49        // 고루틴이 종료될 때까지 대기한다.
50        fmt.Println("대기 중...")
51        wg.Wait()
52
53        fmt.Println("\n프로그램을 종료합니다.")
54 }
```

예제 6.7은 GOMAXPROCS 함수를 이용해 두 개의 논리 프로세서를 사용하도록 작성되어 있다. 이렇게 하면 고루틴이 병렬적으로 실행된다.

예제 6.8 listing07.go 파일의 실행 결과

```
고루틴을 실행합니다.
대기 중...
ABCaDEbFcGdHeIfJgKhLiMjNkOlPmQnRoSpT
qUrVsWtXuYvZwAxByCzDaEbFcGdHeIfJgKhL
iMjNkOlPmQnRoSpTqUrVsWtXuYvZwAxByCzD
aEbFcGdHeIfJgKhLiMjNkOlPmQnRoSpTqUrV
sWtXuYvZwxyz
프로그램을 종료합니다.
```

예제 6.8의 실행 결과를 자세히 살펴보면 고루틴이 병렬적으로 실행된 것을 확인할 수 있다. 거의 동시에 두 고루틴이 실행되어 알파벳을 출력하기 때문에 결과물이 서로 섞여있다. 이 결과는 8개의 코어를 가진 머신에서 프로그램을 실행한 결과이며, 각 고루틴은 각각 다른 코어에서 실행되었다. 한 가지 기억할 점은 고루틴이 하나 이상의 물리적 프로세서 및 논리 프로세서가 존재하는 경우에만 병렬적으로 실행된다는 점이다.

이제 고루틴을 생성하여 실행하는 방법과 고루틴이 내부적으로 어떻게 동작하는지 이해하게 되었다. 다음으로 살펴볼 내용은 동시성 프로그램을 작성할 때 발생할 수 있는 잠재적인 위험과 주의할 점에 대해 살펴보도록 하자.

6.3 경쟁 상태

두 개 혹은 그 이상의 고루틴이 동기화 없이 동시에 공유된 자원에 접근하여 읽기나 쓰기를 시도하게 되면 **경쟁 상태(race condition)**에 놓이게 된다. 경쟁 상태는 동시성 프로그래밍을 복잡하게 만드는 가장 큰 요인인 동시에 잠재적인 버그의 가장 큰 원인이기도 하다. 공유 자원에 대한 읽기 및 쓰기 작업은 반드시 원자성을 가져야 한다. 다시 말해, 어느 한 시점에 단 하나의 고루틴만이 그 자원에 접근해야 한다.

다음 예제는 고루틴이 경쟁 상태에 놓인 상황을 재현한 것이다.

예제 6.9   listing09.go

```
01 // 경쟁 상태에 놓인 상황을
02 // 재현한 예제
03 package main
04
05 import (
06     "fmt"
07     "runtime"
08     "sync"
09 )
10
11 var (
12     // 모든 고루틴이 값을 증가하려고 시도하는 변수
13     counter int
14
15     // 프로그램이 종료될 때까지 대기할 WaitGroup
16     wg sync.WaitGroup
17 )
18
19 // 애플리케이션 진입점
20 func main() {
21     // 고루틴당 하나씩. 총 두 개의 카운트를 추가한다.
22     wg.Add(2)
23
24     // 고루틴을 생성한다.
25     go incCounter(1)
26     go incCounter(2)
27
28     // 고루틴의 실행이 종료될 때까지 대기한다.
29     wg.Wait()
30     fmt.Println("최종 결과:", counter)
31 }
32
33 // 패키지 수준에 정의된 counter 변수의 값을 증가시키는 함수
34 func incCounter(id int) {
```

```
35        // 함수 실행이 종료되면 main 함수에 알리기 위해 Done 함수 호출을 예약한다.
36        defer wg.Done()
37
38        for count := 0; count < 2; count++ {
39            // counter 변수의 값을 읽는다.
40            value := counter
41
42            // 스레드를 양보하여 큐로 돌아가도록 한다.
43            runtime.Gosched()
44
45            // 현재 카운터 값을 증가시킨다.
46            value++
47
48            // 원래 변수에 증가된 값을 다시 저장한다.
49            counter = value
50        }
51 }
```

예제 6.10   listing09.go 파일의 실행 결과

최종 결과: 2

counter 변수의 값을 읽고 새 값을 쓰는 작업은 각 고루틴마다 두 번씩 총 네 번에 걸쳐 발생한다. 그런데 프로그램이 종료될 때의 counter 변수의 값은 2라고 나타난다. 그림 6.5를 보면왜 이런 일이 발생했는지 명확하게 이해할 수 있다.

그림에서 보듯이 이 두 고루틴은 각각 다른 고루틴이 증가시킨 값을 고스란히 덮어쓰고 있다. 이런 상황은 실행 중인 고루틴이 교체되는 상황에 발생한다. 예제의 고루틴은 counter 변수의값을 복사하여 보관하고 있다가 다른 고루틴으로 실행이 교체되는 것이다. 원래의 고루틴이 다시 실행을 재개하면 counter 변수의 값은 이미 변경되어 있지만 고루틴 입장에서는 값이 수정된 사실을 알지 못한다. 그래서 자신이 보유하고 있던 복사된 값을 증가시킨 후 counter 변수에 다시 대입하기 때문에 다른 고루틴이 수행한 결과가 덮어써지는 현상이 발생한다.

그러면 이 코드가 어떤 일을 하는지 살펴보도록 하자. 이 예제는 먼저 25번 및 26번 줄의 코드처럼 incCounter 함수를 호출하는 두 개의 고루틴을 생성한다. 34번 줄에 작성된 incCounter 함수는 공유되는 자원인 패키지 변수 counter의 값을 읽고 쓰는 작업을 수행한다. 두 고루틴은 모두 40번 줄의 코드처럼 counter 변수의 값을 읽어 지역 변수에 저장한다. 그리고 46번 줄에서처럼 복사된 값을 증가시킨 후 마지막으로 원래 counter 변수에 다시 대입한다. 그런데 43번 줄을 보면, runtime 패키지의 Gosched 함수를 호출하여 스레드를 양보함

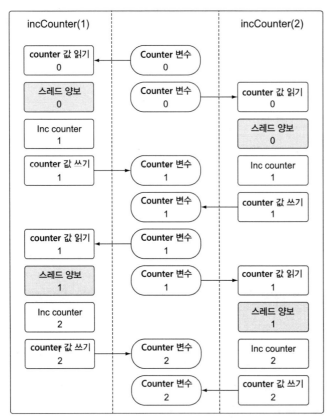

그림 6.5   경쟁 상태에 놓인 과정을 시각화한 그림

으로써 다른 고루틴이 실행될 기회를 제공하고 있다. 작업을 수행하는 도중에 스레드를 강제로 양보하기 때문에 스케줄러가 실행되는 고루틴을 교체하게 되고, 따라서 두 고루틴이 서로 배타적으로 실행되는 경쟁 상태에 놓이게 된 것이다.

Go는 코드 내에서 경쟁 상태의 발생 가능성을 검사하는 특별한 도구를 제공한다. 이 도구는 경쟁 상태로 인한 버그를 찾아내는 데 매우 유용하다. 특히, 앞서 작성한 예제처럼 경쟁 상태가 쉽게 인지되지 않는 경우에는 더욱 유용하다. 이 예제 프로그램을 대상으로 경쟁 상태 검사 도구를 실행해보자.

예제 6.11   listing09.go 파일을 빌드하고 경쟁 상태를 검사하는 과정

```
go build -race    // 경쟁 상태 검사 플래그와 함께 코드를 빌드한다.
./example         // 코드를 실행한다.

==================
```

```
WARNING: DATA RACE
Write by goroutine 5:
  main.incCounter()
      /example/main.go:49 +0x96

Previous read by goroutine 6:
  main.incCounter()
      /example/main.go:40 +0x66

Goroutine 5 (running) created at:
  main.main()
      /example/main.go:25 +0x5c

Goroutine 6 (running) created at:
  main.main()
      /example/main.go:26 +0x73
==================
최종 결과: 2
Found 1 data race(s)
```

예제 6.11을 보면, 경쟁 상태 검사 도구가 예제 코드 중에서 다음 코드들을 지적한 것을 볼 수 있다.

예제 6.12 경쟁 상태 검사 도구가 지적한 코드

```
49번 줄: counter = value
40번 줄: value := counter
25번 줄: go incCounter(1)
26번 줄: go incCounter(2)
```

예제 6.12에서 보듯이, 경쟁 상태 검사 도구는 데이터 경쟁을 유발시킨 고루틴을 알려주는 것은 물론, 이로 인해 충돌이 발생한 코드도 표시해준다. 예상한 대로, counter 변수 값을 읽고 쓰는 코드 때문에 경쟁 상태가 발생할 수 있음을 쉽게 알 수 있다.

이 예제를 수정하여 경쟁 상태를 없애는 방법 중 하나는 Go가 지원하는 공유 자원 잠금 기법을 활용해 고루틴을 동기화하는 방법이다.

6.4 공유 자원 잠금

Go는 공유 자원에 대한 접근을 잠금으로써 고루틴을 동기화할 수 있는 기능들을 제공한다. 만일 정수형 변수나 코드 블록에 순차적으로 접근하도록 해야 한다면 atomic 패키지와 sync

패키지의 함수들을 이용해야만 한다. 먼저 atomic 패키지의 몇몇 함수들을 살펴본 후 sync 패키지의 mutex 타입에 대해 알아보도록 하자.

6.4.1 원자성 함수들

원자성 함수들은 정수 및 포인터에 대한 접근을 동기화할 수 있는 저수준의 잠금 메커니즘을 제공한다. 이 원자성 함수들을 활용하면 예제 6.9에서 발생한 경쟁 상태를 수정할 수 있다.

예제 6.13 listing13.go

```
01 // atomic 패키지의 함수들을 이용하여
02 // 숫자 타입에 안전하게 접근하는 예제
03 package main
04
05 import (
06     "fmt"
07     "runtime"
08     "sync"
09     "sync/atomic"
10 )
11
12 var (
13     // 공유 자원으로 활용될 변수
14     counter int64
15
16     // 프로그램이 종료될 때까지 대기할 WaitGroup
17     wg sync.WaitGroup
18 )
19
20 // 애플리케이션 진입점
21 func main() {
22     // 고루틴당 하나씩, 총 두 개의 카운터를 추가한다.
23     wg.Add(2)
24
25     // 두 개의 고루틴을 생성한다.
26     go incCounter(1)
27     go incCounter(2)
28
29     // 고루틴의 실행이 종료될 때까지 대기한다.
30     wg.Wait()
31
32     // 최종 결과를 출력한다.
33     fmt.Println("최종 결과:", counter)
34 }
35
36 // 패키지 수준에 정의된 counter 변수의 값을 증가시키는 함수
37 func incCounter(id int) {
```

```
38      // 함수 실행이 종료되면 main 함수에 알리기 위해 Done 함수 호출을 예약한다.
39      defer wg.Done()
40
41      for count := 0; count < 2; count++ {
42          // counter 변수에 안전하게 1을 더한다.
43          atomic.AddInt64(&counter, 1)
44
45          // 스레드를 양보하고 실행 큐로 되돌아간다.
46          runtime.Gosched()
47      }
48  }
```

예제 6.14   listing13.go 파일을 실행한 결과

최종 결과: 4

43번 줄의 코드를 보면, 이 프로그램은 atomic 패키지의 AddInt64 함수를 활용하고 있다. 이 함수는 정수 값을 더할 때 한 시점에 오직 한 개의 고루틴만이 변수에 접근하여 값을 더할 수 있도록 동기화한다. 고루틴이 원자성 함수를 호출하면 함수가 참조하는 변수에 대한 동기화가 자동적으로 수행된다. 그 결과, 4라는 올바른 결과를 얻을 수 있게 되었다.

atomic 패키지의 LoadInt64와 StoreInt64 함수 역시 유용한 함수다. 이 두 함수는 정수 값을 안전하게 읽고 쓸 수 있도록 도와준다. LoadInt64와 StoreInt64 함수를 이용해 여러 개의 고루틴들에게 특정한 신호를 보낼 수 있는 예제를 작성해보자.

예제 6.15   listing15.go

```
01  // atomic 패키지의 함수들을 이용하여
02  // 숫자 타입의 값을 안전하게 읽고 쓰는
03  // 방법을 보여주는 예제
04  package main
05
06  import (
07      "fmt"
08      "sync"
09      "sync/atomic"
10      "time"
11  )
12
13  var (
14      // 실행 중인 고루틴들의 종료 신호로 사용될 플래그
15      shutdown int64
16
17      // 프로그램이 종료될 때까지 대기할 WaitGroup
```

```
18      wg sync.WaitGroup
19  )
20
21  // 애플리케이션 진입점
22  func main() {
23      // 고루틴당 하나씩, 총 두 개의 카운터를 추가한다.
24      wg.Add(2)
25
26      // 두 개의 고루틴을 생성한다.
27      go doWork("A")
28      go doWork("B")
29
30      // 고루틴이 실행될 시간을 할애한다.
31      time.Sleep(1 * time.Second)
32
33      // 종료 신호 플래그를 설정한다.
34      fmt.Println("프로그램 종료!")
35      atomic.StoreInt64(&shutdown, 1)
36
37      // 고루틴의 실행이 종료될 때까지 대기한다.
38      wg.Wait()
39  }
40
41  // 필요한 작업을 실행하다가 종료 플래그를 검사하여
42  // 일찍 종료되는 함수를 흉내내는 함수
43  func doWork(name string) {
44      // 함수 실행이 종료되면 main 함수에 알리기 위해 Done 함수 호출을 예약한다.
45      defer wg.Done()
46
47      for {
48          fmt.Printf("작업 진행 중: %s\n", name)
49          time.Sleep(250 * time.Millisecond)
50
51          // 종료 플래그를 확인하고 실행을 종료한다.
52          if atomic.LoadInt64(&shutdown) == 1 {
53              fmt.Printf("작업을 종료합니다: %s\n", name)
54              break
55          }
56      }
57  }
```

이 예제에서는 두 개의 고루틴이 생성되어 각자의 작업을 수행한다. 몇 번의 루프를 실행한 후, 고루틴들은 52번 줄의 코드처럼 LoadInt64 함수를 이용해 shutdown 변수의 값을 확인한다. 이 함수는 shutdown 변수 값의 복사본을 안전하게 리턴한다. 이 값이 1이면 고루틴은 루프를 탈출하여 실행을 종료한다.

한편, main 함수는 35번 줄의 코드처럼 StoreInt64 함수를 이용하여 shutdown 변수의 값을

변경한다. main 함수가 StoreInt64 함수를 호출하는 것과 같은 시점에 doWork 함수를 실행하는 고루틴 중 하나가 LoadInt64 함수를 호출하면, 원자성 함수들은 함수 호출을 동기화하여 모든 작업이 경쟁 상태에 놓이지 않고 안전하게 실행될 수 있도록 보장한다.

6.4.2 뮤텍스

공유 자원에 대한 접근을 동기화할 수 있는 또 다른 방법은 뮤텍스(mutex)를 활용하는 것이다. 뮤텍스라는 이름은 상호 배타(mutual exclusion)의 개념에서 유래되었다. 뮤텍스는 코드 주변에 임계 지역(critical section)을 생성하여 해당 코드를 한 번에 하나의 고루틴만이 실행할 수 있도록 보장한다. 그러면 뮤텍스를 이용해서 예제 6.9의 경쟁 상태를 해결하는 코드를 살펴보자.

예제 6.16 listing16.go

```
01 // 접근 동기화가 필요한 코드에
02 // 뮤텍스를 이용해 임계 지역을 생성해서
03 // 경쟁 상태를 해결하는 예제
04 package main
05
06 import (
07     "fmt"
08     "runtime"
09     "sync"
10 )
11
12 var (
13     // 공유 자원으로 활용될 변수
14     counter int
15
16     // 프로그램이 종료될 때까지 대기할 WaitGroup
17     wg sync.WaitGroup
18
19     // 코드의 임계 지역을 설정할 때 사용할 뮤텍스
20     mutex sync.Mutex
21 )
22
23 // 애플리케이션 진입점
24 func main() {
25     // 고루틴당 하나씩, 총 두 개의 카운터를 추가한다.
26     wg.Add(2)
27
28     // 두 개의 고루틴을 생성한다.
29     go incCounter(1)
30     go incCounter(2)
31
32     // 고루틴의 실행이 종료될 때까지 대기한다.
```

```
33     wg.Wait()
34     fmt.Printf("최종 결과: %d\n", counter)
35 }
36
37 // 패키지 수준에 정의된 counter 변수의 값을
38 // 뮤텍스를 이용해 안전하게 증가시키는 함수
39 func incCounter(id int) {
40     // 함수 실행이 종료되면 main 함수에 알리기 위해 Done 함수 호출을 예약한다.
41     defer wg.Done()
42
43     for count := 0; count < 2; count++ {
44         // 이 임계 지역에는 한 번에 하나의
45         // 고루틴만이 접근할 수 있다.
46         mutex.Lock()
47         {
48             // counter 변수의 값을 읽는다.
49             value := counter
50
51             // 스레드를 양보하여 큐로 돌아가도록 한다.
52             runtime.Gosched()
53
54             // 현재 카운터 값을 증가시킨다.
55             value++
56
57             // 원래 변수에 증가된 값을 다시 저장한다.
58             counter = value
59         }
60         mutex.Unlock()
61         // 대기 중인 다른 고루틴이 접근할 수 있도록
62         // 잠금을 해제한다.
63     }
64 }
```

counter 변수에 대한 작업은 이제 46번 줄의 Lock() 함수 호출과 60번 줄의 Unlock() 함수 호출에 의해 관리되는 임계 지역에 의해 보호된다. 이때 중괄호를 사용한 이유는 임계 지역으로 설정된 코드를 쉽게 알아보도록 하기 위한 것일 뿐 반드시 필요한 것은 아니다. 임계 지역에는 한 번에 하나의 고루틴만이 접근이 가능하다. 그리고 Unlock() 함수가 호출되기 전까지는 다른 고루틴은 임계 지역에 들어올 수 없다. 52번 줄의 코드를 이용해 스레드를 양보하더라도 스케줄러는 동일한 고루틴을 할당해 계속해서 실행되도록 한다. 프로그램의 실행이 완료되면 경쟁 상태에 놓이는 일 없이 4라는 결과를 보게 될 것이다.

6.5 채널

원자성 함수들과 뮤텍스를 이용한 동기화는 우리의 목적을 훌륭히 달성하기는 하지만 동시성 프로그래밍을 쉽고, 오류가 적으며, 재미있는 작업으로 만들어주기에는 조금 부족한 감이 있다. 다행인 것은 원자성 함수나 뮤텍스만이 Go에서 공유 자원을 안전하게 보호하면서 경쟁 상태를 피하는 유일한 방법은 아니라는 점이다. 필요한 공유 자원을 다른 고루틴에 보내거나 받아 고루틴 사이의 동기화를 지원하는 채널(channel)이라는 개념도 존재한다.

고루틴 간에 자원을 공유해야 하는 경우 채널은 고루틴 사이를 연결하는 파이프처럼 동작하며, 둘 사이의 데이터 교환에 있어 동기화를 보장하는 메커니즘을 제공한다. 채널을 선언할 때는 공유할 데이터의 타입을 명시해야 한다. 내장 타입, 사용자정의 타입, 구조체, 참조 타입의 값과 포인터는 모두 채널을 통해 공유할 수 있다.

Go에서 채널을 생성하려면 다음과 같이 make 내장 함수를 사용하면 된다.

예제 6.17 make 함수를 이용하여 채널 생성하기

```
// 버퍼의 크기가 정해지지 않은 정수 채널
unbuffered := make(chan int)

// 버퍼의 크기가 정해진 문자열 채널
buffered := make(chan string, 10)
```

예제 6.17에서는 make 내장 함수를 통해 버퍼가 없는(unbuffered) 채널과 버퍼가 있는(buffered) 채널을 생성했다. make 함수의 첫 번째 매개변수에는 chan이라는 키워드를 지정해야 하며, 그 다음에 채널이 사용할 데이터의 타입을 지정한다. 만일, 버퍼가 있는 채널을 생성하고자 한다면 두 번째 매개변수에 채널의 버퍼 크기를 명시하면 된다.

채널을 통해 값이나 포인터를 보내려면 다음과 같이 <- 연산자를 사용한다.

예제 6.18 채널에 값 보내기

```
// 버퍼가 있는 문자열 채널
buffered := make(chan string, 10)

// 채널을 통해 문자열을 보낸다.
buffered <- "Gopher"
```

예제 6.18에서는 버퍼의 크기가 10으로 정해진 문자열 타입의 채널을 생성했다. 그리고

"Gopher"라는 문자열을 채널을 통해 보냈다. 문자열 채널로부터 값을 전달받아야 하는 고루틴에서는 동일한 <- 연산자를 이항 연산자로 사용하여 값을 전달받을 수 있다.

```
// 채널에서 문자열을 가져온다.
value := <- buffered
```

채널로부터 값이나 포인터를 전달받을 때는 예제 6.19와 같이 채널 변수 왼쪽에 <- 연산자를 사용하면 된다.

버퍼가 없는 채널과 버퍼가 있는 채널은 조금 다르게 동작한다. 두 종류의 채널 중 올바른 채널을 선택하기 위해서는 이 둘 사이의 차이점을 잘 이해하는 것이 중요하다. 지금부터 두 종류의 채널에 대해 자세히 알아보도록 하자.

6.5.1 버퍼가 없는 채널

버퍼가 없는 채널(unbuffered channel)이란, 값을 전달받기 전에 어떤 값을 얼마나 보유할 수 있을지 그 크기가 결정되지 않은 채널을 말한다. 이 채널을 제대로 사용하려면 채널에 값을 보내거나 받기 전에, 값을 전달하는 고루틴과 전달받는 고루틴이 같은 시점에 채널을 사용할 준비가 되어 있어야 한다. 만일, 두 고루틴이 같은 시점에 준비되어 있지 않다면 어떤 일이 벌어질까? 이 경우 채널은 값을 보내거나 값을 전달받기 위한 대기 작업을 시작한다. 그런데 채널 사이에 값을 보내고 받는 작업은 본질적으로 동기화가 이루어지는 작업이기 때문에 서로 상대방이 없으면 각자의 고루틴은 필요한 작업을 수행할 수 없게 된다.

그림 6.6을 보면, 버퍼가 없는 채널을 사용해 두 고루틴 사이에 값을 공유하는 과정을 알 수 있다. 1단계에서는 두 고루틴이 채널에 접근하지만 값을 보내거나 전달받는 작업은 아직 시작되지 않았다. 2단계에서 왼쪽의 고루틴이 채널에 손을 집어넣는 모습은 채널에 값을 전달하는 것을 묘사한 것이다. 이 시점에 값을 전달하는 고루틴은 값의 교환이 완료될 때까지 채널 내에서 잠금 상태가 된다. 3단계에서 오른쪽의 고루틴이 채널에 접근하여 값을 전달받으려 하고 있다. 이 고루틴 역시 값의 교환이 완료될 때까지 채널 내에서 잠금 상태가 된다. 그리고 4단계와 5단계에서는 데이터의 교환이 이루어지고, 마지막으로 6단계에서는 채널의 잠금이 해제되어 각각의 고루틴이 자유롭게 자신의 일을 계속할 수 있게 된다.

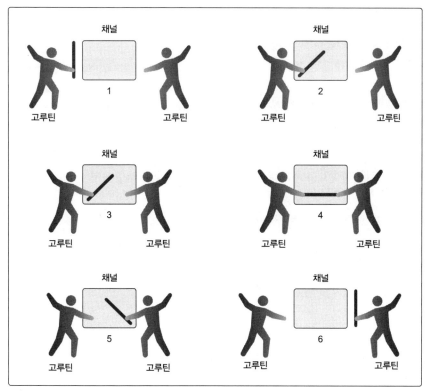

그림 6.6 　버퍼가 없는 채널을 사용할 때 고루틴 사이의 동기화 과정

조금 더 명쾌한 설명을 위해 버퍼가 없는 채널을 이용해 값의 교환을 동기화하는 두 개의 고루틴을 사용하는 예제를 살펴보도록 하자.

테니스 경기를 보면 두 선수가 공을 서로에게 쳐서 보낸다. 이때 선수는 항상 두 가지 상태, 즉 공을 기다리거나 공을 다른 선수에게 쳐서 보내는 상태 중 한 가지 상태에 놓인다. 버퍼가 없는 채널을 사용하는 두 고루틴을 이용해 이와 같은 테니스 선수의 상태를 묘사할 수 있다.

예제 6.20　listing20.go

```
01  // 두 개의 고루틴을 이용해
02  // 테니스 경기를 모방하는 예제
03  package main
04
05  import (
06      "fmt"
07      "math/rand"
08      "sync"
09      "time"
```

```
10 )
11
12 // 프로그램이 종료될 때까지 대기할 WaitGroup
13 var wg sync.WaitGroup
14
15 func init() {
16     rand.Seed(time.Now().UnixNano())
17 }
18
19 // 애플리케이션 진입점
20 func main() {
21     // 버퍼가 없는 채널을 생성한다.
22     court := make(chan int)
23
24     // 고루틴당 하나씩, 총 두 개의 카운터를 추가한다.
25     wg.Add(2)
26
27     // 두 명의 선수가 등장!
28     go player("나달", court)
29     go player("죠코비치", court)
30
31     // 경기를 시작한다.
32     court <- 1
33
34     // 경기가 끝날 때까지 기다린다.
35     wg.Wait()
36 }
37
38 // 테니스 선수의 행동을 모방하는 player 함수
39 func player(name string, court chan int) {
40     // 함수의 실행이 종료될 때 Done 함수를 호출하도록 예약한다.
41     defer wg.Done()
42
43     for {
44         // 공이 되돌아올 때까지 기다린다.
45         ball, ok := <-court
46         if !ok {
47             // 채널이 닫혔으면 승리한 것으로 간주한다.
48             fmt.Printf("%s 선수가 승리했습니다.\n", name)
49             return
50         }
51
52         // 랜덤 값을 이용해 공을 받아치지 못했는지 확인한다.
53         n := rand.Intn(100)
54         if n%13 == 0 {
55             fmt.Printf("%s 선수가 공을 받아치지 못했습니다.\n", name)
56
57             // 채널을 닫아 현재 선수가 패배했음을 알린다.
58             close(court)
59             return
60         }
```

```
61
62          // 선수가 공을 받아친 횟수를 출력하고 그 값을 증가시킨다.
63          fmt.Printf("%s 선수가 %d 번째 공을 받아쳤습니다.\n", name, ball)
64          ball++
65
66          // 공을 상대 선수에게 보낸다.
67          court <- ball
68      }
69 }
```

이 프로그램을 실행하면 다음과 같은 결과를 보게 될 것이다.

```
나달 선수가 1번째 공을 받아쳤습니다.
죠코비치 선수가 2번째 공을 받아쳤습니다.
나달 선수가 3번째 공을 받아쳤습니다.
죠코비치 선수가 공을 받아치지 못했습니다.
나달 선수가 승리했습니다.
```

main 함수의 22번 줄의 코드를 보면, 두 고루틴 사이에 공을 쳐낸 횟수를 교환하기 위해 int 타입의 버퍼 크기가 정해지지 않은 채널을 생성한다. 그리고 28번과 29번 줄에서 생성된 두 개의 고루틴이 경기를 시작한다. 이 시점에서 두 고루틴은 채널로부터 공을 기다리기 위해 잠금 상태가 된다. 32번 줄의 코드에서 채널에 공을 보내면 어느 한 고루틴이 패배할 때까지 경기가 펼쳐진다.

이제 player 함수의 코드를 살펴보자. 먼저 43번 줄의 코드를 보면, 이 함수는 무한 루프를 실행하며 이 안에서 경기가 진행된다. 45번 줄의 코드에서는 채널로부터 데이터를 전달받기 위해 대기한다. 이 작업으로 고루틴은 채널을 통해 데이터를 보내는 작업을 완료할 때까지 잠금 상태에 놓인다. 채널로부터 데이터를 전달받으면 46번 줄의 코드처럼 ok 플래그가 false 값인지를 검사한다. 이 값이 false이면 채널이 닫혔다는 것을 의미하므로 경기를 종료하면 된다. 그렇지 않다면 53~60번 줄의 코드를 통해 임의의 숫자를 하나 가져와 공을 받아쳤는지 못쳤는지를 결정한다. 공을 받아쳤으면 64번 줄처럼 받아친 공의 횟수를 출력하고 그 값을 1 증가시킨 후, 67번 줄의 코드처럼 다시 채널을 통해 상대 선수에게 그 값을 보낸다. 만일 어느 한 선수가 공을 받아치지 못해 58번 줄의 코드가 실행되어 채널이 닫히면, 두 고루틴의 player 함수가 모두 리턴되며 이때 defer 구문에 의해 예약된 Done 함수가 호출되어 프로그램이 종료된다.

버퍼가 없는 채널을 이용해 동기화를 구현하는 방법을 살펴보는 또 다른 예제로, 계주 경기를 묘사한 프로그램을 작성해보자. 계주에서는 네 명의 주자가 트랙을 순서대로 달린다. 두 번째, 세 번째, 네 번째 주자는 자신보다 앞서 달리는 주자가 바통을 전달하기 전까지는 달리기를 시작할 수 없다. 이 경기에서 가장 중요한 것은 주자들이 바통을 교환하는 것이므로 이 동작은 동기식으로 이루어져야 한다. 이를 위해 두 명의 주자가 정확히 같은 시간에 바통을 교환할 수 있는 준비가 되어 있어야 한다.

예제 6.22 listing22.go

```go
01 // 버퍼가 없는 채널을 이용해
02 // 계주 경기를 묘사하는 예제
03 package main
04
05 import (
06     "fmt"
07     "sync"
08     "time"
09 )
10
11 // 프로그램이 종료될 때까지 대기할 WaitGroup
12 var wg sync.WaitGroup
13
14 // 애플리케이션 진입점
15 func main() {
16     // 버퍼가 없는 채널을 생성한다.
17     baton := make(chan int)
18
19     // 마지막 주자를 위해 하나의 카운터를 생성한다.
20     wg.Add(1)
21
22     // 첫 번째 주자가 경기를 준비한다.
23     go Runner(baton)
24
25     // 경기 시작!
26     baton <- 1
27
28     // 경기가 끝날 때까지 기다린다.
29     wg.Wait()
30 }
31
32 // 계주의 각 주자를 표현하는 Runner 함수
33 func Runner(baton chan int) {
34     var newRunner int
35
36     // 바통을 전달받을 때까지 기다린다.
37     runner := <-baton
```

```
38
39        // 트랙을 달린다.
40        fmt.Printf("%d 번째 주자가 바통을 받아 달리기 시작했습니다.\n", runner)
41
42        // 새로운 주자가 교체 지점에서 대기한다.
43        if runner != 4 {
44            newRunner = runner + 1
45            fmt.Printf("%d 번째 주자가 대기합니다.\n", newRunner)
46            go Runner(baton)
47        }
48
49        // 트랙을 달린다.
50        time.Sleep(100 * time.Millisecond)
51
52        // 경기가 끝났는지 검사한다.
53        if runner == 4 {
54            fmt.Printf("%d 번째 주자가 도착했습니다. 경기가 끝났습니다. \n", runner)
55            wg.Done()
56            return
57        }
58
59        // 다음 주자에게 바통을 넘긴다.
60        fmt.Printf("%d 번째 주자가 %d 번째 주자에게 바통을 넘겼습니다.\n",
61            runner,
62            newRunner)
63
64        baton <- newRunner
65 }
```

이 프로그램을 실행하면 다음과 같은 결과가 나타난다.

```
1 번째 주자가 바통을 받아 달리기 시작했습니다.
2 번째 주자가 대기합니다.
1 번째 주자가 2 번째 주자에게 바통을 넘겼습니다.
2 번째 주자가 바통을 받아 달리기 시작했습니다.
3 번째 주자가 대기합니다.
2 번째 주자가 3 번째 주자에게 바통을 넘겼습니다.
3 번째 주자가 바통을 받아 달리기 시작했습니다.
4 번째 주자가 대기합니다.
3 번째 주자가 4 번째 주자에게 바통을 넘겼습니다.
4 번째 주자가 바통을 받아 달리기 시작했습니다.
4 번째 주자가 도착했습니다. 경기가 끝났습니다.
```

main 함수의 17번 줄의 코드를 보면, 바통을 주고받는 행동을 동기화하기 위해 버퍼가 없는
int 타입의 채널을 생성한다. 그리고 20번 줄에서는 WaitGroup에 카운터 1을 추가하여 마지

막 주자가 경기를 마칠 때까지 main 함수가 대기하도록 한다. 그리고 23번 줄의 코드처럼 트랙을 달릴 첫 번째 주자의 역할을 하는 고루틴을 생성한 후, 26번 줄의 코드를 통해 이 주자에게 바통을 전달하여 경기가 시작되도록 한다. 마지막으로, 29번 줄에서는 WaitGroup의 Wait 메서드를 호출하여 마지막 주자가 결승선을 통과할 때까지 대기한다.

Runner 고루틴의 코드를 살펴보면 주자들 간에 바통을 교환하는 동작을 어떻게 작성했는지를 알 수 있다. 37번 줄의 코드는 채널로부터 값을 수신하여 바통을 이어받을 때까지 대기한다. 일단 바통이 전달되면 바통을 전달한 주자가 마지막 주자가 아닌 경우 46번 줄의 코드를 통해 다음 주자가 달릴 준비가 되었음을 알리는 메시지를 출력한다. 50번 줄에서는 100밀리초 동안 코드의 실행을 중단하여 각 주자가 트랙을 달리는 상황을 묘사한다. 55번 줄의 코드는 네 번째 주자가 결승선에 들어온 경우, WaitGroup의 Done 메서드를 호출하여 고루틴을 리턴하도록 한다. 만일 네 번째 주자가 아니라면 64번 줄의 코드에 의해 바통을 다음 주자에게 전달한다. 데이터 교환이 이루어지는 이 시점에서 두 고루틴은 잠금 상태에 놓인다.

지금까지 버퍼가 없는 채널을 이용해 테니스 경기와 계주 경기를 묘사하는 고루틴을 작성하고 이들을 동기화하는 방법을 살펴보았다. 코드의 흐름은 실제로 경기가 펼쳐질 때 벌어지는 일들을 그대로 묘사하고 있다. 이와 같은 코드는 가독성이 높을 뿐 아니라 별도의 문서가 없어도 쉽게 이해할 수 있다. 이제 버퍼가 없는 채널의 동작 방식을 이해했으므로 버퍼가 있는 채널은 어떻게 동작하는지 알아보자.

6.5.2 버퍼가 있는 채널

버퍼가 있는 채널(buffered channel)은 고루틴이 값을 받아가기 전까지 채널에 보관할 수 있는 값의 개수를 지정할 수 있다. 이 채널을 이용하면 보내고 받는 동작이 반드시 동시에 이루어지지 않아도 된다. 또한, 값을 보내거나 받을 때 잠금이 실행되는 방법에도 차이가 있다. 값을 받는 작업의 잠금 작업은 채널 내에 받아갈 값이 없을 때만 실행된다. 반면, 값을 보내는 작업의 잠금은 채널 내에 버퍼가 가득 차서 더 이상 값을 보관할 수 없을 때만 실행된다. 이는 버퍼가 없는 채널과 버퍼가 있는 채널의 큰 차이점이다. 즉, 버퍼가 없는 채널은 값을 보내고 받는 동작이 반드시 동시에 이루어진다는 것을 보장하지만 버퍼가 있는 채널은 이 점을 보장하지 않는다.

그림 6.7은 버퍼가 있는 채널에 각자 아이템을 추가하고 제거하는 두 고루틴의 예를 보여주고 있다. 1단계에서는 오른쪽의 고루틴이 채널로부터 값을 받는 작업을 시작한다. 2단계에서는 왼쪽의 고루틴이 채널에 새로운 값을 계속 추가하는 것과 무관하게 오른쪽의 고루틴은 자신이

필요한 값을 받는 작업을 완료했다. 3단계에서는 왼쪽의 고루틴이 채널에 새로운 값을 보내는 동안 오른쪽의 고루틴은 또 다른 값을 받고 있다. 주목할 점은 3단계에서 두 고루틴이 각자의 작업을 수행하는 동안 어떤 종류의 잠금도 발생하지 않는다는 점이다. 마지막으로, 4단계에서는 값을 보내는 작업과 받는 작업이 모두 완료되었음에도 채널 내에 여전히 값이 남아있는 모습을 볼 수 있다.

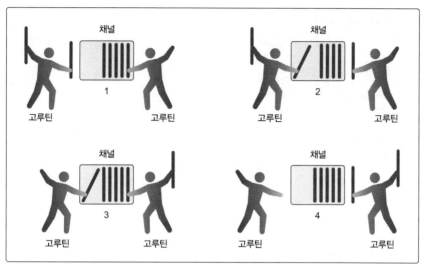

그림 6.7 버퍼가 있는 채널을 이용하는 고루틴의 동기화 과정

그러면 채널로부터 값을 가져와 필요한 작업을 수행하는 일련의 고루틴을 관리하는 예제를 살펴보자. 버퍼가 있는 채널을 이용하면 이런 코드를 깔끔하고 직관적으로 작성할 수 있다.

예제 6.24 listing24.go

```
01 // 버퍼가 있는 채널을 이용해
02 // 미리 정해진 고루틴의 개수만큼
03 // 다중 작업을 수행하는 예제
04 package main
05
06 import (
07     "fmt"
08     "math/rand"
09     "sync"
10     "time"
11 )
12
13 const (
14     numberGoroutines = 4   // 실행할 고루틴의 개수
```

```
15        taskLoad        = 10  // 처리할 작업의 개수
16 )
17
18 // 프로그램이 종료될 때까지 대기할 WaitGroup
19 var wg sync.WaitGroup
20
21 // Go 런타임이 다른 코드를 실행하기에 앞서
22 // 패키지의 초기화를 위해 호출하는 함수
23 func init() {
24     // 랜덤 값 생성기를 초기화한다.
25     rand.Seed(time.Now().Unix())
26 }
27
28 // 애플리케이션 진입점
29 func main() {
30     // 작업 부하를 관리하기 위한 버퍼가 있는 채널을 생성한다.
31     tasks := make(chan string, taskLoad)
32
33     // 작업을 처리할 고루틴을 실행한다.
34     wg.Add(numberGoroutines)
35     for gr := 1; gr <= numberGoroutines; gr++ {
36         go worker(tasks, gr)
37     }
38
39     // 실행할 작업을 추가한다.
40     for post := 1; post <= taskLoad; post++ {
41         tasks <- fmt.Sprintf("작업: %d", post)
42     }
43
44     // 작업을 모두 처리하면
45     // 채널을 닫는다.
46     close(tasks)
47
48     // 모든 작업이 처리될 때까지 대기한다.
49     wg.Wait()
50 }
51
52 // 버퍼가 있는 채널에서 수행할 작업을
53 // 가져가는 고루틴
54 func worker(tasks chan string, worker int) {
55     // 함수가 리턴될 때 Done 함수를 호출하도록 예약한다.
56     defer wg.Done()
57
58     for {
59         // 작업이 할당될 때까지 대기한다.
60         task, ok := <-tasks
61         if !ok {
62             // 채널이 닫힌 경우
63             fmt.Printf("작업자: %d : 종료합니다.\n", worker)
64             return
65         }
```

```
66
67        // 작업을 시작하는 메시지를 출력한다.
68        fmt.Printf("작업자: %d : 작업 시작: %s\n", worker, task)
69
70        // 작업을 처리하는 것을 흉내내기 위해 임의의 시간동안 대기한다.
71        sleep := rand.Int63n(100)
72        time.Sleep(time.Duration(sleep) * time.Millisecond)
73
74        // 작업이 완료되었다는 메시지를 출력한다.
75        fmt.Printf("작업자: %d : 작업 완료: %s\n", worker, task)
76    }
77 }
```

이 프로그램을 실행하면 다음과 같은 결과를 보게 된다.

예제 6.25   listing24.go 파일의 실행 결과

```
작업자: 1 : 작업 시작 : 1
작업자: 2 : 작업 시작 : 2
작업자: 3 : 작업 시작 : 3
작업자: 4 : 작업 시작 : 4
작업자: 1 : 작업 완료 : 1
작업자: 1 : 작업 시작 : 5
작업자: 4 : 작업 완료 : 4
작업자: 4 : 작업 시작 : 6
작업자: 1 : 작업 완료 : 5
작업자: 1 : 작업 시작 : 7
작업자: 2 : 작업 완료 : 2
작업자: 2 : 작업 시작 : 8
작업자: 3 : 작업 완료 : 3
작업자: 3 : 작업 시작 : 9
작업자: 1 : 작업 완료 : 7
작업자: 1 : 작업 시작 : 10
작업자: 4 : 작업 완료 : 6
작업자: 4 : 종료합니다.
작업자: 3 : 작업 완료 : 9
작업자: 3 : 종료합니다.
작업자: 2 : 작업 완료 : 8
작업자: 2 : 종료합니다.
작업자: 1 : 작업 완료 : 10
작업자: 1 : 종료합니다.
```

Go 스케줄러와 프로그램이 랜덤하게 동작하기 때문에 이 프로그램의 결과는 프로그램을 실행할 때마다 다를 수 있다. 그러나 버퍼가 있는 채널에 등록된 모든 작업을 네 개의 고루틴이 나누어 처리한다는 사실에는 변함이 없다. 출력된 결과를 통해 채널에 등록된 작업들이 각 고루틴에 어떻게 나누어 처리되는지 알 수 있다.

31번 줄의 코드를 보면, 우선 문자열 타입의 버퍼가 있는 채널을 10이라는 크기로 생성한다. 그리고 34번 줄에서는 4개의 고루틴을 위해 4개의 카운터를 가지는 WaitGroup을 생성한다. 그리고 35~37번 줄의 코드는 채널로부터 수행할 작업을 받는 네 개의 고루틴을 생성한다. 40~42번 줄의 코드는 고루틴에 전달될 10개의 문자열을 채널에 보낸다. 마지막 문자열을 채널에 보내고 나면, 46번 줄의 코드처럼 채널을 닫고 49번 줄의 코드에 의해 모든 작업이 처리될 때까지 대기한다.

46번 줄에서 채널을 닫는 것이 이 코드의 가장 중요한 부분이다. 채널이 닫히더라도 각 고루틴들은 더 이상 받을 값이 없을 때까지 채널에서 계속 값을 받는다. 채널이 닫힌 상태에서도 값을 받을 수 있다는 사실이 중요한 이유는 나중에라도 고루틴들이 값을 받도록 허용하면 채널 내의 값이 유실되는 일이 발생하지 않기 때문이다. 채널이 닫혔거나 비어있으면 값을 받는 작업은 항상 채널의 타입에 대한 제로 값을 즉각 리턴한다. 그래서 채널에서 값을 받을 때 선택적인 매개변수를 사용하면 채널의 상태에 대한 정보도 알아낼 수 있다.

worker 함수의 코드를 보면 58번 줄처럼 무한 루프를 실행하는 것을 볼 수 있다. 이 루프 내에서는 채널에서 받은 작업을 수행한다. 각 고루틴은 60번 줄의 코드처럼 채널에서 실행할 작업을 받는 작업을 수행하는 동안 잠금 상태가 된다. 실행할 작업을 받은 후에는 ok 플래그를 검사하여 채널이 비었거나 닫혔는를 확인한다. 만일 ok 값이 false이면 고루틴이 종료되며, 56번 줄의 defer 구문을 이용해 예약한 Done 함수를 호출한 후 main 함수로 리턴된다.

ok 플래그 값이 true이면 채널에서 수신한 값이 유효한 값이라고 판단할 수 있다. 71번과 72번 줄의 코드는 이렇게 받은 작업을 실행하는 상황을 묘사한다. 작업이 완료되면 고루틴은 60번 줄의 코드를 이용해 채널로부터 새로운 작업을 받기 위해 다시 잠금 상태가 된다. 채널이 닫히면 채널의 값을 받는 작업이 즉시 리턴되며 따라서 고루틴 역시 종료된다.

버퍼가 없는 채널과 버퍼가 있는 채널의 예제는 채널을 이용해 작성할 수 있는 코드의 종류를 잘 설명해준다. 다음 장에서는 실제로 여러분이 수행하는 프로젝트에 접목할 수 있는 실용적인 동시성 패턴을 살펴본다.

6.6 요약

- 동시성이란 고루틴을 독립적으로 실행하는 기능을 말한다.
- 함수는 go 키워드를 이용해 고루틴으로 동작한다.
- 고루틴은 하나의 운영체제 스레드와 실행.큐를 가진 논리 프로세서의 범위 내에서 실행된다.
- 경쟁 상태란 두 개 혹은 그 이상의 고루틴이 동일한 자원에 접근하려고 시도하는 현상이다.
- 원자성 함수들과 뮤텍스는 경쟁 상태를 피해 공유되는 자원을 보호할 방법을 제공한다.
- 채널은 두 고루틴 사이의 공유 데이터를 본질적으로 안전하게 보호하는 방법을 제공한다.
- 버퍼가 없는 채널은 데이터가 반드시 교환될 수 있도록 보장하는 반면, 버퍼가 있는 채널은 그렇지 않다.

7

동시성 패턴

> **이번 장에서 학습할 내용**
>
> - 프로그램의 수명주기 관리하기
> - 재사용 가능한 리소스 풀 관리하기
> - 작업을 처리하는 고루틴 풀 생성하기

제6장에서 우리는 동시성란 무엇이며 채널은 어떻게 동작하는지를 공부하고 관련된 동시성 예제 코드들을 살펴보았다. 이번 장에서는 더 많은 코드를 통해 동시성 프로그래밍에 한층 더 익숙해지려고 한다. 이를 위해 실제 프로젝트에서도 활용할 수 있는 세 가지 동시성 패턴을 구현한 세 개의 패키지 코드를 살펴볼 것이다. 각 패키지는 동시성 코드와 채널을 실용적 관점에서 활용하는 코드로 작성되어 있으며, 이를 통해 동시성 패턴들을 바탕으로 더욱 손쉽게 동시성 프로그래밍을 즐길 수 있는 방법을 소개할 것이다.

7.1 Runner 패키지

runner 패키지의 목적은 채널을 이용해 프로그램의 실행 시간을 관찰하고 프로그램이 너무 오래 실행되면 프로그램을 종료하는 것이다. 이 패턴은 백그라운드 작업 프로세스를 예약 실행하는 프로그램을 작성할 때 유용한 기법이다. 이런 프로그램은 크론 작업(cron job)[1]을 실행

---

1 역주 Unix/Linux 환경에 기본적으로 탑재된 스케줄러로 지정된 시간에 예약된 작업을 수행하는 것을 의미한다.

하는 프로그램일 수도 있고 iron.io와 같은 작업자(worker) 기반 클라우드 환경에서 동작하는 프로그램일 수도 있다.

그러면 runner 패키지에 작성된 runner.go 파일을 살펴보자.

예제 7.1   runner/runner.go

```
01 // 가브리엘 애자로스(Gabriel Aszalos)가 도움을 준 예제
02 // runner 패키지는 프로세스이 실행 및 수명주기를 관리한다.
03 package runner
04
05 import (
06     "errors"
07     "os"
08     "os/signal"
09     "time"
10 )
11
12 // Runner 타입은 주어진 타임아웃 시간 동안 일련의 작업을 수행한다.
13 // 그리고 운영체제 인터럽트에 의해 실행이 종료된다.
14 type Runner struct {
15     // 운영체제로부터 전달되는 인터럽트 신호를
16     // 수신하기 위한 채널
17     interrupt chan os.Signal
18
19     // 처리가 종료되었음을 알리기 위한 채널
20     complete chan error
21
22     // 지정된 시간이 초과했음을 알리기 위한 채널
23     timeout <-chan time.Time
24
25     // 인덱스 순서로 처리될 작업의 목록을
26     // 저장하기 위한 슬라이스
27     tasks []func(int)
28 }
29
30 // timeout 채널에서 값을 수신하면 ErrTimeout을 리턴한다.
31 var ErrTimeout = errors.New("시간을 초과했습니다.")
32
33 // 운영체제 이벤트를 수신하면 ErrInterrupt를 리턴한다.
34 var ErrInterrupt = errors.New("운영체제 인터럽트 신호를 수신했습니다.")
35
36 // 실행할 Runner 타입 값을 리턴하는 함수
37 func New(d time.Duration) *Runner {
38     return &Runner{
39         interrupt: make(chan os.Signal, 1),
40         complete:  make(chan error),
41         timeout:   time.After(d),
42     }
```

```
43 }
44
45 // Runner 타입에 작업을 추가하는 메서드
46 // 작업은 int형 ID를 매개변수로 전달받는 함수다.
47 func (r *Runner) Add(tasks ...func(int)) {
48     r.tasks = append(r.tasks, tasks...)
49 }
50
51 // 저장된 모든 작업을 실행하고 채널 이벤트를 관찰한다.
52 func (r *Runner) Start() error {
53     // 모든 종류의 인터럽트 신호를 수신한다.
54     signal.Notify(r.interrupt, os.Interrupt)
55
56     // 각각의 작업을 각기 다른 고루틴을 통해 실행한다.
57     go func() {
58         r.complete <- r.run()
59     }()
60
61     select {
62     // 작업 완료 신호를 수신한 경우
63     case err := <-r.complete:
64         return err
65
66     // 작업 시간 초과 신호를 수신한 경우
67     case <-r.timeout:
68         return ErrTimeout
69     }
70 }
71
72 // 개별 작업을 실행하는 메서드
73 func (r *Runner) run() error {
74     for id, task := range r.tasks {
75         // OS로부터 인터럽트 신호를 수신했는지 확인한다.
76         if r.gotInterrupt() {
77             return ErrInterrupt
78         }
79
80         // 작업을 실행한다.
81         task(id)
82     }
83
84     return nil
85 }
86
87 // 인터럽트 신호가 수신되었는지 확인하는 메서드
88 func (r *Runner) gotInterrupt() bool {
89     select {
90     // 인터럽트 이벤트가 발생한 경우
91     case <-r.interrupt:
92         // 이후에 발생하는 인터럽트 신호를 더 이상 수신하지 않도록 한다.
93         signal.Stop(r.interrupt)
```

```
94          return true
95
96      // 작업을 계속해서 실행하게 한다.
97      default:
98          return false
99      }
100 }
```

예제 7.1의 프로그램은 예약 설정에 따라 실행되는 작업 위주(task-oriented)의 프로그램을 작성한 코드다. 이 프로그램이 종료되는 경우는 다음 세 가지다.

- 지정된 시간 동안 작업을 모두 처리하면 자연스럽게 종료된다.
- 프로그램이 제 시간에 작업을 완료하지 못하면 스스로 종료한다.
- 운영체제로부터 인터럽트 신호가 발생하면 최대한 깔끔하게 종료하려고 시도한다.

이제 코드를 살펴보면서 지금까지 설명한 부분이 어떻게 구현되었는지 알아보자.

예제 7.2 runner/runner.go: 12~28번 줄

```
12 // Runner 타입은 주어진 타임아웃 시간 동안 일련의 작업을 수행한다.
13 // 그리고 운영체제 인터럽트에 의해 실행이 종료된다.
14 type Runner struct {
15      // 운영체제로부터 전달되는 인터럽트 신호를
16      // 수신하기 위한 채널
17      interrupt chan os.Signal
18
19      // 처리가 종료되었음을 알리기 위한 채널
20      complete chan error
21
22      // 지정된 시간이 초과했음을 알리기 위한 채널
23      timeout <-chan time.Time
24
25      // 인덱스 순서로 처리될 작업의 목록을
26      // 저장하기 위한 슬라이스
27      tasks []func(int)
28 }
```

예제 7.2를 보면 이 프로그램은 Runner라는 이름의 구조체를 정의하는 것으로 시작한다. 이 타입은 프로그램의 수명주기를 관리하기 위한 세 개의 채널과 순차적으로 작업을 실행하기 위한 함수의 슬라이스를 선언하고 있다.

17번 줄의 인터럽트 채널은 os.Signal 타입의 인터페이스 값을 보내거나 받기 위한 채널로, 운영체제의 인터럽트 이벤트를 수신하기 위해 사용한다.

예제 7.3   golang.org/pkg/os/#Signal

```
// 운영체제의 신호를 표현하기 위한 타입
// 실제 구현은 운영체제에 따라 다르다.
// UNIX 환경의 신호는 syscall.Signal에 구현되어 있다.
type Signal interface {
    String() string
    Signal()  // 다른 문자열과 구분하기 위한 함수
}
```

예제 7.3은 os.Signal 인터페이스를 선언한 코드를 보여준다. 이 인터페이스는 운영체제별로 이벤트를 전달받아 보고하는 기능을 추상화하기 위해 선언된 것이다.

Runner 구조체의 두 번째 필드인 complete 필드는 인터럽트를 위한 에러 값을 보내고 받기 위한 채널이다.

예제 7.4   runner/runner.go: 19~20번 줄

```
19      // 처리가 종료되었음을 알리기 위한 채널
20      complete chan error
```

이 채널의 이름을 complete라고 부른 이유는 작업을 실행하는 고루틴이 작업을 완료했음을 알리기 위해 사용하는 채널이기 때문이다. 에러가 발생했다면 이 채널을 통해 error 인터페이스 값을 보내서 에러가 발생했음을 알린다. 에러가 발생하지 않았다면 error 인터페이스 값으로 nil 값을 보낸다.

세 번째 필드는 time.Time 값을 보내고 받을 수 있는 timeout 채널이다.

예제 7.5   runner/runner.go: 22~23번 줄

```
22      // 지정된 시간이 초과했음을 알리기 위한 채널
23      timeout <-chan time.Time
```

이 채널은 모든 작업을 처리하기 위해 사용한 시간을 관리하기 위한 채널이다. 채널을 통해 time.Time 값을 받지 못하면 프로그램은 최대한 자신이 하던 작업을 마무리하고 종료된다.

마지막 필드는 함수의 슬라이스인 tasks 필드다.

```
25      // 인덱스 순서로 처리될 작업의 목록을
26      // 저장하기 위한 슬라이스
27      tasks []func(int)
```

이 슬라이스에 보관되는 함수들은 하나씩 차례대로 실행될 함수를 표현한다. 실제로 이 함수들은 main 함수가 생성하는 별도의 고루틴을 통해 하나씩 실행된다.

지금까지 한 것처럼 Runner 타입을 선언한 후에는 두 개의 error 인터페이스 변수를 선언한다.

```
30 // timeout 채널에서 값을 수신하면 ErrTimeout을 리턴한다.
31 var ErrTimeout = errors.New("시간을 초과했습니다.")
32
33 // 운영체제 이벤트를 수신하면 ErrInterrupt를 리턴한다.
34 var ErrInterrupt = errors.New("운영체제 인터럽트 신호를 수신했습니다.")
```

첫 번째 error 인터페이스 변수는 ErrTimeout이다. 이 에러 값은 시간 초과 이벤트가 발생했을 때 Start 메서드가 리턴한다. 두 번째 error 인터페이스 변수는 ErrInterrupt이다. 이 에러 값은 운영체제 이벤트가 발생했을 때 역시 Start 메서드가 리턴한다.

이제 Runner 타입의 값을 생성하는 코드를 살펴보자.

```
36 // 실행할 Runner 타입 값을 리턴하는 함수
37 func New(d time.Duration) *Runner {
38     return &Runner{
39         interrupt: make(chan os.Signal, 1),
40         complete:  make(chan error),
41         timeout:   time.After(d),
42     }
43 }
```

예제 7.8에 작성한 New 팩토리 함수는 time.Duration 값을 매개변수로 전달받아 Runner 타입에 대한 포인터를 리턴한다. 이 함수는 Runner 타입의 값을 생성한 후 각 채널 필드들을 초기화한다. tasks 필드는 제로 값이 nil 슬라이스이므로 별도로 초기화하지 않는다. 각 채널은 각기 다르게 초기화된다.

interrupt 채널은 버퍼의 크기가 1로 지정된 버퍼가 있는 채널이다. 이 채널은 최소 하나의 os.Signal 값이 런타임에 보내지는 것을 보장한다. 런타임은 이 이벤트를 넌블로킹 (nonblocking) 방식[2]으로 보낸다. 고루틴이 아직 이 값을 받아들일 준비가 되지 않았다면 이 값은 그냥 날아가 버린다. 예를 들어, 사용자가 Ctrl+C를 반복적으로 누르면 프로그램은 채널 내에 지정된 버퍼의 용량만큼만 이벤트를 받게 된다. 그리고 나머지 이벤트는 그냥 사라져버린다.

complete 채널은 버퍼가 없는 채널로 초기화된다. 고루틴은 작업의 실행을 완료하면 에러 값이나 nil 에러 값을 채널로 보낸다. 그리고 main 함수가 이 값을 받을 때까지 대기한다. main 함수가 에러 값을 받은 후에는 안전하게 고루틴을 종료할 수 있다.

마지막 채널인 timeout 채널은 time 패키지의 After 함수를 이용해 초기화된다. After 함수는 time.Time 타입의 채널을 리턴한다. 런타임은 지정된 시간이 지나면 이 채널에 time.Time 값을 보낸다.

지금까지 Runner 구조체의 각 필드들을 초기화하는 과정을 살펴보았다. 이제는 Runner 타입에 선언한 메서드에 대해 살펴보기로 하자. 가장 먼저 살펴볼 Add 메서드는 실행될 함수를 추가하기 위한 것이다.

예제 7.9 runner/runner.go: 45~49번 줄

```
45 // Runner 타입에 작업을 추가하는 메서드
46 // 작업은 int형 ID를 매개변수로 전달받는 함수이다.
47 func (r *Runner) Add(tasks ...func(int)) {
48     r.tasks = append(r.tasks, tasks...)
49 }
```

예제 7.9의 Add 메서드는 tasks라는 하나의 **가변 길이 매개변수(varadic parameter)**를 선언한다. 가변 길이 매개변수란, 전달되는 매개변수를 개수에 관계없이 모두 받아들이는 매개변수다. 예제의 경우 이 값은 반드시 하나의 정수 값을 전달받으며, 아무것도 리턴하지 않는 함수여야 한다. tasks 매개변수는 코드에 전달되면 이 함수 값들을 보관하는 슬라이스가 된다.

이제 run 메서드를 살펴보자.

---

2 역주 특정 작업을 수행하는 동안 다른 작업을 중단하지 않는 방식

```
72 // 개별 작업을 실행하는 메서드
73 func (r *Runner) run() error {
74     for id, task := range r.tasks {
75         // OS로부터 인터럽트 신호를 수신했는지 확인한다.
76         if r.gotInterrupt() {
77             return ErrInterrupt
78         }
79
80         // 작업을 실행한다.
81         task(id)
82     }
83
84     return nil
85 }
```

예제 7.10의 run 메서드는 tasks 슬라이스를 반복하면서 각 함수들을 순서대로 실행한다. 이 메서드는 81번 줄에서 함수들을 실행하기에 앞서, 76번 줄에서 gotInterrupt 메서드를 호출하여 운영체제로부터 전달된 이벤트가 있는지를 먼저 확인한다.

```
87 // 인터럽트 신호가 수신되었는지 확인하는 메서드
88 func (r *Runner) gotInterrupt() bool {
89     select {
90     // 인터럽트 이벤트가 발생한 경우
91     case <-r.interrupt:
92         // 이후에 발생하는 인터럽트 신호를 더 이상 수신하지 않도록 한다.
93         signal.Stop(r.interrupt)
95         return true
96
97     // 작업을 계속해서 실행하게 한다.
98     default:
99         return false
100    }
101 }
```

예제 7.11의 gotInterrupt 메서드는 default 키워드를 가진 보편적인 select 구문을 사용한다. 91번 줄의 코드에서는 interrupt 채널로부터 값을 받는다. 통상 이 채널에서 수신할 수 있는 값이 없다면 실행이 중단될 테지만, 98번 줄에 사용한 default 구문 덕분에 interrupt 채널에서 값을 받는 작업이 넌블로킹 호출로 변경된다. 그래서 interrupt 채널에서 값을 받으면 이 값을 처리하고, 받은 값이 없으면 default 구문이 실행된다.

인터럽트 이벤트를 받으면, 93번 줄의 코드처럼 Stop 메서드를 호출하여 이후의 이벤트는 더 이상 수신하지 않도록 한 후 true 값을 리턴한다. 만약, 인터럽트 이벤트를 받지 못했다면 99번 줄처럼 false를 리턴한다. 기본적으로 gotInterrupt 메서드는 고루틴이 인터럽트 이벤트를 확인했을 때 수신된 이벤트가 없으면 하던 작업을 계속하도록 하는 역할을 담당한다.

마지막으로, Start 메서드를 확인해보자.

예제 7.12   runner/runner.go: 51~70번 줄

```
51  // 저장된 모든 작업을 실행하고 채널 이벤트를 관찰한다.
52  func (r *Runner) Start() error {
53      // 모든 종류의 인터럽트 신호를 수신한다.
54      signal.Notify(r.interrupt, os.Interrupt)
55
56      // 각각의 작업을 각기 다른 고루틴을 통해 실행한다.
57      go func() {
58          r.complete <- r.run()
59      }()
60
61      select {
62      // 작업 완료 신호를 수신한 경우
63      case err := <-r.complete:
64          return err
65
66      // 작업 시간 초과 신호를 수신한 경우
67      case <-r.timeout:
68          return ErrTimeout
69      }
70  }
```

Start 메서드는 프로그램의 주된 작업 흐름을 실행하고 있다. 예제 7.12의 52번 줄의 코드를 보면, 이 메서드는 gotInterrupt 메서드가 운영체제로부터 발생하는 인터럽트 이벤트를 수신할 수 있도록 설정하고 있다. 그리고 56~59번 줄의 코드를 보면, 익명 함수를 이용해 프로그램에 할당된 작업을 수행하는 고루틴을 실행한다. 고루틴 내부의 58번 줄에서는 run 메서드를 호출한 결과로 리턴된 error 인터페이스 값을 complete 채널을 통해 보낸다. 즉, 채널을 통해 error 인터페이스 값을 받으면 그 값을 호출자에게 전달한다.

Start 메서드는 고루틴을 생성한 다음, select 구문을 이용해 두 개의 이벤트가 발생할 때까지 대기한다. complete 채널로부터 error 인터페이스 값을 받으면, 이는 주어진 시간 내에 작업이 완료되었거나 운영체제로부터 인터럽트 이벤트가 발생했다는 것을 뜻한다. 이 경우에는 채널에서 받아온 error 인터페이스 값을 리턴하고 고루틴을 종료하면 된다. 만일 timeout 채

널을 통해 time.Time 값을 받으면, 이는 고루틴이 주어진 시간 내에 작업을 완료하지 못했다는 것을 의미한다. 이 경우에는 ErrTimeout 변수를 리턴한다.

이제 runner 패키지의 코드가 어떻게 동작하는지 파악했으므로 main.go 파일에 작성한 테스트 프로그램을 살펴보도록 하자.

예제 7.13   runner/main/main.go

```
01 // 프로그램이 지정된 시간보다 오래 실행 중이면
02 // 자동으로 종료하기 위해 채널을 활용하는
03 // 방법을 소개하기 위한 예제
04 package main
05
06 import (
07     "log"
08     "os"
09     "time"
10
11     "github.com/goinaction/code/chapter7/patterns/runner"
12 )
13
14 // 프로그램의 실행 시간
15 const timeout = 3 * time.Second
16
17 // 애플리케이션 진입점
18 func main() {
19     log.Println("작업을 시작합니다.")
20
21     // 실행 시간을 이용해 새로운 작업 실행기를 생성한다.
22     r := runner.New(timeout)
23
24     // 수행할 작업을 등록한다.
25     r.Add(createTask(), createTask(), createTask())
26
27     // 작업을 실행하고 결과를 처리한다.
28     if err := r.Start(); err != nil {
29         switch err {
30         case runner.ErrTimeout:
31             log.Println("지정된 작업 시간을 초과했습니다.")
32             os.Exit(1)
33         case runner.ErrInterrupt:
34             log.Println("운영체제 인터럽트가 발생했습니다.")
35             os.Exit(2)
36         }
37     }
38
39     log.Println("프로그램을 종료합니다.")
40 }
```

```
41
42  // 지정된 시간 동안 아무것도 하지 않고 대기하는
43  // 예제 작업을 생성하는 함수
44  func createTask() func(int) {
45      return func(id int) {
46          log.Printf("프로세서 - 작업 #%d.", id)
47          time.Sleep(time.Duration(id) * time.Second)
48      }
49  }
```

예제 7.13의 main 함수는 먼저 22번 줄의 코드처럼 New 함수에 새로운 작업 시간을 전달하고, 그 결과로 Runner 타입의 포인터를 리턴받는다. 그런 다음 이 Runner 값에 새로운 작업을 추가하기 위해 createTask 함수를 몇 차례 호출한다. 44번 줄에 작성된 이 함수는 실제로는 아무것도 수행하지 않고 지정된 시간 동안 가만히 대기하는 함수다. 이 함수를 추가하면 28번 줄의 코드처럼 Start 메서드를 호출한다. 그러면 main 함수는 Start 메서드가 리턴될 때까지 대기한다.

Start 메서드가 리턴되면 error 인터페이스 값이 리턴되었는지를 먼저 확인한다. 만일 에러가 발생했다면, error 인터페이스 값을 이용하여 Start 메서드가 시간이 초과되어 종료되었는지 운영체제 인터럽트에 의해 종료되었는지 파악한다. 에러가 없다면 작업이 지정된 시간 내에 정상적으로 완료된 것으로 간주한다. 만일 시간이 초과된 상황이라면 프로그램은 에러 코드 1을 리턴하고 종료된다. 그렇지 않고 운영체제 인터럽트에 의해 작업이 종료된 경우라면 에러 코드 2를 리턴한다. 그 외의 경우는 프로그램의 정상적인 종료를 의미하는 0을 리턴한다.

7.2 풀링

pool 패키지에는 버퍼가 있는 채널을 이용하여 공유가 가능한 리소스의 풀을 생성하고, 이 리소스들을 원하는 개수만큼의 고루틴에서 개별적으로 활용할 수 있는 기능을 작성한 코드가 모여있다. 이 패턴은 데이터베이스 연결이나 메모리 버퍼 등 공유되는 리소스의 정적인 집합을 관리할 때 특히 유용하다. 고루틴이 이런 리소스 중 하나를 사용해야 할 경우에는 리소스를 할당받고 사용한 후 다시 풀에 반환하는 구조로 동작한다.

그러면 pool 패키지에 구현된 pool.go 파일의 코드를 먼저 살펴보자.

```go
01 // 파티 아슬란(Fatih Arslan)과 가브리엘 애자로스(Gabriel Aszalos)가 도움을 준 예제
02 // 사용자가 정의한 리소스의 집합을 관리하는 패키지
03 package pool
04
05 import (
06     "errors"
07     "io"
08     "log"
09     "sync"
10 )
11
12 // Pool 구조체는 여러 개의 고루틴에서 안전하게 공유하기 위한 리소스의 집합을 관리한다.
13 // 이 풀에서 관리하기 위한 리소스는
14 // io.Closer 인터페이스를 반드시 구현해야 한다.
15 type Pool struct {
16     m         sync.Mutex
17     resources chan io.Closer
18     factory   func() (io.Closer, error)
19     closed    bool
20 }
21
22 // ErrPoolClosed 에러는 리소스를 획득하려 할 때
23 // 풀이 닫혀있는 경우에 발생한다.
24 var ErrPoolClosed = errors.New("풀이 닫혔습니다.")
25
26 // New 함수는 리소스 관리 풀을 생성한다.
27 // 풀은 새로운 리소스를 할당하기 위한 함수와
28 // 풀의 크기를 매개변수로 정의한다.
29 func New(fn func() (io.Closer, error), size uint) (*Pool, error) {
30     if size <= 0 {
31         return nil, errors.New("풀의 크기가 너무 작습니다.")
32     }
33
34     return &Pool{
35         factory:   fn,
36         resources: make(chan io.Closer, size),
37     }, nil
38 }
39
40 // 풀에서 리소스를 획득하는 메서드
41 func (p *Pool) Acquire() (io.Closer, error) {
42     select {
43     // 사용 가능한 리소스가 있는지 검사한다.
44     case r, ok := <-p.resources:
45         log.Println("리소스 획득:", "공유된 리소스")
46         if !ok {
47             return nil, ErrPoolClosed
48         }
49         return r, nil
```

```go
50
51      // 사용 가능한 리소스가 없는 경우 새로운 리소스를 생성한다.
52      default:
53          log.Println("리소스 획득:", "새로운 리소스")
54          return p.factory()
55      }
56  }
57
58  // 풀에 리소스를 반환하는 메서드
59  func (p *Pool) Release(r io.Closer) {
60      // 안전한 작업을 위해 잠금을 설정한다.
61      p.m.Lock()
62      defer p.m.Unlock()
63
64      // 풀이 닫혔으면 리소스를 해제한다.
65      if p.closed {
66          r.Close()
67          return
68      }
69
70      select {
71      // 새로운 리소스를 큐에 추가한다.
72      case p.resources <- r:
73          log.Println("리소스 반환:", "리소스 큐에 반환")
74
75      // 리소스 큐가 가득 찬 경우 리소스를 해제한다.
76      default:
77          log.Println("리소스 반환:", "리소스 해제")
78          r.Close()
79      }
80  }
81
82  // 풀을 종료하고 생성된 모든 리소스를 해제하는 메서드
83  func (p *Pool) Close() {
84      // 안전한 작업을 위해 잠금을 설정한다.
85      p.m.Lock()
86      defer p.m.Unlock()
87
88      // 풀이 이미 닫혔으면 아무런 작업도 수행하지 않는다.
89      if p.closed {
90          return
91      }
92
93      // 풀을 닫힌 상태로 전환한다.
94      p.closed = true
95
96      // 리소스를 해제하기에 앞서 채널을 먼저 닫는다.
97      // 그렇지 않으면 데드락에 걸릴 수 있다.
98      close(p.resources)
99
100     // 리소스를 해제한다.
```

```
101        for r := range p.resources {
102            r.Close()
103        }
104 }
```

예제 7.14의 코드는 pool 패키지를 구현한 코드다. 먼저 Pool이라는 이름의 구조체를 선언한다. 호출자는 필요한 만큼 풀을 생성할 수 있다. 각 풀은 io.Closer 인터페이스를 구현하는 타입이라면 어떤 것이든지 자신의 리소스로 관리할 수 있다. Pool 구조체의 선언부를 살펴보자.

```
12 // Pool 구조체는 여러 개의 고루틴에서 안전하게 공유하기 위한 리소스의 집합을 관리한다.
13 // 이 풀에서 관리하기 위한 리소스는
14 // io.Closer 인터페이스를 반드시 구현해야 한다.
15 type Pool struct {
16     m          sync.Mutex
17     resources  chan io.Closer
18     factory    func() (io.Closer, error)
19     closed     bool
20 }
```

Pool 구조체는 고루틴이 안전하게 사용할 수 있도록 풀을 관리하기 위한 네 개의 필드를 선언하고 있다. 16번 줄의 코드를 보면, 가장 먼저 선언하는 필드는 sync.Mutex 타입의 필드다. 이 뮤텍스는 여러 고루틴이 풀에 접근할 때 안전하게 작업을 수행하기 위해 활용한다. 두 번째로 선언한 resources 필드는 io.Closer 인터페이스 타입의 채널이다. 이 채널은 버퍼가 있는 채널로 생성되며, 공유하기 위한 리소스를 보관하는 목적으로 사용한다. 인터페이스 타입을 사용했기 때문에 이 풀은 io.Closer 인터페이스를 구현하는 어떤 타입의 리소스도 관리가 가능하다.

factory 필드는 함수 타입이다. 이 필드에는 매개변수 없이 io.Closer 인터페이스와 error 인터페이스를 리턴하도록 선언된 어떤 함수도 할당할 수 있다. 이 함수의 역할은 풀에 리소스 요청이 들어올 때 새로운 리소스를 생성하는 것이다. 이 함수의 기능 자체는 pool 패키지의 범위를 벗어나는 것이며, 이 패키지를 사용하는 사용자가 직접 작성하여 제공해야 한다.

19번 줄에 선언된 마지막 필드는 closed 필드다. 이 필드는 Pool 값이 종료 중이거나 혹은 이미 종료되었다는 것을 표시하기 위한 플래그다. 이제 Pool 구조체의 선언을 살펴보았으므로 24번 줄에 선언된 error 인터페이스 변수를 살펴보자.

```
22  // ErrPoolClosed 에러는 리소스를 획득하려 할 때
23  // 풀이 닫혀있는 경우에 발생한다.
24  var ErrPoolClosed = errors.New("풀이 닫혔습니다.")
```

Go의 개발 과정에서 error 인터페이스 타입의 변수를 생성하는 것은 매우 보편적이다. 이렇게 하면 호출자가 패키지 내의 함수나 메서드가 어떤 에러 값을 리턴했는지를 확인할 수 있다. 예제 7.16의 error 인터페이스 값은 사용자가 Acquire 메서드를 호출했는데 풀이 닫힌 경우를 위해 선언된 것이다. Acquire 메서드를 실행하는 동안에는 다양한 종류의 에러가 발생할 수 있기 때문에, 풀이 닫혔을 때 이 에러를 리턴하면 호출자가 다른 에러와 풀이 닫힌 경우의 에러를 구분할 수 있다.

Pool 타입과 error 인터페이스 변수의 선언에 이어 pool 패키지에 선언된 함수와 메서드들을 살펴보기로 하자. 먼저, 풀의 팩토리 함수인 New 함수를 작성한 코드는 다음과 같다.

```
26  // New 함수는 리소스 관리 풀을 생성한다.
27  // 풀은 새로운 리소스를 할당하기 위한 함수와
28  // 풀의 크기를 매개변수로 정의한다.
29  func New(fn func() (io.Closer, error), size uint) (*Pool, error) {
30      if size <= 0 {
31          return nil, errors.New("풀의 크기가 너무 작습니다.")
32      }
33
34      return &Pool{
35          factory:   fn,
36          resources: make(chan io.Closer, size),
37      }, nil
38  }
```

예제 7.17의 New 함수는 두 개의 매개변수를 전달받으며 두 개의 값을 리턴한다. 첫 번째 매개변수인 fn은 함수 타입으로 선언되었으며, 매개변수 없이 io.Closer 인터페이스와 error 인터페이스 값을 리턴하는 함수다. 이 함수 매개변수는 풀에 의해 관리되는 리소스의 새로운 값을 생성하는 팩토리 함수를 위한 것이다. 두 번째 size 매개변수는 리소스를 관리할 버퍼가 있는 채널의 크기를 지정하기 위한 것이다.

30번 줄의 코드에서는 size 매개변수의 값이 0보다 작거나 같은 값인지를 확인한다. 값이 0보다 작거나 같으면, 풀의 포인터 값에 대해 nil을 리턴한 후 에러를 표현하기 위한 error 인터

페이스 값을 생성한다.

이 에러는 이 함수가 리턴하는 유일한 에러이기 때문에 굳이 error 인터페이스 변수를 선언하여 관리할 필요는 없다. size 매개변수의 값이 유효한 값이라면 새로운 Pool 구조체 값을 생성하여 초기화한다. 35번 줄의 코드에서 함수 매개변수를 할당하고, 36번 줄의 코드에서 size 매개변수의 값을 이용해 버퍼가 있는 채널을 생성한다. return 구문 안에서 필요한 모든 것을 생성하고 초기화할 수 있다는 점에 유의하자. 이 경우 새로운 Pool 값에 대한 포인터와 nil 값을 가지는 error 인터페이스 값을 생성하고 초기화하여 리턴한다.

새로운 Pool 구조체 값을 생성하고 초기화하는 메서드에 이어 이제 Acquire 메서드에 대해 살펴보자. 이 메서드는 호출자가 풀에서 리소스를 획득하고자 할 때 호출한다.

예제 7.18 pool/pool.go: 40~56번 줄

```
40 // 풀에서 리소스를 획득하는 메서드
41 func (p *Pool) Acquire() (io.Closer, error) {
42     select {
43     // 사용 가능한 리소스가 있는지 검사한다.
44     case r, ok := <-p.resources:
45         log.Println("리소스 획득:", "공유된 리소스")
46         if !ok {
47             return nil, ErrPoolClosed
48         }
49         return r, nil
50
51     // 사용 가능한 리소스가 없는 경우 새로운 리소스를 생성한다.
52     default:
53         log.Println("리소스 획득:", "새로운 리소스")
54         return p.factory()
55     }
56 }
```

예제 7.18은 Acquire 메서드를 작성한 코드다. 이 메서드는 풀에서 사용 가능한 리소스를 찾아 리턴하거나, 현재 사용 가능한 리소스가 없으면 새로운 리소스를 생성하여 리턴한다. 이를 위해 select/case 구문을 이용하여 버퍼가 있는 채널에 필요한 리소스의 존재 여부를 확인한다. 만일, 리소스가 존재하면 해당 리소스를 호출자에게 리턴한다. 이 과정은 44~49번 줄에 작성되어 있다. 만일, 버퍼가 있는 채널에 필요한 리소스가 존재하지 않는다면 default 구문이 실행된다. 이 경우에는 54번 줄의 코드처럼 사용자의 팩토리 함수를 실행하여 새로운 리소스를 생성해 리턴한다.

일단 획득한 리소스를 활용한 후 더 이상 필요하지 않게 되면 이 리소스는 반드시 풀에 되돌려져야 한다. Release 메서드가 바로 이런 작업을 수행한다. 그러나 Release 메서드의 동작을 가능하게 하는 메커니즘을 이해하려면 Close 메서드를 먼저 살펴봐야 한다.

예제 7.19 pool/pool.go: 82~104번 줄

```
82  // 풀을 종료하고 생성된 모든 리소스를 해제하는 메서드
83  func (p *Pool) Close() {
84      // 안전한 작업을 위해 잠금을 설정한다.
85      p.m.Lock()
86      defer p.m.Unlock()
87
88      // 풀이 이미 닫혔으면 아무런 작업도 수행하지 않는다.
89      if p.closed {
90          return
91      }
92
93      // 풀을 닫힌 상태로 전환한다.
94      p.closed = true
95
96      // 리소스를 해제하기에 앞서 채널을 먼저 닫는다.
97      // 그렇지 않으면 데드락에 걸릴 수 있다.
98      close(p.resources)
99
100     // 리소스를 해제한다.
101     for r := range p.resources {
102         r.Close()
103     }
104 }
```

풀을 활용하는 프로그램은 종료 시점에 Close 메서드를 호출해야 한다. 예제 7.19의 코드는 Close 메서드를 작성한 코드다. 이 메서드는 98번 줄과 101번 줄의 코드를 이용해 버퍼가 있는 채널에 저장된 모든 값들을 삭제한 후 채널을 닫는다. 이 메서드의 전체 코드는 어느 한 시점에 단 하나의 고루틴에 의해서만 실행되어야 한다. 사실 이 코드가 실행 중이면 고루틴이 Release 메서드를 실행해서도 안 된다. 이것이 왜 중요한지는 잠시 후에 이해할 수 있게 될 것이다.

85번과 86번 줄의 코드를 보면, 뮤텍스를 이용해 잠금을 실행한 후 함수가 리턴될 때 잠금을 해제하기 위한 함수 호출을 예약한다. 그리고 89번 줄의 코드에서는 closed 플래그를 검사하여 풀이 현재 닫히고 있거나 이미 닫혔는지를 검사한다. 풀이 닫힌 상태라면 잠금을 해제하고 메서드 실행을 즉시 종료한다. 이 메서드가 처음 호출된 경우라면, closed 플래그를 true로 설정한 후 채널 내의 모든 리소스를 해제한다.

이제 Release 메서드가 Close 메서드와 어떻게 짝을 이루어 동작하는지 그 과정을 살펴보기로 하자.

```
58  // 풀에 리소스를 반환하는 메서드
59  func (p *Pool) Release(r io.Closer) {
60      // 안전한 작업을 위해 잠금을 설정한다.
61      p.m.Lock()
62      defer p.m.Unlock()
63
64      // 풀이 닫혔으면 리소스를 해제한다.
65      if p.closed {
66          r.Close()
67          return
68      }
69
70      select {
71      // 새로운 리소스를 큐에 추가한다.
72      case p.resources <- r:
73          log.Println("리소스 반환:", "리소스 큐에 반환")
74
75      // 리소스 큐가 가득 찬 경우 리소스를 해제한다.
76      default:
77          log.Println("리소스 반환:", "리소스 해제")
78          r.Close()
79      }
80  }
```

예제 7.20은 Release 메서드를 작성한 코드다. 이 메서드는 61~62번 줄의 코드처럼 뮤텍스를 이용한 잠금 및 해제를 먼저 처리한다. 이 뮤텍스는 Close 메서드가 사용한 것과 동일한 뮤텍스다. 이렇게 함으로써 이 두 메서드가 각기 다른 고루틴에 의해 동시에 실행되는 것을 방지할 수 있다. 여기서 뮤텍스를 사용하는 목적은 크게 두 가지다. 첫 번째는 65번 줄에서 closed 플래그 값을 읽으려는 시점과 같은 시점에 Close 메서드가 이 플래그 값을 설정하는 상황이 발생하는 것을 막기 위함이다. 두 번째로는 닫힌 채널에 리소스를 돌려보내면 패닉(panic)이 발생하기 때문에 이런 상황 역시 피하기 위함이다. resources 채널이 이미 닫혔는지 알기 위해서는 closed 필드의 값이 true인지를 확인한다.

66번 줄의 코드를 보면, 채널을 닫을 때 리소스의 Close 메서드를 직접 호출한다. 그 이유는 리소스를 다시 풀로 돌려보낼 수 있는 방법이 없기 때문이다. 이 시점에는 이미 풀이 비워지고 닫혔기 때문이다. closed 플래그를 읽거나 쓰는 동작은 반드시 동기화되어야 하며, 그렇지 못하면 고루틴이 풀이 계속 열린 상태인 것으로 잘못 판단하여 채널에 잘못된 동작을 수행할 수 있다.

지금까지 리소스 풀이 어떻게 동작했는지 코드를 통해 확인했으므로 이제는 main.go 파일에 작성된 테스트 프로그램을 살펴보도록 하자.

예제 7.21   pool/main/main.go

```
01 // pool 패키지를 이용하여 데이터베이스 연결 풀을
02 // 생성하고 활용하는 예제
03 package main
04
05 import (
06     "io"
07     "log"
08     "math/rand"
09     "sync"
10     "sync/atomic"
11     "time"
12
13     "github.com/goinaction/code/chapter7/patterns/pool"
14 )
15
16 const (
17     maxGoroutines    = 25 // 실행할 수 있는 고루틴의 최대 개수
18     pooledResources = 2   // 풀이 관리할 리소스의 개수
19 )
20
21 // 공유 자원을 표현한 구조체
22 type dbConnection struct {
23     ID int32
24 }
25
26 // dbConnection 타입이 풀에 의해 관리될 수 있도록
27 // io.Closer 인터페이스를 구현한다.
28 // Close 메서드는 자원의 해제를 담당한다.
29 func (dbConn *dbConnection) Close() error {
30     log.Println("닫힘: 데이터베이스 연결", dbConn.ID)
31     return nil
32 }
33
34 // 각 데이터베이스에 유일한 id를 할당하기 위한 변수
35 var idCounter int32
36
37 // 풀이 새로운 리소스가 필요할 때 호출할
38 // 팩토리 메서드
39 func createConnection() (io.Closer, error) {
40     id := atomic.AddInt32(&idCounter, 1)
```

```
41        log.Println("생성: 새 데이터베이스 연결", id)
42
43        return &dbConnection{id}, nil
44 }
45
46 // 애플리케이션 진입점
47 func main() {
48        var wg sync.WaitGroup
49        wg.Add(maxGoroutines)
50
51        // 데이터베이스 연결을 관리할 풀을 생성한다.
52        p, err := pool.New(createConnection, pooledResources)
53        if err != nil {
54            log.Println(err)
55        }
56
57        // 풀에서 데이터베이스 연결을 가져와 질의를 실행한다.
58        for query := 0; query < maxGoroutines; query++ {
59            // 각 고루틴에는 질의 값의 복사본을 전달해야 한다.
60            // 그렇지 않으면 고루틴들이 동일한 질의 값을
61            // 공유하게 된다.
62            go func(q int) {
63                performQueries(q, p)
64                wg.Done()
65            }(query)
66        }
67
68        // 고루틴의 실행이 종료될 때까지 대기한다.
69        wg.Wait()
70
71        // 풀을 닫는다.
72        log.Println("프로그램을 종료합니다.")
73        p.Close()
74 }
75
76 // 데이터베이스 연결 리소스 풀을 테스트한다.
77 func performQueries(query int, p *pool.Pool) {
78        // 풀에서 데이터베이스 연결 리소스를 획득한다.
79        conn, err := p.Acquire()
80        if err != nil {
81            log.Println(err)
82            return
83        }
84
85        // 데이터베이스 연결 리소스를 다시 풀로 되돌린다.
86        defer p.Release(conn)
87
88        // 질의문이 실행되는 것처럼 얼마 동안 대기한다.
89        time.Sleep(time.Duration(rand.Intn(1000)) * time.Millisecond)
90        log.Printf("질의: QID[%d] CID[%d]\n", query, conn.(*dbConnection).ID)
91 }
```

예제 7.21은 main.go 파일에 작성된 코드다. 이 코드는 pool 패키지를 이용하여 데이터베이스 연결 풀을 관리하는 과정을 묘사한 것이다. 먼저, maxGoroutines와 pooledResources라는 상수를 각각 선언하고 동시에 실행할 고루틴의 개수와 프로그램이 사용할 리소스의 개수를 할당한다. 그다음에는 리소스를 선언하고 리소스에 io.Closer 인터페이스를 구현해야 한다.

예제 7.22   pool/main/main.go: 21~32번 줄

```
21 // 공유 자원을 표현한 구조체
22 type dbConnection struct {
23     ID int32
24 }
25
26 // dbConnection 타입이 풀에 의해 관리될 수 있도록
27 // io.Closer 인터페이스를 구현한다.
28 // Close 메서드는 자원의 해제를 담당한다.
29 func (dbConn *dbConnection) Close() error {
30     log.Println("닫힘: 데이터베이스 연결", dbConn.ID)
31     return nil
32 }
```

예제 7.22는 dbConnection 구조체를 선언하고 io.Closer 인터페이스를 구현한 코드다. dbConnection 타입은 데이터베이스 연결을 관리하는 구조체를 흉내낸 것이며, 현재는 각 데이터베이스 연결을 구분하기 위해 유일한 값을 할당할 수 있는 ID라는 하나의 필드만을 정의한다. Close 메서드는 단지 이 ID 필드 값을 이용해 특정 데이터베이스 연결이 닫혔다는 메시지를 출력하는 작업만을 수행한다.

이제 dbConnection 타입의 값을 생성하는 팩토리 함수의 코드를 살펴보자.

예제 7.23   pool/main/main.go: 34~44번 줄

```
34 // 각 데이터베이스에 유일한 id를 할당하기 위한 변수
35 var idCounter int32
36
37 // 풀이 새로운 리소스가 필요할 때 호출할
38 // 팩토리 메서드
39 func createConnection() (io.Closer, error) {
40     id := atomic.AddInt32(&idCounter, 1)
41     log.Println("생성: 새 데이터베이스 연결", id)
42
43     return &dbConnection{id}, nil
44 }
```

예제 7.23의 코드는 createConnection 함수를 작성한 코드다. 이 함수는 각각의 데이터베이스 연결에 대해 새로운 유일한 ID를 생성한 후, 새 데이터베이스 연결이 생성되었다는 메시지를 출력하고 dbConnection 타입의 포인터를 리턴한다. 유일한 ID를 생성하는 과정은 atomic.AddInt32 함수를 이용해 실행된다. 이 함수는 패키지 수준에 선언된 idCounter 변수의 값을 안전하게 증가시키는 역할을 수행한다. 이제 필요한 리소스와 팩토리 함수를 모두 확보했으므로 이들을 pool 패키지에서 어떻게 활용할 수 있는지 그 방법을 알아보도록 하자.

다음 예제는 main 함수 코드의 일부다.

예제 7.24   pool/main/main.go: 48~55번 줄

```
48      var wg sync.WaitGroup
49      wg.Add(maxGoroutines)
50
51      // 데이터베이스 연결을 관리할 풀을 생성한다.
52      p, err := pool.New(createConnection, pooledResources)
53      if err != nil {
54          log.Println(err)
55      }
```

main 함수 내에서는 우선 WaitGroup 값을 선언하고, 여기에 실행하고자 하는 고루틴의 개수를 카운터로 설정한다. 그런 다음, pool 패키지의 New 함수를 이용하여 새로운 Pool 타입 값을 생성한다. 이때 New 함수에 팩토리 함수와 함께 관리하고자 하는 리소스의 개수를 전달한다. 일단 Pool 타입의 값을 생성하고 나면 풀에 의해 관리되는 리소스를 공유하는 고루틴을 생성할 차례다.

예제 7.25   pool/main/main.go: 57~66번 줄

```
57      // 풀에서 데이터베이스 연결을 가져와 질의를 실행한다.
58      for query := 0; query < maxGoroutines; query++ {
59          // 각 고루틴에는 질의 값의 복사본을 전달해야 한다.
60          // 그렇지 않으면 고루틴들이 동일한 질의 값을
61          // 공유한다.
62          go func(q int) {
63              performQueries(q, p)
64              wg.Done()
65          }(query)
66      }
```

예제 7.25에서는 for 루프를 이용하여 풀을 활용하는 고루틴들을 생성한다. 각각의 고루틴은 performQueries 함수를 한 번 실행한 후 종료한다. performQueries 함수는 유일한 ID와

Pool 값의 포인터를 전달받아 로그에 기록한다. main 함수는 실행할 고루틴을 모두 생성하고 나면 이들의 실행이 완료될 때까지 대기한다.

예제 7.26 pool/main/main.go: 68~73번 줄

```
68    // 고루틴의 실행이 종료될 때까지 대기한다.
69    wg.Wait()
70
71    // 풀을 닫는다.
72    log.Println("프로그램을 종료합니다.")
73    p.Close()
```

예제 7.26에서는 WaitGroup을 이용해 고루틴의 실행이 종료될 때까지 대기한다. 모든 고루틴의 실행이 완료되면 Pool을 닫고 프로그램이 종료된다. 이제 풀의 Acquire 메서드와 Release 메서드를 호출하는 performQueries 함수의 코드를 살펴보자.

예제 7.27 pool/main/main.go: 76~91번 줄

```
76 // 데이터베이스 연결 리소스 풀을 테스트한다.
77 func performQueries(query int, p *pool.Pool) {
78    // 풀에서 데이터베이스 연결 리소스를 획득한다.
79    conn, err := p.Acquire()
80    if err != nil {
81        log.Println(err)
82        return
83    }
84
85    // 데이터베이스 연결 리소스를 다시 풀로 되돌린다.
86    defer p.Release(conn)
87
88    // 질의문이 실행되는 것처럼 얼마간 대기한다.
89    time.Sleep(time.Duration(rand.Intn(1000)) * time.Millisecond)
90    log.Printf("질의: QID[%d] CID[%d]\n", query, conn.(*dbConnection).ID)
91 }
```

예제 7.27의 performQueries 함수는 풀의 Acquire 메서드와 Release 메서드를 활용해서 리소스를 관리한다. 먼저, Acquire 메서드를 호출해서 풀에서 dbConnection 값을 조회한다. 그리고 리턴된 error 인터페이스 값을 검사한 후, 86번 줄의 코드처럼 함수의 실행을 종료할 때 dbConnection 값을 풀로 되돌려주기 위해 defer 구문을 이용하여 Release 메서드의 호출을 예약한다. 89번과 90번 줄에서는 dbConnection 값을 이용해 뭔가 작업을 수행하는 상황을 흉내내기 위해 고루틴의 실행을 잠시 멈춘다.

7.3 work 패키지

work 패키지의 목적은 버퍼가 없는 채널을 이용하여 원하는 개수만큼의 작업을 동시적으로 실행할 수 있는 고루틴 풀을 생성하는 것이다. 필요한 만큼의 고루틴을 실행할 작업 큐를 생성할 때는 임의의 크기를 가지는 버퍼가 있는 채널을 활용하는 것보다는 버퍼가 없는 채널을 활용하는 편이 더 낫다. 버퍼가 없는 채널을 이용하면 풀이 작업을 수행하는 시점과 채널이 바빠서 더 이상의 작업을 받아들일 수 없을 때 작업이 다시 풀로 돌아오는 시점을 정확히 알 수 있다. 따라서 특정 작업이 유실되거나 큐에 갇혀서 실행되지 못하는 상황이 발생하지 않는다.

그러면 work 패키지의 work.go 파일을 살펴보자.

예제 7.28 work/work.go

```
01 // 제이슨 월드립(Json Waldrip)이 도움을 준 예제
02 // 특정 작업을 수행하는 고루틴의 풀을 관리하는 패키지
03 package work
04
05 import "sync"
06
07 // 작업 풀을 사용하려는 타입은
08 // Worker 인터페이스를 구현해야 한다.
09 type Worker interface {
10     Task()
11 }
12
13 // Worker 인터페이스를 실행하는 고루틴의
14 // 풀을 제공하기 위한 Pool 구조체
15 type Pool struct {
16     work chan Worker
17     wg   sync.WaitGroup
18 }
19
20 // 새로운 작업 풀을 생성하는 함수
21 func New(maxGoroutines int) *Pool {
22     p := Pool{
23         work: make(chan Worker),
24     }
25
26     p.wg.Add(maxGoroutines)
27     for i := 0; i < maxGoroutines; i++ {
28         go func() {
29             for w := range p.work {
30                 w.Task()
31             }
32             p.wg.Done()
```

```
33          }()
34      }
35
36      return &p
37  }
38
39  // 풀에 새로운 작업을 추가하는 메서드
40  func (p *Pool) Run(w Worker) {
41      p.work <- w
42  }
43
44  // 모든 고루틴을 종료할 때까지 대기하는 메서드
45  func (p *Pool) Shutdown() {
46      close(p.work)
47      p.wg.Wait()
48  }
```

예제 7.28의 work 패키지에서 가장 먼저 만나볼 코드는 Worker라는 이름의 인터페이스와 Pool이라는 이름의 구조체를 선언하는 코드다.

예제 7.29   work/work.go: 07~18번 줄

```
07  // 작업 풀을 사용하려는 타입은
08  // Worker 인터페이스를 구현해야 한다.
09  type Worker interface {
10      Task()
11  }
12
13  // Worker 인터페이스를 실행하는 고루틴의
14  // 풀을 제공하기 위한 Pool 구조체
15  type Pool struct {
16      work chan Worker
17      wg   sync.WaitGroup
18  }
```

예제 7.29의 09번 줄에서 선언하는 Worker 인터페이스는 Task라는 하나의 메서드를 정의한다. 15번 줄에서는 특정 작업을 처리하는 메서드를 가질 고루틴의 풀을 구현하기 위한 Pool이라는 이름의 구조체를 선언한다. 이 타입은 Worker 인터페이스 타입 채널인 work 필드와 sync.WaitGroup 타입의 wg라는 필드를 가지고 있다.

이제 work 패키지의 팩토리 함수를 살펴보자.

```
20  // 새로운 작업 풀을 생성하는 함수
21  func New(maxGoroutines int) *Pool {
22      p := Pool{
23          work: make(chan Worker),
24      }
25
26      p.wg.Add(maxGoroutines)
27      for i := 0; i < maxGoroutines; i++ {
28          go func() {
29              for w := range p.work {
30                  w.Task()
31              }
32              p.wg.Done()
33          }()
34      }
35
36      return &p
37  }
```

예제 7.30은 일정한 개수의 고루틴을 생성하도록 작성된 작업 풀을 생성하는 New 함수의 코드다. 코드에서 보듯이 생성할 고루틴의 개수는 New 함수의 매개변수로 전달된다. 22번 줄에서는 Pool 타입의 값을 생성할 때 work 필드를 버퍼가 없는 채널로 초기화하는 것을 볼 수 있다.

26번 줄에서는 WaitGroup을 초기화하고, 27~34번 줄의 코드는 지정된 개수만큼의 고루틴을 생성한다. 고루틴은 Worker 인터페이스 타입의 값을 전달받아 해당 인스턴스의 Task 메서드를 호출한다.

```
28          go func() {
29              for w := range p.work {
30                  w.Task()
31              }
32              p.wg.Done()
33          }()
```

이 코드는 work 채널에서 Worker 인터페이스 값을 받는 한 계속해서 for range 루프를 실행한다. 루프 내에서는 채널에서 받은 값에 대해 Task 메서드를 호출한다. work 채널이 닫히면 for range 루프의 실행이 종료되고 WaitGroup의 Done 메서드를 호출한 후 고루틴의 실행이 종료된다.

이제 고루틴의 작업을 실행하고 완료될 때까지 대기하는 풀을 만들었으므로 이 풀에 새로운 작업을 추가하는 방법을 살펴보자.

예제 7.32　work/work.go: 39~42번 줄

```
39 // 풀에 새로운 작업을 추가하는 메서드
40 func (p *Pool) Run(w Worker) {
41     p.work <- w
42 }
```

예제 7.32는 Run 메서드를 작성한 코드다. 이 메서드는 풀에 새로운 작업을 추가하기 위해 Worker 인터페이스 타입의 값을 매개변수로 전달받아 이 값을 work 채널에 보낸다. work 채널은 버퍼가 없는 채널이기 때문에 호출자는 반드시 고루틴이 풀에 전달될 때까지 대기하게 된다. 우리가 원하는 동작은 바로 이것이다. 호출자 입장에서는 Run 메서드가 리턴되는 시점에는 전달한 작업이 반드시 풀에 추가되었음이 보장돼야 하기 때문이다.

언젠가는 작업 풀이 작업을 중단해야 할 경우가 있다. 이 기능은 Shutdown 메서드에 작성되어 있다.

예제 7.33　work/work.go: 44~48번 줄

```
44 // 모든 고루틴을 종료할 때까지 대기하는 메서드
45 func (p *Pool) Shutdown() {
46     close(p.work)
47     p.wg.Wait()
48 }
```

예제 7.33의 Shutdown 메서드는 두 가지 작업을 수행한다. 첫 번째는 work 채널을 닫는 작업이다. 그러면 풀에 저장된 모든 고루틴은 실행을 종료하고 WaitGroup의 Done 메서드를 호출한다. 그런 다음에는 WaitGroup의 Wait 메서드를 호출하여 모든 고루틴이 실행을 종료할 때까지 대기한다.

이제 work 패키지의 코드를 모두 살펴보았으므로 main.go 파일에 작성한 테스트 프로그램의 코드를 살펴보자.

예제 7.34　work/main/main.go

```
01 // work 패키지의 코드를 이용하여
02 // 고루틴 풀을 활용하는 방법을 보여주는 예제
```

```
03 package main
04
05 import (
06     "log"
07     "sync"
08     "time"
09
10     "github.com/goinaction/code/chapter7/patterns/work"
11 )
12
13 // 화면에 출력할 이름들을 슬라이스로 선언한다.
14 var names = []string{
15     "steve",
16     "bob",
17     "mary",
18     "therese",
19     "jason",
20 }
21
22 // 이름을 출력하기 위한 구조체
23 type namePrinter struct {
24     name string
25 }
26
27 // Worker 인터페이스를 구현하기 위해 Task 메서드를 선언한다.
28 func (m *namePrinter) Task() {
29     log.Println(m.name)
30     time.Sleep(time.Second)
31 }
32
33 // 애플리케이션 진입점
34 func main() {
35     // 2개의 고루틴을 위한 작업 풀을 생성한다.
36     p := work.New(2)
37
38     var wg sync.WaitGroup
39     wg.Add(100 * len(names))
40
41     for i := 0; i < 100; i++ {
42         // 이름 슬라이스를 반복한다.
43         for _, name := range names {
44             // namePrinter 변수를 선언하고
45             // 이름을 지정한다.
46             np := namePrinter{
47                 name: name,
48             }
49
50             go func() {
51                 // 실행할 작업을 등록한다.
52                 // Run 메서드가 리턴되면 해당 작업이 처리된 것으로 간주한다.
53                 p.Run(&np)
```

```
54                    wg.Done()
55              }()
56          }
57      }
58
59      wg.Wait()
60
61      // 작업 풀을 종료하고 이미 등록된 작업들이
62      // 종료될 때까지 대기한다.
63      p.Shutdown()
64 }
```

예제 7.34의 코드는 work 패키지를 이용해 이름을 출력하는 작업을 수행하는 테스트 프로그램이다. 먼저, 14번 줄처럼 문자열 슬라이스 타입의 names 변수를 패키지에 선언한 후 다섯 개의 이름으로 초기화한다. 그런 다음, namePrinter 구조체를 선언한다.

예제 7.35   work/main/main.go: 22~31번 줄

```
22 // 이름을 출력하기 위한 구조체
23 type namePrinter struct {
24     name string
25 }
26
27 // Worker 인터페이스를 구현하기 위해 Task 메서드를 선언한다.
28 func (m *namePrinter) Task() {
29     log.Println(m.name)
30     time.Sleep(time.Second)
31 }
```

예제 7.35의 23번 줄을 보면, namePrinter 타입을 선언한 뒤 Worker 인터페이스를 구현했다. 이를 위해 선언한 Task 메서드는 화면에 이름을 출력하는 기능을 실행한다. namePrinter 타입은 화면에 출력될 이름을 저장할 name이라는 하나의 필드를 선언하고 있다. Worker 인터페이스를 구현한 코드를 보면, log.Println 함수를 이용해 이름을 출력한 후 함수를 리턴하기 전에 1초간 대기한다. 1초간 대기하는 이유는 테스트 프로그램의 전체적인 실행 속도를 늦춰서 코드가 동시적으로 실행되는 것을 쉽게 확인하기 위함이다.

Worker 인터페이스를 구현했으므로 이제 main 함수의 코드를 살펴보자.

예제 7.36   work/main/main.go: 33~64번 줄

```
33 // 애플리케이션 진입점
34 func main() {
```

```
35      // 2개의 고루틴을 위한 작업 풀을 생성한다.
36      p := work.New(2)
37
38      var wg sync.WaitGroup
39      wg.Add(100 * len(names))
40
41      for i := 0; i < 100; i++ {
42          // 이름 슬라이스를 반복한다.
43          for _, name := range names {
44              // namePrinter 변수를 선언하고
45              // 이름을 지정한다.
46              np := namePrinter{
47                  name: name,
48              }
49
50              go func() {
51                  // 실행할 작업을 등록한다.
52                  // Run 메서드가 리턴되면 해당 작업이 처리된 것으로 간주한다.
53                  p.Run(&np)
54                  wg.Done()
55              }()
56          }
57      }
58
59      wg.Wait()
60
61      // 작업 풀을 종료하고 이미 등록된 작업들이
62      // 종료될 때까지 대기한다.
63      p.Shutdown()
64  }
```

예제 7.36의 36번 줄의 코드는 work 패키지의 New 함수를 호출해서 새로운 작업 풀을 생성한다. 이때 작업 풀이 2개의 고루틴을 관리할 수 있도록 2라는 값을 매개변수로 전달한다. 38번과 39번 줄의 코드는 각각 WaitGroup을 생성한 후 실행할 고루틴을 생성한다. 이때 names 슬라이스에 저장된 각 이름을 출력할 고루틴이 100개씩 생성된다. 이렇게 함으로써 많은 수의 고루틴이 작업 풀에 새로운 작업을 등록하기 위해 경쟁하는 상황을 연출할 수 있다.

필요한 모든 고루틴은 41번과 43번 줄의 중첩된 for 루프를 통해 생성된다. 이때 안쪽의 for 루프에서는 namePrinter 타입의 값을 생성하고 출력할 이름을 지정한다. 그리고 50번 줄에 선언한 익명 함수를 새로운 고루틴으로 생성한다. 이 고루틴은 작업 풀의 Run 메서드를 호출하여 namePrinter 값을 풀에 등록한다. 등록이 완료되어 고루틴이 실행된 후 작업 풀에서 값을 리턴받으면 Run 함수가 리턴된다. 그러면 고루틴은 WaitGroup의 카운트를 감소한 후 종료된다.

모든 고루틴이 생성되면 main 함수는 WaitGroup의 Wait 메서드를 호출한다. 그러면 생성된 모든 고루틴이 풀에 등록되어 실행이 완료될 때까지 대기한다. Wait 메서드가 리턴되면 Shutdown 메서드를 호출하여 작업 풀을 종료한다. 이 메서드는 작업 풀에 등록되어 있는 모든 작업의 실행이 완료되기 전까지는 리턴되지 않는다. 예제에서는 동시에 최대 2개의 작업이 실행된다.

7.4 요약

- 채널을 이용해 애플리케이션의 수명주기를 관리할 수 있다.
- default 구문이 선언된 select 구문은 채널에 넌블로킹 형식으로 값을 보내거나 받을 수 있다.
- 버퍼가 있는 채널은 재사용 가능한 리소스 풀을 관리하는 데 활용할 수 있다.
- 채널의 동기화는 런타임에 의해 자동으로 관리된다.
- 고루틴의 풀이 필요할 때는 버퍼가 없는 채널을 활용하는 편이 더 낫다.
- 두 개의 고루틴 간에 데이터를 교환할 때 버퍼가 없는 채널을 이용하면 데이터 교환이 반드시 이루어지는 것을 보장할 수 있다.

8

표준 라이브러리

이번 장에서 학습할 내용
- 정보를 출력하고 로그 기록하기
- JSON 데이터의 인코딩과 디코딩
- 입출력과 데이터 스트림 처리하기
- 표준 라이브러리 패키지 간 상호 운용

Go 표준 라이브러리란 무엇이며 왜 이것이 중요한 것일까? Go의 표준 라이브러리는 언어 자체를 향상시키고 확장할 수 있는 핵심 패키지의 집합이다. 이 패키지들을 이용하면 개발자가 직접 패키지를 작성하거나 다른 사람이 작성한 패키지를 내려받지 않고도 다양한 종류의 프로그램을 작성할 수 있다. 이 패키지들은 언어와 한데 묶여있기 때문에 다음과 같은 내용들을 보장한다.

- 새로운 버전의 언어가 출시되더라도 항상 동일하게 제공된다.
- 하위호환성(backward-compatibility)을 보장한다.
- Go의 개발, 빌드 및 릴리즈 프로세서의 일부로 활용된다.
- Go 개발 기여자(contributor)들이 지속적으로 관리해준다.
- 언어의 새로운 버전이 릴리즈될 때마다 테스트와 벤치마크를 수행하기 때문에 안심하고 사용할 수 있다.

이런 점들이 보장되므로 표준 라이브러리를 최대한 많이 활용하는 것을 권장한다. 표준 라이브러리를 활용하면 코드를 더 쉽게 관리할 수 있을 뿐만 아니라 코드의 안정성 역시 보장할 수 있다. 언어의 새로운 버전이 릴리즈되면 프로그램이 과연 정상적으로 동작할까 싶은 걱정도, 서드파티 의존성을 관리해야 할 필요도 없다.

사실 이런 모든 장점도 표준 라이브러리가 필요한 패키지들을 제공하지 못한다면 아무런 의미가 없을 것이다. Go 커뮤니티의 개발자들은 다른 언어 개발자들에 비해 표준 라이브러리에 대한 의존도가 높은 편이다. 그 이유는 표준 라이브러리의 디자인이 훌륭하며 전통적인 표준 라이브러리에 비해 훨씬 많은 기능들을 제공하기 때문이다. 그 결과 Go 커뮤니티는 네트워킹, HTTP, 이미지 프로세싱, 암호화 등 다른 언어 개발자들에 비해 훨씬 많은 부분을 표준 라이브러리에 의존하고 있다.

이번 장에서 우리는 표준 라이브러리에 포함되어 제공되는 패키지들을 간략히 살펴보고, 다양한 프로그램에 포괄적으로 활용되는 log, json, io 패키지에 대해 조금 더 자세히 살펴보기로 한다. 또한, 이 패키지들은 Go가 제공하는 다른 몇 가지 훌륭한 기능들도 활용하므로 충분히 자세히 살펴볼 가치가 있다.

8.1 문서화와 소스 코드

표준 라이브러리에는 상당히 많은 수의 패키지가 작성되어 있어 이번 장을 통해 이들을 모두 살펴보기란 불가능하다. 이 책을 쓰는 현재 38개 범주에 100개 이상의 패키지가 제공되고 있다.

| 예제 8.1 표준 라이브러리 내 최상위 수준 폴더 및 패키지들 |

```
archive    bufio      bytes      compress   container  crypto     database
debug      encoding   errors     expvar     flag       fmt        go
hash       html       image      index      io         log        math
mime       net        os         path       reflect    regexp     runtime
sort       strconv    strings    sync       syscall    testing    text
time       unicode    unsafe
```

예제 8.1에 나열한 범주들은 그 자체로 패키지이기도 하다. 사용 가능한 패키지의 목록 및 그에 대한 자세한 설명을 위해 Go 팀은 Go 웹사이트(http://golang.org/pkg/)를 통해 문서를 제공하고 있다.

golang 웹사이트의 pkg 절에서는 각 패키지의 godoc 문서를 제공한다. 그림 8.1은 golang 웹사이트에서 제공하는 io 패키지에 대한 패키지 문서의 모습이다.

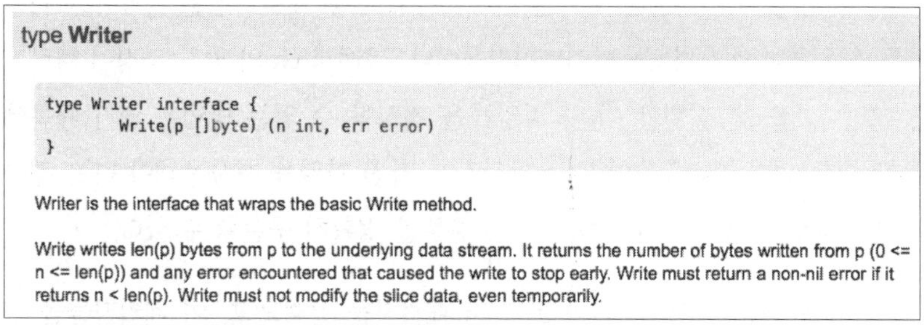

```
type Writer

type Writer interface {
        Write(p []byte) (n int, err error)
}

Writer is the interface that wraps the basic Write method.

Write writes len(p) bytes from p to the underlying data stream. It returns the number of bytes written from p (0 <=
n <= len(p)) and any error encountered that caused the write to stop early. Write must return a non-nil error if it
returns n < len(p). Write must not modify the slice data, even temporarily.
```

그림 8.1 golang.org/pkg/io/#Writer 페이지의 모습

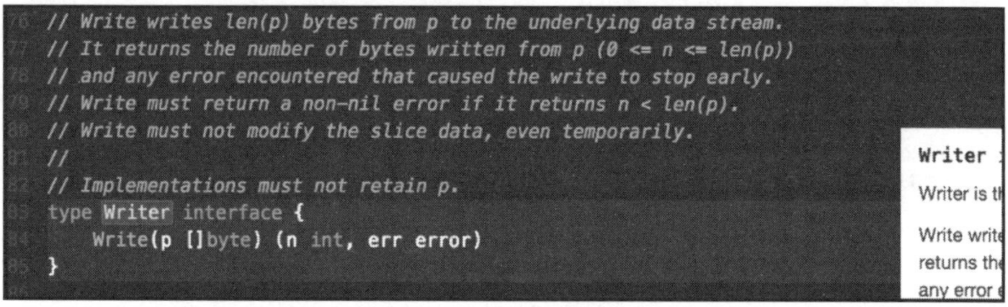

```
// Write writes len(p) bytes from p to the underlying data stream.
// It returns the number of bytes written from p (0 <= n <= len(p))
// and any error encountered that caused the write to stop early.
// Write must return a non-nil error if it returns n < len(p).
// Write must not modify the slice data, even temporarily.
//
// Implementations must not retain p.
type Writer interface {
    Write(p []byte) (n int, err error)
}
```

그림 8.2 sourcegraph.com/code.google.com/p/go/.GoPackage/io/.def/Writer 페이지의 모습

보다 인터랙티브한 문서를 원한다면 Sourcegraph를 활용해보길 권한다. 이 서비스는 표준 라이브러리는 물론, Go 코드를 가지고 있는 공용 저장소의 코드를 모두 인덱싱하고 있다. 그림 8.2는 Sourcegraph 웹사이트(https://sourcegraph.com)에서 io 패키지의 패키지 문서를 찾아본 모습이다.

어떤 방법으로든 Go를 여러분의 머신에 설치했다면 $GOROOT/src/pkg 폴더에서 표준 라이브러리의 소스 코드를 탐색할 수 있다. 표준 라이브러리의 소스 코드를 로컬에 보관하는 것은 Go 도구들이 동작하는 데 중요한 요소로 작용한다. godoc, gocode, 심지어 go build 도구까지도 자신의 역할을 수행하기 위해 이 소스 코드를 로드한다. 이 소스 코드가 로컬 머신에 설치되어 있지 않거나 $GOROOT 변수를 통해 접근할 수 없다면 프로그램을 빌드할 때 오류를 마주하게 될 것이다.

표준 라이브러리의 소스 코드는 Go 배포 패키지의 일부로 이미 컴파일되어 있다. 이 컴파일된 파일들은 **아카이브 파일(archive files)**이라고 하며, $GOROOT/pkg 폴더를 기준으로 Go를 설치한

운영체제에서 동작하는 플랫폼별로 폴더에 나누어 보관되어 있다. 그림 8.3에서 .a 확장자를 가진 아카이브 파일들을 볼 수 있다.

이 파일들은 Go 빌드 도구들이 여러분의 코드를 컴파일하고 최종 프로그램을 링크하는 과정에서 생성하고 사용하는 특별한 정적 Go 라이브러리들이다. 그래서 Go의 빌드 과정이 빠르게 실행되는 것이다. 그러나 빌드를 실행할 때 이 파일들을 지정할 수 있는 방법은 없기 때문에 이 파일들을 공유할 수는 없다. Go 도구들은 .a 확장자를 가진 파일을 재사용해야 하는 경우와 소스 코드로부터 이 파일들을 다시 빌드해야 하는 경우를 정확히 구분할 수 있다.

지금까지의 내용을 토대로 표준 라이브러리의 몇 가지 패키지를 살펴보고, 이 패키지들을 실제로 코드에서 활용하는 방법을 알아보자.

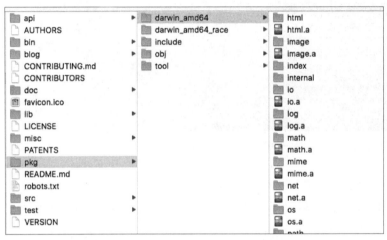

그림 8.3 pkg 폴더에 저장된 아카이브 파일들

8.2 로깅

아직 실제로 모습을 드러내지는 않았을지 몰라도 여러분이 작성한 코드에는 버그가 존재하기 마련이다. 이는 소프트웨어 개발에 있어 자연스러운 현상이다. 그런 면에서 **로깅(logging)**은 이런 버그들을 찾아내거나 프로그램이 어떻게 동작하는지를 확인하기 위한 좋은 방법이다. 로그는 여러분의 눈과 귀가 되어 코드를 추적하고, 프로파일링하고, 분석하는 데 큰 도움을 준다. 이를 위해 Go의 표준 라이브러리는 약간의 설정만으로 편리하게 활용할 수 있는 log 패키지를 제공한다. 물론, 사용자정의 로거(custom logger)를 작성하여 필요한 로깅 기능을 구현할 수도 있다.

UNIX 환경에서 로깅은 짧지 않은 역사를 가지고 있다. 그리고 이는 log 패키지에 그대로 옮겨져 왔다. 전통적인 CLI(Command-Line Interface) 프로그램은 표준 출력 장치에 결과를 출력한다. 이 장치는 모든 운영체제에 존재하며 표준 텍스트 출력을 위한 기본 장치로서 동작한다. 또한, 터미널(terminal)은 이 장치에 기록된 텍스트를 표시하기 위한 기본 프로그램으로 설정되어 있다. 이처럼 한 곳에만 결과를 출력하는 것 자체는 큰 문제가 없지만, 프로그램의 결과와 프로그램의 상세한 동작을 모두 출력해야 한다면 이야기는 달라진다. 로그를 위한 정보를 기록할 때는 다른 출력 장치에 기록해야 프로그램의 결과와 로그가 뒤섞이는 일이 발생하지 않기 때문이다.

이 문제를 해결하기 위해 UNIX 아키텍트들은 stderr라는 장치를 추가했다. 이 장치는 로그를 위한 기본 출력 장치로 사용되기 위해 만들어진 것이다. 그리고 이 장치를 이용해 개발자들은 프로그램의 출력과 로그를 분리할 수 있었다. 프로그램의 실행 결과와 로그를 모두 보고 싶다면, 터미널을 stdout과 stderr 장치에 기록된 모든 텍스트를 출력하도록 설정하면 된다. 그러나 프로그램이 로그만 기록하고 있다면, 로그 정보는 stdout 장치에 출력하고 오류와 경고는 stderr 장치에 출력하는 것이 좋다.

8.2.1 log 패키지

그러면 사용자정의 로거를 작성하기에 앞서 log 패키지가 제공하는 기본 기능들을 살펴보도록 하자. 로깅의 목적은 프로그램이 현재 어떤 동작을 수행하고 있는지, 그리고 언제 어떤 일이 발생했는지를 추적하는 것이다. 따라서 로그의 종류와 추적된 정보를 로그에 한 줄씩 남길 수 있다.

예제 8.2 추적 로그의 예

추적: 2009/11/10 23:00:00.000000 /tmpfs/gosandbox-/prog.go:14: 메시지

예제 8.2를 보면 log 패키지가 만들어낸 로그 항목을 볼 수 있다. 이 로그 항목은 로그 접두사, 날짜와 시간, 로그를 기록한 소스 코드의 전체 경로 및 로그 기록을 실행한 코드의 줄 번호, 최종 메시지로 구성된다. 다음은 이런 로그를 기록하도록 작성된 코드다.

예제 8.3 listing03.go

```
01 // log 패키지의 기본 기능을 소개하는 예제
02 package main
```

```
03
04 import (
05     "log"
06 )
07
08 func init() {
09     log.SetPrefix("추적: ")
10     log.SetFlags(log.Ldate | log.Lmicroseconds | log.Llongfile)
11 }
12
13 func main() {
14     // Println 함수는 표준 로거에 메시지를 출력한다.
15     log.Println("메시지")
16
17     // Fatalln 함수는 Println() 함수를 실행한 후 os.Exit(1)을 추가로 호출한다.
18     log.Fatalln("치명적 오류 메시지")
19
20     // Panicln 함수는 Println() 함수를 호출한 후 panic() 함수를 추가로 호출한다.
21     log.Panicln("패닉 메시지")
22 }
```

예제 8.3의 프로그램을 실행하면 예제 8.2에서 본 것과 비슷한 결과를 보게 될 것이다. 그러면 이 코드를 자세히 살펴보도록 하자.

예제 8.4   listing03.go: 08~11번 줄

```
08 func init() {
09     log.SetPrefix("추적: ")
10     log.SetFlags(log.Ldate | log.Lmicroseconds | log.Llongfile)
11 }
```

8~11번 줄은 init() 함수를 작성한 코드다. 이 함수는 프로그램의 초기화 과정에서 main() 함수보다 먼저 호출되는 함수다. 그래서 init() 함수 내에서 로그와 관련된 설정을 구성하여 프로그램의 시작과 동시에 log 패키지를 사용할 수 있도록 하는 것이 일반적이다. 9번 줄의 코드는 각 로그 항목에 접두어로 사용할 문자열을 설정하고 있다. 이 접두어는 프로그램의 결과와 구분할 수 있는 문자열이어야 한다. 이 문자열은 대문자로 지정하는 것이 일반적이다.

log 패키지는 로그를 출력하는 방식을 지정하기 위한 몇 가지 플래그를 제공한다. 다음 예제는 지금 존재하는 플래그의 목록을 보여준다.

```
const (
        // 비트 OR을 이용해 출력될 항목을 조정할 수 있다.
        // 이 플래그들이 출력되는 순서(이 코드에 나열된 순서)나 플래그의 형식(주석에 표시된 형식)을
        // 조정할 수는 없다.
        // 로그 항목 다음에는 콜론이 나타난다.
        //     2009/01/23 01:23:23.123123 /a/b/c/d.go:23: 메시지

        // 날짜: 2009/01/23
        Ldate = 1 << iota

        // 시간: 01:23:23
        Ltime

        // Ltime 형식의 시간 01:23:23.123123에서 마이크로초 부분을 표시한다.
        Lmicroseconds

        // 전체 파일 이름 및 줄 번호: /a/b/c/d.go:23
        Llongfile

        // 최초 파일 이름 및 줄 번호: d.go:23
        // Llogfile 플래그를 덮어쓴다.
        Lshortfile

        // 표준 로거를 위한 기본 값
        LstdFlags = Ldate | Ltime
)
```

예제 8.5는 log 패키지의 소스 코드를 그대로 옮긴 것이다. 이 플래그들은 상수로 선언되어 있으며, 이 코드 블록의 첫 번째 상수인 Ldate는 다른 상수와는 달리 특정한 표현식으로 선언되어 있다.

```
// 날짜: 2009/01/23
   Ldate = 1 << iota
```

iota 키워드는 상수 블록을 선언할 때 사용하는 특별한 키워드다. 이 키워드는 코드 블록의 끝에 도달하거나 대입 구문이 발견될 때까지 동일한 표현식을 매 상수마다 중복해서 적용할 것을 컴파일러에 지시한다. iota 키워드의 또 다른 기능은 iota 키워드의 기본 값을 0으로 하되, 상수를 정의할 때마다 1씩 증가시키는 것이다. 이 키워드의 사용법을 좀 더 자세히 살펴보자.

```
const (
    Ldate = 1 << iota   // 1 << 0 = 00000001 = 1
    Ltime =             // 1 << 1 = 00000010 = 2
    Lmicroseconds       // 1 << 2 = 00000100 = 4
    Llongfile           // 1 << 3 = 00001000 = 8
    Lshortfile          // 1 << 4 = 00010000 = 16
    ...
)
```

예제 8.7은 iota 키워드를 이용해 상수를 선언했을 때 실제로 발생하는 일을 보여준다. << 연산자는 연산자 왼쪽 값의 비트를 왼쪽으로 이동하는 연산을 수행한다. 즉, 상수마다 값 1의 비트가 왼쪽의 iota 키워드의 값이 가리키는 위치로 이동한다. 이렇게 하면 각 상수가 독자적인 비트 위치를 갖게 되어 플래그로서 완벽하게 동작할 수 있는 값들이 선언된다.

LstdFlags 상수는 각 상수들이 독자적인 비트 위치를 갖는 이유를 보여준다.

```
const (
    ...
    LstdFlags = Ldate(1) | Ltime(2) = 00000011 = 3
)
```

예제 8.8처럼 LstdFlags 상수를 정의하면 새로운 대입 연산자가 사용되기 때문에 iota 체인의 사용이 중단된다. LstdFlags 상수에는 파이프 연산자(|)를 이용하여 두 개의 비트를 조합해 결과적으로 3이라는 값이 대입된다. 비트에 대한 OR 연산을 이용하면, 비트를 조합하여 최종 결과 값에 각각의 비트가 독립적으로 표현되도록 할 수 있다. 비트 1과 2를 OR 연산으로 조합하면 그 값은 3으로 표현된다.

그러면 우리가 원하는 로그 플래그를 지정하는 방법을 살펴보도록 하자.

```
08 func init() {
09     ...
10     log.SetFlags(log.Ldate | log.Lmicroseconds | log.Llongfile)
11 }
```

여기에서는 파이프 연산자를 이용하여 Ldate, Lmicroseconds, Llongfile 플래그를 조합한 값을 SetFlags 함수에 전달한다. 이 플래그들을 파이프 연산자로 조합하면, 그 결과는 4번, 3번, 1번 위치의 비트가 결합되어 (00001101) 최종적으로 13이라는 값으로 표현된다. 각 상수는 독립된 위치의 비트를 가지고 있기 때문에 플래그들을 파이프 연산자로 조합하여 우리가 적용하고자 하는 모든 로그 옵션을 표현하는 하나의 값을 생성할 수 있다. 그러면 log 패키지는 우리가 전달한 정수 값을 파악해서 우리가 요청한 올바른 특성들을 로그 항목에 적용한다.

log 패키지의 초기화를 완료했으면 이제 메시지를 출력하는 main() 함수를 살펴보자.

예제 8.10 listing03.go: 13~22번 줄

```
13 func main() {
14     // Println 함수는 표준 로거에 메시지를 출력한다.
15     log.Println("메시지")
16
17     // Fatalln 함수는 Println() 함수를 실행한 후 os.Exit(1)을 추가로 호출한다.
18     log.Fatalln("치명적 오류 메시지")
19
20     // Panicln 함수는 Println() 함수를 호출한 후 panic() 함수를 추가로 호출한다.
21     log.Panicln("패닉 메시지")
22 }
```

예제 8.10에서는 Println, Fatalln, Panicln의 세 함수를 이용하여 로그 메시지를 출력하는 코드를 볼 수 있다. 이 함수들은 문자열을 형식화하기 위한 버전도 제공하는데, 이때 이 함수들의 이름은 ln 대신 f로 끝난다. 치명적 로그 메시지를 위한 Fatal 함수들은 로그 메시지를 기록한 후 os.Exit(1) 함수를 호출하여 프로그램을 종료한다. 패닉을 처리하는 Panic 함수들은 로그 메시지를 기록한 후 패닉을 발생시켜 이 상황을 복구하지 못하면 프로그램 및 스택 추적을 종료한다. Print 함수들은 로그 메시지를 출력하기 위한 표준 함수다.

log 패키지의 멋진 기능 중 하나는 로거들이 여러 고루틴 간에도 안전하게 활용될 수 있다는 점이다. 즉, 여러 개의 고루틴이 동일한 로거에서 함수들을 동시에 호출하더라도 서로 간에 간섭이 발생하지 않는다. 이러한 특징은 표준 로거는 물론 우리가 직접 구현하는 사용자정의 로거에도 동일하게 적용된다.

이제 log 패키지를 설정하고 사용하는 방법을 살펴보았으므로 사용자정의 로거를 이용하여 로그 수준에 따라 각기 다른 장치에 로그를 출력하는 방법을 살펴보도록 하자.

8.2.2 사용자정의 로거

사용자정의 로거를 구현하려면 Logger 타입의 값을 직접 생성해야 한다. 우리가 생성한 로거들은 독자적인 출력 장치와 접두어 및 플래그를 설정해주어야 한다. 다음 코드는 로그 수준에 따라 서로 다른 로그를 출력하기 위해 Logger 타입의 포인터 변수들을 생성하는 예제 프로그램이다.

예제 8.11   listing11.go

```
01 // 사용자정의 로거를 생성하는 예제
02 package main
03
04 import (
05     "io"
06     "io/ioutil"
07     "log"
08     "os"
09 )
10
11 var (
12     Trace   *log.Logger // 기타 모든 로그
13     Info    *log.Logger // 중요한 정보
14     Warning *log.Logger // 경고성 정보
15     Error   *log.Logger // 치명적인 오류
16 )
17
18 func init() {
19     file, err := os.OpenFile("errors.txt",
20         os.O_CREATE|os.O_WRONLY|os.O_APPEND, 0666)
21     if err != nil {
22         log.Fatalln("에러 로그 파일을 열 수 없습니다.", err)
23     }
24
25     Trace = log.New(ioutil.Discard,
26         "추적: ",
27         log.Ldate|log.Ltime|log.Lshortfile)
28
29     Info = log.New(os.Stdout,
30         "정보: ",
31         log.Ldate|log.Ltime|log.Lshortfile)
32
33     Warning = log.New(os.Stdout,
34         "경고: ",
35         log.Ldate|log.Ltime|log.Lshortfile)
36
37     Error = log.New(io.MultiWriter(file, os.Stderr),
38         "에러: ",
39         log.Ldate|log.Ltime|log.Lshortfile)
```

```
40 }
41
42 func main() {
43     Trace.Println("일반적인 로그 메시지")
44     Info.Println("특별한 정보를 위한 로그 메시지")
45     Warning.Println("경고성 로그 메시지")
46     Error.Println("에러 로그 메시지")
47 }
```

예제 8.11은 네 종류의 Logger 타입에 대한 포인터를 생성하는 프로그램 코드다. 이 로거들은 각각 Trace, Info, Warning, Error라는 이름으로 선언되어 있다. 각 변수들은 로거의 중요도에 따라 다르게 설정되어 있다. 그러면 코드를 부분별로 나누어 살펴보도록 하자.

먼저 11~16번 줄의 코드를 보면, 로그의 수준에 따라 네 개의 Logger 타입에 대한 포인터 변수를 선언하고 있다.

예제 8.12 listing11.go: 11~16번 줄

```
11 var (
12     Trace   *log.Logger // 기타 모든 로그
13     Info    *log.Logger // 중요한 정보
14     Warning *log.Logger // 경고성 정보
15     Error   *log.Logger // 치명적인 오류
16 )
```

예제 8.12에서는 네 가지 Logger 타입의 포인터 변수를 선언하는 코드를 볼 수 있다. 각 로거에는 짧지만 그 의미를 전달하기에 충분한 이름을 부여했다. 다음으로, 이 네 가지 Logger 타입을 위한 변수를 선언하고 포인터의 주소를 대입하는 init() 함수의 코드를 살펴보자.

예제 8.13 listing11.go: 25~39번 줄

```
25     Trace = log.New(ioutil.Discard,
26         "추적: ",
27         log.Ldate|log.Ltime|log.Lshortfile)
28
29     Info = log.New(os.Stdout,
30         "정보: ",
31         log.Ldate|log.Ltime|log.Lshortfile)
32
33     Warning = log.New(os.Stdout,
34         "경고: ",
35         log.Ldate|log.Ltime|log.Lshortfile)
36
37     Error = log.New(io.MultiWriter(file, os.Stderr),
```

```
38          "에러: ",
39          log.Ldate|log.Ltime|log.Lshortfile)
```

이 코드는 각기 다른 타입의 로거를 생성하기 위해 log 패키지의 New 함수를 호출한다. New 함수는 적절하게 초기화된 Logger 타입 값을 생성한 후 그 값의 주소를 리턴한다. 그런데 New 함수가 값을 생성하기에 앞서 몇 가지 매개변수를 전달해주어야 한다.

예제 8.14 golang.org/src/log/log.go

```
// New 함수는 새로운 로거를 생성한다.
// out 변수는 로그 데이터가 기록될 곳을 지정하기 위한 매개변수다.
// prefix 매개변수는 로그를 생성할 때, 각 줄의 시작 지점에 삽입될 문자열을 지정하는 매개변수다.
// flag 매개변수는 로그의 속성을 정의하는 매개변수다.
func New(out io.Writer, prefix string, flag int) *Logger {
    return &Logger{out: out, prefix: prefix, flag: flag}
}
```

예제 8.14는 log 패키지의 소스 코드에서 발췌한 New 함수의 구현 코드다. 첫 번째 매개변수는 이 로거가 메시지를 출력할 장치를 설정하기 위한 것이다. 이 매개변수에 전달할 값들은 반드시 io.Writer 인터페이스를 구현해야 한다. 두 번째 매개변수는 앞서 살펴본 접두어 문자열이며, 마지막으로 로그 플래그를 지정해주어야 한다.

우리가 작성한 프로그램에서 Trace 로거는 출력 장치로서 ioutil 패키지의 Discard 변수를 사용한다.

예제 8.15 listing11.go: 25~27번 줄

```
25      Trace = log.New(ioutil.Discard,
26          "추적: ",
27          log.Ldate|log.Ltime|log.Lshortfile)
```

Discard 변수는 몇 가지 흥미로운 속성들을 제공한다.

예제 8.16 golang.org/src/io/ioutil/ioutil.go

```
// devNull은 int를 기반 타입으로 사용하는 사용자정의 타입이다.
type devNull int

// Discard는 io.Writer 인터페이스를 구현하며
// Write 메서드를 호출하면 아무 일도 하지 않는다.
var Discard io.Writer = devNull(0)
```

```
// io.Writer 인터페이스 구현
func (devNull) Write(p []byte) (int, error) {
    return len(p), nil
}
```

예제 8.16을 보면 Discard 변수의 선언과 그 구현 방법을 알 수 있다. Discard 변수는 io.Writer 인터페이스를 구현하며, 0으로 초기화된 devNull 타입의 값을 대입하고 있다. devNull 타입의 Write 메서드의 구현에 따라 이 변수에 기록되는 로그들은 아무 곳에도 출력되지 않는다. 따라서 Discard 변수를 이용하면, 해당 수준의 로그가 필요하지 않을 때 그 로그 수준을 비활성화할 수 있다.

반면, Info와 Warning 로거는 모두 stdout을 출력 장치로 사용한다.

예제 8.17 listing11.go: 29~35번 줄

```
29    Info = log.New(os.Stdout,
30        "정보: ",
31        log.Ldate|log.Ltime|log.Lshortfile)
32
33    Warning = log.New(os.Stdout,
34        "경고: ",
35        log.Ldate|log.Ltime|log.Lshortfile)
```

Stdout 변수의 선언 또한 매우 흥미롭다.

예제 8.18 golang.org/src/os/file.go

```
// Stdin, Stdout, 및 Stderr는 표준 입력, 표준 출력 및 표준 에러
// 파일 설명자(descriptor)를 가리키는 파일을 연다.
var (
    Stdin  = NewFile(uintptr(syscall.Stdin), "/dev/stdin")
    Stdout = NewFile(uintptr(syscall.Stdout), "/dev/stdout")
    Stderr = NewFile(uintptr(syscall.Stderr), "/dev/stderr")
)
```

os/file_unix.go

```
// NewFile 함수는 주어진 파일 설명자와 이름을 이용해 새로운 File 타입을 리턴한다.
func NewFile(fd uintptr, name string) *File {
```

예제 8.18을 보면 모든 운영체제가 제공하는 표준 출력 장치를 위한 변수, 즉 Stdin, Stdout, Stderr가 선언되어 있음을 알 수 있다. 이 변수들은 io.Writer 인터페이스를 구현하는 File 타입의 포인터다. 마지막으로, Error 로거를 위한 코드는 다음과 같다.

```
37    Error = log.New(io.MultiWriter(file, os.Stderr),
38        "에러: ",
39        log.Ldate|log.Ltime|log.Lshortfile)
```

예제 8.19를 보면, New 함수의 첫 번째 매개변수에 io 패키지의 MultiWriter 함수가 리턴하는 값을 전달하고 있음을 확인할 수 있다.

예제 8.20 io 패키지의 MultiWriter 함수 선언

```
io.MultiWriter(file, os.Stderr)
```

예제 8.20의 코드는 우리가 연 파일과 stderr 출력 장치를 모두 가지고 있는 io.Writer 인터페이스 타입의 값을 리턴하는 MultiWriter 함수를 호출한다. MultiWriter 함수는 io.Writer 인터페이스를 구현하는 값이라면 몇 개라도 전달할 수 있는 가변형 함수다. 이 함수는 매개변수로 전달된 모든 io.Writer 값들을 한데 묶어 하나의 io.Writer 값을 리턴한다. 따라서 log.New 함수에 여러 개의 출력기를 하나의 출력기 형태로 전달할 수 있다. 그래서 Error 로거를 이용해 로그를 출력하면 그 메시지는 파일 및 stderr 장치에 모두 출력된다.

사용자정의 로거에 대해 살펴보았으므로 이들을 이용해 메시지를 출력하는 과정을 살펴보자.

예제 8.21 listing11.go: 42~47번 줄

```
42 func main() {
43    Trace.Println("일반적인 로그 메시지")
44    Info.Println("특별한 정보를 위한 로그 메시지")
45    Warning.Println("경고성 로그 메시지")
46    Error.Println("에러 로그 메시지")
47 }
```

예제 8.21은 예제 8.11에서 살펴본 main() 함수의 코드다. 43~46번 줄의 코드를 보면, 앞서 생성한 각 로거를 이용해 메시지를 하나씩 출력하고 있다. 각 로거 변수들은 log 패키지에 구현된 함수들과 정확히 같은 수의 메서드를 제공한다.

예제 8.22 각기 다른 로깅 메서드의 선언

```
func (l *Logger) Fatal(v ...interface{})
func (l *Logger) Fatalf(format string, v ...interface{})
func (l *Logger) Fatalln(v ...interface{})
```

```
func (l *Logger) Flags() int
func (l *Logger) Output(calldepth int, s string) error
func (l *Logger) Panic(v ...interface{})
func (l *Logger) Panicf(format string, v ...interface{})
func (l *Logger) Panicln(v ...interface{})
func (l *Logger) Prefix() string
func (l *Logger) Print(v ...interface{})
func (l *Logger) Printf(format string, v ...interface{})
func (l *Logger) Println(v ...interface{})
func (l *Logger) SetFlags(flag int)
func (l *Logger) SetPrefix(prefix string)
```

예제 8.22는 Logger 타입에 구현된 모든 메서드의 목록을 나열한 것이다.

8.2.3 결론

log 패키지는 오랜 역사와 로깅의 목적, 그리고 실용적인 사례에 대한 충분한 이해를 바탕으로 구현된 패키지다. 결과를 표준 출력 장치에 출력하고 로그를 표준 에러 장치에 출력하는 것은 CLI 기반 프로그램에서는 일반적인 구현 사례다. 그러나 프로그램이 로그만을 출력한다면 stdout, stderr 및 파일을 사용해도 무방하다.

표준 라이브러리의 log 패키지는 로깅에 필요한 모든 기능을 제공하므로 이 패키지를 사용할 것을 권장한다. 이 패키지는 표준 라이브러리의 일부일 뿐만 아니라 Go 커뮤니티 내에서도 널리 활용되고 있으므로 충분히 신뢰할 수 있다.

8.3 인코딩/디코딩

오늘날의 많은 애플리케이션들은 그 본연의 목적이 무엇이든 데이터를 소비하고 게시(publish)해야 할 필요가 있다. 여러분이 작성한 애플리케이션이 XML이나 JSON 형식의 데이터를 다룬다면 표준 라이브러리의 xml이나 json 패키지를 이용하여 이런 데이터를 간편하게 처리할 수 있다. 만일, 독자적인 데이터 형식을 인코딩하거나 디코딩해야 한다면 이 패키지들의 구현 방식을 참고하여 자신만의 패키지를 구현할 수도 있다.

요즘은 XML 형식보다는 JSON 형식의 데이터를 다루는 것이 더욱 일반적이다. 가장 큰 이유는 JSON이 XML에 비해 더 적은 양의 마크업을 사용하기 때문이다. 즉, 네트워크를 통해 데이터를 전송할 때 더 적은 양의 데이터로 동일한 데이터를 표현할 수 있어 시스템의 전체적인 성능에 긍정적인 영향을 주기 때문이다. 또한 JSON은 메시지를 더 작은 크기로 줄일 수 있는 BSON(Binary JavaScript Object Notation) 형식으로의 변환도 가능하다. 이에 따라 우리는 Go 애플리케이션에서 JSON 데이터를 소비하고 게시하는 방법을 살펴볼 것이다. XML 데이터를 사용하는 방법 역시 이와 비슷하다.

8.3.1 JSON 데이터 디코딩하기

JSON을 다루는 방법을 알아보기 위해, 우선 json 패키지에 작성된 NewDecoder 함수와 Decode 메서드에 대해 알아보도록 하자. 파일이나 웹 응답을 통해 JSON 데이터를 소비하는 경우라면 이 함수와 메서드를 반드시 사용해야 한다. http 패키지를 이용해서 JSON 데이터를 리턴하는 구글의 검색 API에 GET 요청을 실행하는 예제를 살펴보자. 다음 코드는 구글 검색 API의 응답 데이터 중 일부를 발췌한 것이다.

예제 8.23 구글 검색 API의 JSON 응답 데이터 예

```
{
    "responseData": {
        "results": [
            {
                "GsearchResultClass": "GwebSearch",
                "unescapedUrl": "https://www.reddit.com/r/golang",
                "url": "https://www.reddit.com/r/golang",
                "visibleUrl": "www.reddit.com",
                "cacheUrl": "http://www.google.com/search?q=cache:W...",
                "title": "r/\u003cb\u003eGolang\u003c/b\u003e - Reddit",
                "titleNoFormatting": "r/Golang - Reddit",
                "content": "First Open Source \u003cb\u003eGolang\u..."
            },
            {
                "GsearchResultClass": "GwebSearch",
                "unescapedUrl": "http://tour.golang.org/",
                "url": "http://tour.golang.org/",
                "visibleUrl": "tour.golang.org",
                "cacheUrl": "http://www.google.com/search?q=cache:O...",
                "title": "A Tour of Go",
                "titleNoFormatting": "A Tour of Go",
                "content": "Welcome to a tour of the Go programming ..."
            }
        ]
    }
}
```

그리고 다음 예제는 이 응답 데이터를 구조체 타입으로 디코딩하는 코드다.

```
01  // json 패키지와 NewDecoder 함수를 이용하여
02  // JSON 응답을 구조체로 디코딩하는 예제
03  package main
04
05  import (
06      "encoding/json"
07      "fmt"
08      "log"
09      "net/http"
10  )
11
12  type (
13      // 검색 API의 문서를 매핑하기 위한 gResult 구조체
14      gResult struct {
15          GsearchResultClass string `json:"GsearchResultClass"`
16          UnescapedURL       string `json:"unescapedUrl"`
17          URL                string `json:"url"`
18          VisibleURL         string `json:"visibleUrl"`
19          CacheURL           string `json:"cacheUrl"`
20          Title              string `json:"title"`
21          TitleNoFormatting  string `json:"titleNoFormatting"`
22          Content            string `json:"content"`
23      }
24
25      // 최상위 문서를 표현하기 위한 gResponse 구조체
26      gResponse struct {
27          ResponseData struct {
28              Results []gResult `json:"results"`
29          } `json:"responseData"`
30      }
31  )
32
33  func main() {
34      uri := "http://ajax.googleapis.com/ajax/services/search/web?
                                            v=1.0&rsz=8&q=golang"
35
36      // 구글에 검색을 실행한다.
37      resp, err := http.Get(uri)
38      if err != nil {
39          log.Println("에러:", err)
40          return
41      }
42      defer resp.Body.Close()
43
44      // JSON 응답을 구조체로 디코딩한다.
45      var gr gResponse
46      err = json.NewDecoder(resp.Body).Decode(&gr)
47      if err != nil {
48          log.Println("에러:", err)
```

```
49        return
50    }
51
52    fmt.Println(gr)
53
54    // 구조체 타입을 보기 좋게 출력할 수 있는
55    // JSON 문서로 마샬링(marshalling)한다.
56    pretty, err := json.MarshalIndent(gr, "", "    ")
57    if err != nil {
58        log.Println("에러:", err)
59        return
60    }
61
62    fmt.Println(string(pretty))
63 }
```

예제 8.24의 37번 줄의 코드에서는 HTTP GET 요청을 생성하여 구글에 JSON 문서를 요청한다. 그런 다음, 46번 줄에서는 NewDecoder 함수와 Decode 메서드를 이용하여 API의 응답 JSON 문서를 26번 줄에서 선언한 구조체 타입의 변수로 디코딩한다. 52번 줄에서는 이 변수를 다시 stdout 장치에 출력한다.

26번 줄과 14번 줄의 gResponse 구조체와 gResult 구조체의 선언을 살펴보면, 각 필드 선언의 마지막에 문자열이 덧붙여져 있는 것을 볼 수 있다. 이 문자열들을 **태그(tag)**라고 하며, JSON 문서와 구조체 타입 간의 필드 매핑을 위한 메타데이터를 제공한다. 태그가 지정되지 않으면 디코딩 및 인코딩이 처리될 때 대소문자 구분 없이 필드의 이름에 해당하는 항목이 JSON 문서에 존재하는지 찾는다. 만일, 매핑할 데이터를 찾지 못했다면 구조체의 필드는 제로 값으로 초기화된다.

HTTP GET 요청을 보내고 JSON 문서를 구조체 타입으로 디코딩하는 모든 기술적 요소들은 표준 라이브러리가 전부 처리한다. 그러면 NewDecoder 함수와 Decode 메서드가 어떻게 선언되어 있는지 알아보자.

예제 8.25 golang.org/src/encoding/json/stream.go

```
// NewDecoder 함수는 r의 데이터를 읽기 위한 새로운 디코더를 생성한다.
//
// 디코더는 직접 버퍼를 관리하며
// 요청한 JSON 데이터를 r에서 읽는다.
func NewDecoder(r io.Reader) *Decoder

// Decode  함수는 입력에서 JSON으로 인코딩된 다음 값을 읽어
// 그 값을 v에 저장한다.
```

```
//
// JSON 데이터를 Go 값으로 언마샬링(unmarshalling)하기 위한
// 상세 정보는 관련 도움말을 참고하기 바란다.
func (dec *Decoder) Decode(v interface{}) error
```

예제 8.25에서는 io.Reader 인터페이스 타입을 매개변수로 사용하는 NewDecoder 함수의 선언을 볼 수 있다. io.Reader와 io.Writer 인터페이스에 대해서는 다음 절에서 조금 더 자세히 살펴볼 것이다. 우선은 http 패키지를 포함해 표준 라이브러리에 정의된 많은 타입들이 이 인터페이스를 구현하고 있다는 점만 알아두자. 실제로 어떤 타입이 이 두 인터페이스 중 하나를 구현하기만 하면 자동적으로 엄청난 양의 기능과 지원이 제공된다.

NewDecoder 함수는 Decoder 타입의 포인터를 리턴한다. Go는 혼합 구문 호출(compound statement call)을 지원하기 때문에 별도로 변수를 추가 선언하지 않고도 NewDecoder 함수의 리턴 값을 Decode 메서드의 호출에 곧바로 활용할 수 있다. 예제 8.25를 보면, Decode 함수는 interface{} 타입을 매개변수로 사용하며 에러를 리턴하도록 선언되었다는 것을 알 수 있다.

제5장에서 설명했던 것처럼 빈 인터페이스는 모든 타입이 구현하는 인터페이스다. 즉, Decode 메서드는 어떤 타입의 값이라도 매개변수로 받아들일 수 있다는 뜻이다. Decode 메서드는 리플렉션(reflection)을 통해 매개변수로 전달된 값의 정보를 파악한다. 그런 다음 JSON 응답을 읽어 그 값을 지정된 타입의 값으로 디코딩한다. 즉, 원하는 값을 우리가 직접 생성하는 것이 아니라 Decode 메서드가 생성해준다.

예제 8.26 Decode 메서드의 활용 예

```
var gr *gResponse
err = json.NewDecoder(resp.Body).Decode(&gr)
```

예제 8.26에서는 nil 값을 가진 gResponse 타입 포인터 변수의 주소를 Decode 메서드에 전달한다. 이 메서드 호출이 완료되면 포인터 변수에는 JSON 문서를 디코딩한 gResponse 타입의 값이 대입된다.

간혹 JSON 문서에 문자열 값이 포함되어 있을 수 있다. 이 경우에는 문자열을 바이트 슬라이스([]byte)로 변환한 후 json 패키지의 Unmarshal 함수를 사용해야 한다.

```go
01 // JSON 문자열을 디코딩하는 예제
02 package main
03
04 import (
05     "encoding/json"
06     "fmt"
07     "log"
08 )
09
10 // JSON 문자열을 표현하는 Contact 구조체
11 type Contact struct {
12     Name    string `json:"name"`
13     Title   string `json:"title"`
14     Contact struct {
15         Home string `json:"home"`
16         Cell string `json:"cell"`
17     } `json:"contact"`
18 }
19
20 // 문자열을 가지고 있는 JSON 문서
21 var JSON = `{
22     "name": "Gopher",
23     "title": "programmer",
24     "contact": {
25         "home": "415.333.3333",
26         "cell": "415.555.5555"
27     }
28 }`
29
30 func main() {
31     // JSON 문자열을 변수에 언마샬링한다.
32     var c Contact
33     err := json.Unmarshal([]byte(JSON), &c)
34     if err != nil {
35         log.Println("에러:", err)
36         return
37     }
38
39     fmt.Println(c)
40 }
```

예제 8.27은 문자열을 포함하는 JSON 문서를 구조체 타입의 값으로 디코딩하기 위해 Unmarshal 함수를 사용하는 예제다. 이 프로그램을 실행하면 다음과 같은 결과를 보게 될 것이다.

```
{Gopher programmer {415.333.3333 415.555.5555}}
```

때로는 JSON 문서와 정확히 같은 구조를 갖는 구조체를 선언하는 것이 불가능하여, 이 JSON 문서를 처리하기 위해 더 높은 수준의 유연성이 필요한 경우가 있다. 이런 경우에는 JSON 문서를 맵으로 디코딩하거나 언마샬링할 수 있다.

예제 8.29   listing29.go

```go
01 // JSON 문자열을 디코딩하는 예제
02 package main
03
04 import (
05     "encoding/json"
06     "fmt"
07     "log"
08 )
09
10 // 언마샬링이 필요한 문자열을 포함하는 JSON 문서
11 var JSON = `{
12     "name": "Gopher",
13     "title": "programmer",
14     "contact": {
15         "home": "415.333.3333",
16         "cell": "415.555.5555"
17     }
18 }`
19
20 func main() {
21     // JSON 문자열을 맵에 언마샬링한다.
22     var c map[string]interface{}
23     err := json.Unmarshal([]byte(JSON), &c)
24     if err != nil {
25         log.Println("에러:", err)
26         return
27     }
28
29     fmt.Println("이름:", c["name"])
30     fmt.Println("제목:", c["title"])
31     fmt.Println("연락처")
32     fmt.Println("집전화:", c["contact"].(map[string]interface{})["home"])
33     fmt.Println("휴대폰:", c["contact"].(map[string]interface{})["cell"])
34 }
```

예제 8.29에서는 예제 8.27의 프로그램을 조금 변경하여 구조체 타입의 변수 대신 맵 타입의 변수를 활용하고 있다. 맵 타입의 변수는 문자열을 키로 사용하며, interface{} 타입을 값으로 사용하도록 선언되어 있다. 즉, 이 맵은 특정 키에 어떤 타입의 값이든 저장할 수 있다. 이렇게 하면 JSON 문서를 처리하는 데 충분한 유연성을 얻을 수 있지만 한 가지 단점이 존재한다. 연락처 정보의 home 필드에 접근하는 구문을 살펴보면 단점이 무엇인지 쉽게 짐작할 수 있을 것이다.

예제 8.30 언마샬링된 맵을 대상으로 특정 필드에 접근하기 위한 문법

```
fmt.Println("집전화:", c["contact"].(map[string]interface{})["home"])
```

각 키의 값은 interface{} 타입이기 때문에 이 값을 활용하려면 적절한 기본 자료형 타입으로 변환해야 한다. 예제 8.30은 contact 키의 값을 문자열 타입 키와 interface{} 인터페이스 타입의 값을 사용하는 또 다른 맵으로 변환하는 과정을 보여준다. 이처럼 JSON 문서를 변환한 맵을 활용하는 것은 조금 불편할 수 있다. 그러나 JSON 문서를 세세하게 살펴볼 필요가 없거나 문서의 내용을 아주 조금만 조작하려는 경우에는 맵을 이용하는 것이 훨씬 빠를 뿐만 아니라 새로운 타입을 정의할 필요도 없어진다.

8.3.2 JSON 데이터 인코딩하기

JSON 데이터를 다루기 위한 두 번째 과정을 위해 json 패키지의 MarshalIndent 함수를 살펴보자. 이 함수는 Go의 맵이나 구조체 타입의 값으로부터 JSON 문서를 도출할 때 매우 편리한 함수다. **마샬링(marshaling)**이란 데이터를 JSON 문자열로 변환하는 과정을 말한다. 다음 예제를 통해 맵을 JSON 문자열로 변환하는 방법을 살펴보자.

예제 8.31 listing31.go

```
01  // JSON 문자열을 마샬링하는 방법을 보여주는 예제
02  package main
03
04  import (
05      "encoding/json"
06      "fmt"
07      "log"
08  )
09
10  func main() {
11      // 키/값의 쌍을 가지는 맵을 생성한다.
```

```
12      c := make(map[string]interface{})
13      c["name"] = "Gopher"
14      c["title"] = "programmer"
15      c["contact"] = map[string]interface{}{
16          "home": "415.333.3333",
17          "cell": "415.555.5555",
18      }
19
20      // 맵을 JSON 문자열로 마샬링한다.
21      data, err := json.MarshalIndent(c, "", "    ")
22      if err != nil {
23          log.Println("에러:", err)
24          return
25      }
26
27      fmt.Println(string(data))
28 }
```

예제 8.31은 json 패키지의 MarshalIndent 함수를 이용해 맵을 JSON 문자열로 변환하는 과정을 보여준다. MarshalIndent 함수는 JSON 문자열을 표현하는 바이트 슬라이스와 에러 값을 리턴하는 함수다. 이 함수는 json 패키지에 다음과 같이 선언되어 있다.

예제 8.32 golang.org/src/encoding/json/encode.go

```
// MarshalIndent 함수는 Marshal 함수와 동일하지만 들여쓰기를 적용한다.
func MarshalIndent(v interface{}, prefix, indent string) ([]byte, error) {
```

이 코드에서 보듯이 MarshalIndent 함수는 매개변수로 빈 인터페이스 타입을 사용한다. 그리고 리플렉션을 이용해 맵 타입을 JSON 문자열로 변환한다.

들여쓰기가 잘된 JSON 문자열을 생성할 필요가 없다면 json 패키지의 Marshal 함수를 이용하면 된다. 이 함수는 실제 서비스용 서버에서 웹 API 등의 네트워크 응답으로 사용할 JSON 데이터를 생성할 때 유용하다. Marshal 함수는 MarshalIndent 함수와 동일한 기능을 수행하지만, prefix나 indent 같은 매개변수를 사용하지 않아 들여쓰기가 적용되지 않은 JSON 문자열을 생성한다.

8.3.3 결론

JSON이나 XML을 처리할 때 이 데이터들을 디코드하거나 마샬링 또는 언마샬링하기 위한 모든 기능은 표준 라이브러리가 지원하고 있다. Go의 새로운 버전이 릴리즈될 때마다 이 패키지들은 더욱 빨라지므로 JSON과 XML 형식으로 데이터를 처리하는 것은 좋은 선택이 될 것이다. reflection 패키지와 태그에 대한 지원 덕분에, 필요한 문서와 동일한 구조를 갖는 구조체 타입을 선언하거나 맵을 생성하는 것이 매우 편리해졌다. 게다가 json과 xml 패키지는 io.Reader 및 io.Writer 인터페이스를 잘 지원하기 때문에 JSON과 XML 문서의 출처가 어디인지는 크게 신경 쓰지 않아도 된다. JSON과 XML을 편리하게 활용하기 위한 모든 기능들이 제공된다고 보면 된다.

8.4 입력과 출력

UNIX 기반 운영체제의 훌륭한 장점 중 하나는 한 프로그램의 출력을 다른 프로그램의 입력으로 사용할 수 있다는 것이다. 이 철학 덕분에 한 가지 일에만 집중하며 그것만 잘 처리하는 작고 간단한 프로그램들의 집합이 구성될 수 있었다. 또한, 이로 인해 이 프로그램들을 조합해서 더 놀라운 일들을 수행하는 스크립트를 작성할 수 있다. 이 과정에서 stdout과 stdin 장치는 프로세스 사이의 데이터를 교환하기 위한 통로로 동작한다.

이와 동일한 개념이 io 패키지에도 그대로 옮겨져 있으며, 이 패키지가 제공하는 기능은 실로 놀라운 수준이다. 이 패키지는 데이터의 타입, 데이터의 출처 또는 그 목적지와는 무관하게 데이터의 스트림을 매우 효과적으로 처리할 수 있다. 이를 위해서는 stdout과 stdin 대신 io.Writer와 io.Reader 인터페이스를 사용한다. 이 인터페이스를 구현하는 타입들을 이용하면 io 패키지가 제공하는 기능은 물론, 다른 패키지에 선언된 함수와 메서드 중 이 인터페이스를 매개변수로 사용하는 모든 것을 활용할 수 있다. 바로 이 점이 인터페이스 타입을 바탕으로 기능과 API를 구현했을 때 얻을 수 있는 장점이다. 개발자는 이미 존재하는 기능을 토대로 필요한 기능을 구현함으로써 이미 존재하는 기능의 장점을 그대로 가져가는 동시에 비즈니스 요구사항에만 집중할 수 있다.

지금까지 설명한 내용을 염두에 두고 io.Writer와 io.Reader 인터페이스를 선언하는 코드를 살펴보자. 그리고 io 패키지의 놀라운 기능들을 보여주는 몇 가지 예제를 차례로 살펴볼 것이다.

8.4.1 Writer 인터페이스와 Reader 인터페이스

io 패키지는 io.Writer와 io.Reader 인터페이스를 구현하는 타입을 처리하기 위해 만들어졌다. io.Writer와 io.Reader 인터페이스가 제공하는 추상화 덕분에 io 패키지에 구성된 함수와 메서드는 데이터의 타입은 물론, 이 데이터를 물리적으로 읽고 쓰는 방법에 대해서는 전혀 신경 쓰지 않는다. 다음은 io.Writer 인터페이스를 선언한 코드다.

```
type Writer interface {
    Write(p []byte) (n int, err error)
}
```

예제 8.33은 io.Writer 인터페이스를 선언한 코드다. 이 인터페이스는 바이트 슬라이스를 매개변수로 사용하며, 두 개의 값을 리턴하는 Write라는 메서드 하나만을 정의하고 있다. 이 메서드가 리턴하는 첫 번째 값은 출력된 바이트의 길이이며, 두 번째 값은 error 타입의 값이다. 이 메서드를 구현하기 위한 규칙은 다음과 같다.

Write 메서드는 p에서 len(p)만큼의 데이터를 데이터 스트림에 출력한다. 그리고 p에서 출력된 바이트의 길이(0 <= n <= len(p))와 쓰기 동작의 중단을 유발하는 에러가 있는 경우 이 에러를 함께 리턴한다. Write 메서드는 출력된 바이트의 길이 n이 len(p)보다 작을 경우 반드시 nil이 아닌 에러를 리턴해야 한다. 또한, 임시적인 목적으로라도 슬라이스 내의 데이터를 변경해서는 안 된다.

예제 8.34의 규칙은 표준 라이브러리로부터 발췌한 것이다. 이 설명에 따르면 Write 메서드는 전달된 바이트 슬라이스의 전체를 출력해야 한다. 그러나 어떤 이유로든 그 작업에 실패하면 반드시 에러를 리턴해야 한다. 출력된 바이트의 길이는 바이트 슬라이스의 길이보다 작을 수는 있지만 더 많아서는 안 된다. 마지막으로, 바이트 슬라이스의 데이터는 어떤 형태로든 수정되어서는 안 된다.

이제 io.Reader 인터페이스의 선언 코드를 살펴보자.

```
type Reader interface {
    Read(p []byte) (n int, err error)
}
```

예제 8.35의 io.Reader 인터페이스 역시 바이트 슬라이스를 매개변수로 사용하며, 두 개의 값을 리턴하는 Read라는 하나의 메서드만을 정의하고 있다. 이 메서드가 리턴하는 값 중 첫 번째 값은 읽어 들인 바이트의 길이이며, 두 번째 값은 error이다. 이 메서드를 구현하기 위한 규칙은 다음과 같다.

(1) Read 메서드는 p로부터 len(p)만큼의 바이트를 읽는다. 또한, 읽어 들인 바이트의 길이(0 <= n <= len(p))를 리턴하며, 오류가 발생한 경우 오류를 함께 리턴한다. Read 메서드가 len(p)의 값보다 작은 값을 리턴하는 것은 p의 데이터를 모두 읽었지만 처리 과정에서 p의 공간이 늘어난 경우일 수 있다. 만일 p에 사용 가능한 데이터가 있지만 그 길이가 len(p)보다 작다면, Read 메서드는 규칙에 따라 p에 데이터가 채워지기를 기다리지 않고 현재 사용 가능한 값만을 리턴한다.

(2) Read 메서드는 에러가 발생하거나, 한 번 이상 데이터를 성공적으로 읽은 후 '파일의 끝에 도달함(EOF, End of File)' 상황에 맞닥뜨리면 지금까지 읽은 바이트의 길이를 리턴한다. 이때는 nil이 아닌 에러를 리턴하거나, 다음번에 호출될 때 에러와 함께 0을 리턴할 수 있다. 이런 현상은 통상적으로 Reader가 err == EOF이거나 err == nil을 리턴하는 입력 스트림의 끝에서 한 개 이상의 바이트를 읽은 경우이다. 따라서 그다음에 Read 메서드를 호출하면 0이나 EOF를 리턴해야 한다.

(3) 호출자는 에러를 처리하기에 앞서, 읽은 바이트의 길이가 0보다 큰지 반드시 확인해야 한다. 그렇게 함으로써 어느 정도의 데이터를 읽은 후, EOF 등의 I/O 에러가 발생한 상황을 올바르게 처리할 수 있다.

(4) Read 메서드를 구현할 때는 읽은 바이트 길이 0과 함께 nil 에러를 리턴하는 것을 권장하지 않는다. 그리고 호출자는 이런 경우를 아무것도 하지 않은 상황(No-Operation)으로 간주해야 한다.

표준 라이브러리는 Read 메서드에 대해 총 네 가지 규칙을 언급하고 있다. 첫 번째 규칙은 전달된 바이트 슬라이드의 전체 길이만큼 데이터를 읽어야 한다는 것이다. 전체 길이보다 짧은 데이터를 읽는 것은 상관없지만, 메서드가 호출된 시점에 더 이상 읽을 데이터가 없다고 해서 전체 길이만큼을 모두 읽을 때까지 대기해서는 안 된다.

두 번째 규칙은 읽기 도중 파일의 끝에 도달한 경우에 대해 가이드를 제공한다. 마지막 바이트를 읽었을 때 선택 가능한 옵션은 두 가지다. 즉, 마지막 바이트를 읽은 후 EOF를 에러 값으로 리턴하거나 마지막 바이트를 읽은 후 nil 값을 에러 값으로 리턴하는 것이다. 후자의 방법을 택했다면 다음번 Read 메서드를 호출할 때 읽은 바이트 길이는 0을, 에러 값은 EOF를 리턴해야 한다.

세 번째 규칙은 Read 메서드를 호출하는 코드를 위한 제안 사항이다. 이 규칙은 Read 메서드가 바이트를 리턴한다면, 이 바이트들을 모두 처리한 다음 EOF나 기타 다른 에러 값을 검사할 것을 권하고 있다. 마지막으로, 네 번째 규칙은 Read 메서드를 구현할 때 읽은 바이트의 길이가 0인 경우, 에러 값으로 nil 값을 리턴하지 말 것을 당부하고 있다. Read 메서드는 바이트 데이터를 읽지 못한 경우 항상 에러를 리턴해야 한다.

이제 io.Writer와 io.Reader 인터페이스의 선언 및 그 동작에 대해 알아봤으므로 이제는 이 인터페이스들과 io 패키지의 기능을 활용하는 프로그램을 작성해볼 차례다.

8.4.2 예제 구현하기

지금부터 살펴볼 예제는 표준 라이브러리에서 다른 패키지에 선언되어 있는 타입이 io.Writer 인터페이스를 구현함으로써 io 패키지의 기능을 활용하게 되는 사례를 보여준다. 이 예제는 bytes, fmt, os 패키지에서 Buffer와 문자열 결합을 이용하여 stdout 장치에 문자열을 출력한다.

예제 8.37   listing37.go

```
01  // 표준 라이브러리의 각기 다른 위치의 함수들이
02  // io.Writer 인터페이스를 사용하는 사례를 보여주는 예제
03  package main
04
05  import (
06      "bytes"
07      "fmt"
08      "os"
09  )
10
11  // 애플리케이션 진입점
12  func main() {
13      // Buffer 값을 생성한 후 버퍼에 문자열을 출력한다.
14      // 이때 io.Writer 인터페이스를 구현한 Write 메서드를 호출한다.
15      var b bytes.Buffer
16      b.Write([]byte("안녕하세요 "))
17
18      // 버퍼에 문자열을 결합하기 위해 Fprintf 함수를 호출한다.
19      // 이때 bytes.Buffer 값의 주소를 io.Writer 타입 매개변수에 전달한다.
20      fmt.Fprintf(&b, "Golang!")
21
22      // 버퍼의 콘텐츠를 표준 출력 장치에 쓴다.
23      // 이때 io.Writer 타입의 매개변수에 os.File 값의 주소를 전달한다.
24      b.WriteTo(os.Stdout)
25  }
```

예제 8.37의 코드를 실행하면 다음과 같은 결과가 나타난다.

예제 8.38   listing37.go의 실행 결과

안녕하세요 Golang!

이 프로그램은 표준 라이브러리가 제공하는 세 가지 패키지를 이용하여 "안녕하세요 Golang!" 이라는 문자열을 터미널 창에 출력한다. 15번 줄의 코드를 보면, 우선 bytes 패키지에 선언된 Buffer 타입의 변수를 선언하고 제로 값으로 초기화한다. 그런 다음, 16번 줄에서는 바이트

슬라이스를 생성하고 "안녕하세요 "라는 문자열로 초기화한다. 이 바이트 슬라이스는 Write 메서드에 전달되며 버퍼의 최초 값으로 활용된다.

20번 줄에서는 fmt 패키지에 선언된 Fprintf 함수를 호출하여 버퍼에 문자열 "Golang!"을 덧붙인다. Fprint 함수의 시그너처는 다음과 같다.

예제 8.39   golang.org/src/fmt/print.go

```go
// Fprintf 함수는 지정된 형식의 문자열을 w에 출력한다.
// 그리고 출력된 바이트의 길이와 에러를 리턴한다.
func Fprintf(w io.Writer, format string, a ...interface{})(n int, err error)
```

여기서 중요한 것은 Fprintf 함수의 첫 번째 매개변수다. 이 매개변수는 io.Writer 인터페이스를 구현하는 타입의 값을 전달받는다. 즉, bytes 패키지의 Buffer 타입이 이 인터페이스를 구현하고 있기 때문에 Bufer 타입 변수의 주소를 이 매개변수에 전달할 수 있었던 것이다. bytes 패키지에 정의된 소스 코드에서 Buffer 타입에 Write 메서드가 구현되어 있는 것을 볼 수 있다.

예제 8.40   golang.org/src/bytes/buffer.go

```go
// Write 메서드는 버퍼에 p의 내용을 덧붙이고 필요한 경우 버퍼의 크기를 조정한다.
// 리턴 값 n은 p의 길이이며, err는 항상 nil이다.
// 버퍼가 너무 커지면 Write 메서드는 panic을 유발한다.
func (b *Buffer) Write(p []byte) (n int, err error) {
    b.lastRead = opInvalid
    m := b.grow(len(p))
    return copy(b.buf[m:], p), nil
}
```

예제 8.40은 io.Writer 인터페이스를 구현하는 Buffer 타입의 Write 메서드를 작성한 코드다. 이 메서드가 구현되어 있기 때문에 Buffer 타입을 Fprintf 함수의 첫 번째 매개변수로 전달하는 것이 가능하다. 앞서 작성한 예제에서, Fprintf 함수는 Buffer 타입의 Write 메서드를 이용해 "Golang!"이라는 문자열을 Buffer 타입 변수가 관리하는 내부 버퍼에 출력하고 있다.

이제 전체 버퍼의 내용을 stdout 장치에 출력하는 마지막 코드를 살펴보자.

```
22  // 버퍼의 콘텐츠를 표준 출력 장치에 쓴다.
23      // 이때 io.Writer 타입의 매개변수에 os.File 값의 주소를 전달한다.
24      b.WriteTo(os.Stdout)
25 }
```

예제 8.37의 24번 줄에서는 WriteTo 메서드를 이용하여 Buffer 타입 변수의 내용을 stdout 장치에 출력한다. 이 메서드는 io.Writer 인터페이스를 구현하는 모든 타입의 값을 매개변수로 사용한다. 예제에서는 os 패키지에 선언된 Stdout 변수를 이 매개변수의 값으로 전달하고 있다.

```
var (
    Stdin  = NewFile(uintptr(syscall.Stdin), "/dev/stdin")
    Stdout = NewFile(uintptr(syscall.Stdout), "/dev/stdout")
    Stderr = NewFile(uintptr(syscall.Stderr), "/dev/stderr")
)
```

이렇게 정의된 변수들은 NewFile 함수가 리턴하는 타입을 통해 사용할 수 있다.

```
// NewFile 함수는 지정된 파일 설명자와 이름을 이용해 새로운 File 값을 리턴한다.
func NewFile(fd uintptr, name string) *File {
    fdi := int(fd)
    if fdi < 0 {
        return nil
    }
    f := &File{&file{fd: fdi, name: name}}
    runtime.SetFinalizer(f.file, (*file).close)
    return f
}
```

예제 8.43에서 보듯이 NewFile 함수는 File 타입에 대한 포인터를 리턴한다. 이 타입은 Stdout 변수 타입이다. 이 타입의 포인터는 io.Writer 인터페이스를 구현하고 있기 때문에 WriteTo 메서드의 첫 번째 매개변수로 전달할 수 있다. os 패키지의 소스 코드를 보면, 다음과 같이 Write 메서드가 작성되어 있는 것을 확인할 수 있다.

```go
// Write 메서드는 len(b)만큼의 바이트를 파일에 출력한다.
// 그리고 출력한 바이트의 길이와 에러를 리턴한다.
// 만일 n != len(b)이면 nil이 아닌 에러를 리턴한다.
func (f *File) Write(b []byte) (n int, err error) {
    if f == nil {
        return 0, ErrInvalid
    }
    n, e := f.write(b)
    if n < 0 {
        n=0
    }
    if n != len(b) {
        err = io.ErrShortWrite
    }

    epipecheck(f, e)
    if e != nil {
        err = &PathError{"write", f.name, e}
    }
    return n, err
}
```

예제 8.44는 File 타입의 포인터가 io.Writer 인터페이스를 구현하는 코드다. 그러면 예제 8.37의 24번 줄을 다시 살펴보자.

```
22      // 버퍼의 콘텐츠를 표준 출력 장치에 쓴다.
23      // 이때 io.Writer 타입의 매개변수에 os.File 값의 주소를 전달한다.
24      b.WriteTo(os.Stdout)
25 }
```

이 코드를 보면, WriteTo 메서드는 버퍼의 내용을 stdout 장치에 출력할 수 있기 때문에 결과적으로 "안녕하세요 Golang!"이라는 문자열이 터미널 창에 표시된다. 이때, 이 메서드는 인터페이스 값을 통해 File 타입이 구현하는 Write 메서드를 활용한다.

이 예제는 인터페이스가 가져다주는 장점과 강력함을 잘 보여주고 있다. bytes.Buffer와 os.File 타입이 모두 인터페이스를 구현하고 있기 때문에 표준 라이브러리가 제공하는 기능을 재사용할 수 있음은 물론, 이 두 타입을 함께 활용할 수 있게 된 것이다. 이어서 조금 더 실용적인 예제를 살펴보도록 하자.

8.4.3 간단하게 구현한 Curl

Linux와 Mac OS X 시스템에는 모두 curl이라는 명령줄 도구가 제공된다. 이 도구는 지정한 URL에 HTTP 요청을 전달하고 그 응답을 저장한다. http, io, os 패키지를 이용하면 단 몇 줄의 코드만으로 curl과 동일한 기능을 수행하는 프로그램을 작성할 수 있다.

그러면 아주 간단하게 구현한 curl 프로그램의 소스 코드를 살펴보자.

예제 8.46   listing46.go

```go
01 // io.Reader와 io.Writer 인터페이스를 이용해
02 // 간단하게 구현한 curl 모방 프로그램
03 package main
04
05 import (
06     "io"
07     "log"
08     "net/http"
09     "os"
10 )
11
12 // 애플리케이션 진입점
13 func main() {
14     // r은 응답 객체이며 r.Body 필드가 io.Reader 인터페이스를 구현한다.
15     r, err := http.Get(os.Args[1])
16     if err != nil {
17         log.Fatalln(err)
18     }
19
20     // 응답을 저장하기 위한 파일을 생성한다.
21     file, err := os.Create(os.Args[2])
22     if err != nil {
23         log.Fatalln(err)
24     }
25     defer file.Close()
26
27     // MultiWriter를 이용하여 한 번의 쓰기 작업으로
28     // 표준 출력 장치와 파일에 같은 내용을 출력한다.
29     dest := io.MultiWriter(os.Stdout, file)
30
31     // 응답을 읽어 파일과 표준 출력 장치에 출력한다.
32     io.Copy(dest, r.Body)
33     if err := r.Body.Close(); err != nil {
34         log.Println(err)
35     }
36 }
```

예제 8.46은 HTTP GET 요청의 응답을 다운로드하여 출력하고 저장하는 아주 간단한 curl 모방 프로그램이다. 이 예제는 응답 데이터를 파일과 stdout 장치에 동시에 출력한다. 예제 코드를 간결하게 유지하기 위해 명령줄 인수에 대한 유효성 검사나 기타 고급 옵션을 위한 스위치는 지원하지 않는다.

15번 줄의 코드를 보면, 이 프로그램은 첫 번째 명령줄 인수를 이용해 HTTP GET 요청을 실행한다. 만일, 첫 번째 인수가 URL이고 HTTP GET 요청이 문제없이 실행되면 r 변수를 통해 서버로부터의 응답을 받아온다. 21번 줄에서는 두 번째 명령줄 인수 값에 지정된 경로에 파일을 생성한다. 파일을 정상적으로 열었다면, 25번 줄의 코드처럼 defer 구문을 이용해 마지막에 반드시 파일이 닫히도록 해줘야 한다.

서버로부터 전달받은 응답 데이터는 파일과 stdout 장치에 동시에 출력해야 하기 때문에 29번 줄의 코드에서는 io 패키지에 선언된 MultiWriter 함수를 이용하여 파일과 stdout 장치를 하나의 io.Writer 인터페이스 타입으로 변환한다. 그런 다음, 23번 줄의 코드는 io 패키지의 Copy 함수를 호출한다. 이 함수는 응답 객체로부터 데이터를 읽어 파일과 표준 출력 장치에 출력한다. MultiWriter 함수 덕분에 Copy 함수를 한 번만 호출해서 그 결과를 양쪽에 모두 출력할 수 있다.

io 패키지의 강력한 기능과 더불어 http와 os 패키지가 모두 io.Writer 인터페이스와 io.Reader 인터페이스를 구현하므로 별로 힘들이지 않고도 이와 같은 프로그램을 작성할 수 있다. 가능하면 이미 제공되는 기능들을 잘 활용하여 해결해야 할 문제에만 집중할 것을 권한다. 만일, 우리가 직접 선언한 타입에 이런 메서드들을 구현한다면 엄청난 기능들을 마음껏 활용할 수 있을 것이다.

8.4.4 결론

io 패키지는 실로 어마어마한 기능들을 제공하며, 이 모든 것들은 io.Writer와 io.Reader 인터페이스를 구현하는 타입들을 이용해 얼마든지 활용할 수 있다. http 같은 다른 패키지들도 이와 유사한 패턴을 따르기 때문에 패키지 API의 일부로서 인터페이스를 선언하고, io 패키지의 기능을 잘 활용할 수 있도록 지원하고 있다. 조금 시간을 내어 표준 라이브러리가 어떤 기능들을 제공하며 어떻게 구현되어 있는지를 살펴보기를 권한다. 그렇게 함으로써 이미 제공되는 기능을 직접 구현하느라 힘을 빼는 일도 없을 뿐더러 Go의 디자이너들이 패키지와 API를 작성하는 방식 또한 이해할 수 있다.

8.5 요약

- 표준 라이브러리는 검증된 기능을 제공하며, Go 커뮤니티 내에서 폭넓게 활용되고 있다.
- 표준 라이브러리가 제공하는 패키지들을 이용하면 코드를 쉽게 관리하고 신뢰할 수 있다.
- 38개 범주에 100개 이상의 패키지가 제공된다.
- 표준 라이브러리의 log 패키지는 로깅과 관련된 모든 기능을 제공한다.
- 표준 라이브러리가 제공하는 xml과 json 패키지를 이용하면 두 가지 데이터 형식을 편리하게 활용할 수 있다.
- io 패키지는 데이터의 스트림을 매우 효율적으로 처리한다.
- 인터페이스를 이용하면 이미 존재하는 기능을 손쉽게 조합할 수 있다.
- 표준 라이브러리의 코드를 읽는 것은 Go 프로그래밍에서 널리 통용되는 방식을 쉽게 이해할 수 있는 좋은 방법이다.

CHAPTER

9

테스트와 벤치마킹

이번 장에서 학습할 내용
- 코드의 검증을 위한 단위 테스트 작성하기
- httptest 패키지를 이용해 모의 HTTP 요청과 응답 다루기
- 예제 코드와 함께 패키지 문서화하기
- 벤치마킹을 이용한 성능 확인하기

코드 테스트는 반드시 프로그램의 개발을 완료한 후에만 할 수 있는 것이 아니다. Go의 테스트 프레임워크를 이용하면 개발 과정에서 단위 테스트와 벤치마킹을 수행할 수 있다. go build 명령과 마찬가지로 go test 명령을 이용하면 여러분이 작성한 단위 테스트 코드를 명시적으로 실행할 수 있다. 몇 가지 가이드라인만 준수하면 테스트 코드를 프로젝트에 통합하여 지속적 통합(CI, Continous Integration) 시스템과 함께 유연하게 연동할 수 있다.

9.1 단위 테스트

단위 테스트(unit test)란 프로그램이나 패키지의 일부 코드를 테스트할 수 있는 함수를 말한다. 테스트의 역할은 테스트하고자 하는 코드가 주어진 시나리오상에서 기대하는 대로 동작하는지 확인하는 것이다. 시나리오 중에는 그 어떤 에러도 발생하지 않고 정상적으로 실행되는 긍정적 경로(positive path)를 테스트하는 것이 있는데, 데이터베이스에 레코드를 생성하는 작업을

검증하기 위한 테스트가 이런 경우에 해당한다.

반면, 코드가 정확히 원하는 에러를 발생시키는지 확인하는 부정적 경로(negative path)를 확인하기 위한 단위 테스트도 있다. 아무런 결과를 리턴하지 않는 질의를 데이터베이스에 수행한다거나 데이터베이스에 잘못된 데이터 수정 질의를 실행하는 경우가 이에 해당한다. 이런 경우에는 올바른 에러 문맥과 함께 원하는 형태의 에러가 보고되는지를 확인한다. 결국, 우리가 작성한 코드는 호출 방법이나 실행 경로와는 무관하게 항상 예측 가능해야 한다.

Go에서 단위 테스트를 작성하는 방법은 여러 가지다. **기본 테스트(basic test)**는 특정 코드에 단일 매개변수와 리턴 결과만을 테스트한다. 반면, **테이블 테스트(table test)**는 여러 개의 매개변수와 리턴 결과의 조합을 테스트한다. 그뿐만 아니라 데이터베이스나 웹 서버 등 테스트 코드가 필요로 하는 외부의 리소스에 대한 모의(mock) 객체를 만드는 방법도 존재한다. 이를 통해 실제로 외부 리소스가 제공되지 않더라도 테스트를 수행할 수 있다. 마지막으로, 직접 웹 서비스를 개발할 때는 실제로 서비스를 실행하지 않고도 서비스에 웹 요청이 들어오는 것을 테스트할 수 있다.

9.1.1 기본 단위 테스트

그러면 기본적인 단위 테스트 예제 코드를 먼저 살펴보자.

예제 9.1 listing01_test.go

```
01 // 기본 단위 테스트를 작성하는 방법을 소개하는 예제
02 package listing01
03
04 import (
05     "net/http"
06     "testing"
07 )
08
09 const checkMark = "\u2713"
10 const ballotX = "\u2717"
11
12 // TestDownload 함수는 콘텐츠를 다운로드할 수 있는 HTTP GET 기능을 확인한다.
13 func TestDownload(t *testing.T) {
14     url := "http://www.goinggo.net/feeds/posts/default?alt=rss"
15     statusCode := 200
16
17     t.Log("콘텐츠 다운로드 기능 테스트 시작.")
18     {
19         t.Logf("\tURL \"%s\" 호출 시 상태 코드가 \"%d\"인지 확인.",
```

```
20              url, statusCode)
21      {
22              resp, err := http.Get(url)
23              if err != nil {
24                      t.Fatal("\t\tHTTP GET 요청을 보냈는지 확인.",
25                              ballotX, err)
26              }
27              t.Log("\t\tHTTP GET 요청을 보냈는지 확인.",
28                      checkMark)
29
30              defer resp.Body.Close()
31
32              if resp.StatusCode == statusCode {
33                      t.Logf("\t\t상태 코드가 \"%d\" 인지 확인. %v",
34                              statusCode, checkMark)
35              } else {
36                      t.Errorf("\t\t상태 코드가 \"%d\" 인지 확인. %v %v",
37                              statusCode, ballotX, resp.StatusCode)
38              }
39      }
40  }
41 }
```

예제 9.1은 http 패키지의 Get 함수의 기능을 테스트하는 단위 테스트 코드다. 이 테스트 코드는 웹에서 goinggo.net의 RSS 피드를 다운로드한다. 이 테스트 코드를 go test -v처럼 실행하면, -v 옵션에 의해 **상세한 결과가 출력**되어 그림 9.1과 같은 테스트 결과를 볼 수 있을 것이다.

```
Deriks-MacBook-Air:listing01 derik$ go test -v
=== RUN   TestDownload
--- PASS: TestDownload (0.70s)
        listing01_test.go:17: 콘텐츠 다운로드 기능 테스트를 시작.
        listing01_test.go:20:   URL "http://www.goinggo.net/feeds/posts/default?alt=rss"
호출 시 상태 코드가 "200"인지 확인.
        listing01_test.go:28:           HTTP GET 요청을 보냈는지 확인. ✓
        listing01_test.go:34:           상태 코드가 "200" 인지 확인. ✓
PASS
ok      _/Users/derik/Projects/books/samples/20.go-in-action/chapter9/listing01 0.712s
```

그림 9.1   기본 단위 테스트의 실행 결과

이 예제를 실행하면, 테스트를 수행하고 그 결과를 출력하기 위해 많은 일들이 일어난다. 일단은 테스트 파일의 이름부터 살펴보자. 예제 9.1의 위쪽을 살펴보면 테스트 파일의 이름이 listing01_test.go인 것을 확인할 수 있을 것이다. Go의 테스트 도구는 _test.go로 끝나는 파일만을 테스트 코드 파일로 간주한다. 이 규칙을 깜박하고 패키지 안에서 go test 명령을 실행하면 테스트 파일이 없다는 결과를 받게 될 것이다. 테스트 도구는 일단 테스트 파일을 발견하면 실행할 테스트 함수를 탐색한다.

그러면 지금부터 listing01_test.go 테스트 파일의 코드를 자세히 살펴보도록 하자.

```
01 // 기본 단위 테스트를 작성하는 방법을 소개하는 예제
02 package listing01
03
04 import (
05     "net/http"
06     "testing"
07 )
08
09 const checkMark = "\u2713"
10 const ballotX = "\u2717"
```

예제 9.2의 6번 줄에서 testing 패키지를 가져오는 것을 볼 수 있다. testing 패키지는 테스트 프레임워크부터 테스트의 결과를 출력하고 보고하기 위한 모든 것을 제공한다. 9번과 10번 줄의 코드는 테스트 결과를 출력할 때 사용할 체크 표시와 X 표시를 표현하기 위한 문자 상수를 정의한 것이다.

다음으로, 테스트 함수를 정의하는 방법은 다음과 같다.

```
12 // TestDownload 함수는 콘텐츠를 다운로드할 수 있는 HTTP GET 기능을 확인한다.
13 func TestDownload(t *testing.T) {
```

예제 9.3의 13번 줄에서 보듯이, 테스트 함수의 이름은 TestDownload이다. 테스트 함수는 반드시 외부에 노출되는 공개 함수여야 한다. 또한, Test라는 이름으로 시작해야 할 뿐만 아니라 testing.T 타입의 포인터를 매개변수로 전달받아야 하며, 아무것도 리턴하지 않는 함수여야 한다. 이 규칙을 준수하지 않으면, 테스트 프레임워크는 이 함수를 테스트 함수로 인지하지 않기 때문에 테스트 도구가 아무것도 실행하지 않는다.

여기서 중요한 것은 testing.T 타입의 포인터다. 이 포인터는 각 테스트의 결과와 상태를 보고하기 위한 메커니즘을 제공한다. 테스트 결과 형식에는 반드시 지켜야 할 표준은 없다. 우리는 Go에서 문서를 작성할 때 사용되는 관용적인 표현을 이용해 읽기 쉽게 작성하는 것을 선호한다. 테스트 결과는 이 테스트가 왜 필요하며, 어떤 테스트를 수행할 것이며, 테스트를 실행한 결과가 어떤지를 쉽게 읽을 수 있는 완벽한 문장으로 표현해야 한다. 이를 위해 우리가 어떤 테스트 코드를 작성했는지 나머지 코드를 통해 알아보자.

```
14        url := "http://www.goinggo.net/feeds/posts/default?alt=rss"
15        statusCode := 200
16
17        t.Log("콘텐츠 다운로드 기능 테스트 시작.")
18        {
```

예제 9.4의 14번과 15번 줄에서는 두 개의 변수를 선언하고 초기화한다. 이 변수들은 테스트하고자 하는 URL과 그 응답으로 기대하는 상태 코드의 값을 정의한다. 17번 줄에서 호출하는 t.Log 메서드는 테스트 결과에 메시지를 출력하는 기능을 수행한다. 또한 t.Logf라는 사용자정의 형식을 지원하는 버전의 메서드도 제공된다. go test 명령을 실행할 때 verbose 옵션(-v)을 사용하지 않으면 테스트가 실패한 경우에만 테스트 결과가 출력된다.

각 테스트 함수는 해당 테스트가 **어떤 이유에서 필요한지** 서술해야 한다. 이 예제는 콘텐츠 다운로드 기능을 테스트하기 위함이다. 테스트의 목적을 설명했다면, 그다음에는 언제 어떻게 코드가 테스트될 것인지를 서술해야 한다.

```
19            t.Logf("\tURL \"%s\" 호출 시 상태 코드가 \"%d\"인지 확인.",
20                url, statusCode)
21            {
```

예제 9.5의 19번 줄을 살펴보자. 이 코드에서는 테스트의 값에 대해 명시적으로 설명하고 있다. 다음으로, 이 값들을 이용해 실제로 코드가 테스트되는 과정을 살펴보자.

```
22            resp, err := http.Get(url)
23            if err != nil {
24                t.Fatal("\t\tHTTP GET 요청을 보냈는지 확인.",
25                    ballotX, err)
26            }
27            t.Log("\t\tHTTP GET 요청을 보냈는지 확인.",
28                checkMark)
29
30            defer resp.Body.Close()
```

예제 9.6의 코드는 http 패키지의 Get 함수를 이용하여 goinggo.net 웹 서버에 요청을 보내 블로그의 RSS 피드 파일을 다운로드한다. Get 함수 호출이 리턴되면 에러 값을 검사하여 웹 호출이 성공했는지 확인한다. 웹 호출이 성공했든 실패했든 테스트의 결과가 어떤 것인지를 **서술해주어야 한다**. 호출이 실패했으면 X 표시와 함께 테스트 결과에 에러를 출력하고, 호출이 성공했으면 체크 표시를 출력한다.

만일, `Get` 메서드 호출이 실패했으면 24번 줄의 `t.Fatal` 메서드를 이용하여 테스트 프레임워크에 이 단위 테스트가 실패했음을 알린다. `t.Fatal` 메서드는 단위 테스트가 실패했음을 보고할 뿐만 아니라 테스트 출력에 실패한 테스트 함수의 실행을 중단한다. 그리고 아직 실행되지 않은 테스트 함수가 있으면 이 함수들을 실행한다. `t.Fatalf` 메서드는 같은 기능을 수행하면서 사용자정의 형식의 메시지를 출력한다.

테스트 함수가 실패하더라도 그 실행을 중단하고 싶지 않을 때는 `t.Error`나 `t.Errorf` 메서드를 이용하면 된다.

예제 9.7 listing01_test.go: 32~41번 줄

```
32              if resp.StatusCode == statusCode {
33                  t.Logf("\t\t상태 코드가 \"%d\" 인지 확인. %v",
34                      statusCode, checkMark)
35              } else {
36                  t.Errorf("\t\t상태 코드가 \"%d\" 인지 확인. %v %v",
37                      statusCode, ballotX, resp.StatusCode)
38              }
39          }
40      }
41 }
```

```
$ go test -v
=== RUN TestDownload
--- PASS: TestDownload (0.43s)
        listing01_test.go:17: Given the need to test downloading content.
        listing01_test.go:20:   When checking "http://www.goinggo.net/feeds/posts
        listing01_test.go:28:           Should be able to make the Get call. ✓
        listing01_test.go:34:           Should receive a "200" status. ✓
PASS
ok      github.com/goinaction/code/chapter9/listing01   0.435s
```

그림 9.2 기본 단위 테스트의 실행 결과

예제 9.7의 32번 줄에서는 응답의 상태 코드를 우리가 원하는 상태 코드와 비교한다. 다시 말하지만, 이 경우 원하는 테스트 결과가 무엇인지를 서술해야 한다. 상태 코드가 일치하면 `t.Logf` 메서드를 이용하여 메시지를 출력하고, 그렇지 않으면 `t.Errorf` 메서드를 호출한다. `t.Errorf` 메서드는 테스트 함수의 실행을 중단하지 않기 때문에 38번 줄 이후에 더 실행할 테스트가 있으면 단위 테스트가 계속해서 실행된다. `t.Fatal`이나 `t.Error` 함수가 테스트 함수가 아닌 다른 함수에 의해 호출되면 테스트는 성공한 것으로 간주된다.

테스트의 실행 결과를 다시 살펴보면, 지금까지 작성한 메시지들이 어떻게 출력되는지 확인할 수 있다(그림 9.2).

그림 9.2는 테스트를 완벽하게 문서화하고 있다. 콘텐츠를 다운로드하는 기능을 테스트하기 위해 URL을 호출한 후의 statusCode 값을 확인하고, HTTP GET 요청을 올바르게 수행한 후에는 상태 코드가 200인 응답을 받아야 한다. 테스트 결과는 명료하고 잘 설명되어 있으며 충분한 정보를 제공한다. 어떤 단위 테스트가 실행되었고, 그 결과는 무엇이며, 테스트에 총 553 밀리초가 소요되었다는 사실까지 알 수 있다.

9.1.2 테이블 테스트

각기 다른 매개변수에 대해 각기 다른 결과를 리턴하는 코드를 테스트할 때는 테이블 테스트를 사용한다. 테이블 테스트는 각각 다른 값과 그 결과를 서술한 표를 관리해야 한다는 점을 제외하면 기본 단위 테스트와 동일하다. 이 테스트는 매개변수로 사용할 각각의 값들을 반복해서 테스트 코드를 통해 실행하고, 테스트마다 코드의 결과를 각각 비교한다. 이를 통해 하나의 테스트 함수로 여러 가지 다른 값과 조건을 확인할 수 있다. 그러면 관련 예제를 살펴보도록 하자.

예제 9.8 listing08_test.go

```
01 // 테이블 테스트를 설명하기 위한 예제
02 package listing08
03
04 import (
05     "net/http"
06     "testing"
07 )
08
09 const checkMark = "\u2713"
10 const ballotX = "\u2717"
11
12 // TestDownload 함수는 HTTP GET 함수를 이용해 콘텐츠를 다운로드하고
13 // 각기 다른 결과 상태를 확인한다.
14 func TestDownload(t *testing.T) {
15     var urls = []struct {
16         url        string
17         statusCode int
18     }{
19         {
```

```
20                    "http://www.goinggo.net/feeds/posts/default?alt=rss",
21                    http.StatusOK,
22                },
23                {
24                    "http://rss.cnn.com/rss/cnn_topstbadurl.rss",
25                    http.StatusNotFound,
26                },
27        }
28
29        t.Log("각각 다른 콘텐츠에 대한 다운로드를 확인한다.")
30        {
31            for _, u := range urls {
32                t.Logf("\tURL \"%s\" 호출 시 상태 코드가 \"%d\"인지 확인.",
33                    u.url, u.statusCode)
34                {
35                    resp, err := http.Get(u.url)
36                    if err != nil {
37                        t.Fatal("\t\tHTTP GET 요청을 보냈는지 확인.",
38                            ballotX, err)
39                    }
40                    t.Log("\t\tHTTP GET 요청을 보냈는지 확인.",
41                        checkMark)
42
43                    defer resp.Body.Close()
44
45                    if resp.StatusCode == u.statusCode {
46                        t.Logf("\t\t상태 코드가 \"%d\" 인지 확인. %v",
47                            u.statusCode, checkMark)
48                    } else {
49                        t.Errorf("\t\t상태 코드가 \"%d\" 인지 확인. %v %v",
50                            u.statusCode, ballotX, resp.StatusCode)
51                    }
52                }
53            }
54        }
55 }
```

예제 9.8은 기본 단위 테스트의 코드를 그대로 가져와 테이블 테스트로 변경한 것이다. 이 예제는 http.Get 함수를 이용하는 하나의 테스트 함수를 이용해 각기 다른 URL과 상태 코드를 테스트하고 있다. 즉, 각각의 URL과 상태 코드를 테스트하기 위해 새로운 테스트 함수를 만들 필요가 없다. 그러면 수정된 부분을 중점적으로 살펴보자.

예제 9.9   listing08_test.go: 12~27번 줄

```
12 // TestDownload 함수는 HTTP GET 함수를 이용해 콘텐츠를 다운로드하고
13 // 각기 다른 결과 상태를 확인한다.
14 func TestDownload(t *testing.T) {
```

```
15    var urls = []struct {
16        url        string
17        statusCode int
18    }{
19        {
20            "http://www.goinggo.net/feeds/posts/default?alt=rss",
21            http.StatusOK,
22        },
23        {
24            "http://rss.cnn.com/rss/cnn_topstbadurl.rss",
25            http.StatusNotFound,
26        },
27    }
```

예제 9.9에서는 앞의 예제와 마찬가지로 testing.T 타입의 포인터를 매개변수로 사용하는 TestDownload 함수를 볼 수 있다. 그러나 이번에 작성한 TestDownload 함수는 조금 다른 모습을 하고 있다. 15~27번 줄의 코드에서는 테스트할 값들을 가진 테이블을 구성하고 있다. 테이블의 첫 번째 필드는 인터넷을 통해 접근할 리소스를 표현한 URL이며, 두 번째 필드는 해당 리소스에 대한 요청을 보낸 후 응답을 받았을 때 기대하는 상태 코드를 표현한다.

현재 이 테이블은 두 개의 값을 정의하고 있다. 첫 번째 값은 goinggo.net URL을 호출하고 상태 코드는 OK를 기대한다. 그리고 두 번째 값은 그와 다른 URL을 호출하며 상태 코드는 NotFound를 기대한다. 두 번째 URL에는 서버가 NotFound 에러를 응답할 수 있도록 일부러 오타를 삽입했다. 이 테스트를 실행한 결과는 그림 9.3과 같다.

```
Deriks-MacBook-Air:listing08 derik$ go test -v
=== RUN   TestDownload
--- PASS: TestDownload (2.31s)
        listing08_test.go:29: 각각 다른 콘텐츠에 대한 다운로드를 확인한다.
        listing08_test.go:33:   URL "http://www.goinggo.net/feeds/posts/default?alt=rss"
호출시 상태 코드가 "200"인지 확인.
        listing08_test.go:41:       HTTP GET 요청을 보냈는지 확인. ✓
        listing08_test.go:47:       상태 코드가 "200" 인지 확인. ✓
        listing08_test.go:33:   URL "http://rss.cnn.com/rss/cnn_topstbadurl.rss" 호출시
상태 코드가 "404"인지 확인.
        listing08_test.go:41:       HTTP GET 요청을 보냈는지 확인. ✓
        listing08_test.go:47:       상태 코드가 "404" 인지 확인. ✓
PASS
ok      _/Users/derik/Projects/books/samples/20.go-in-action/chapter9/listing08 2.322s
```

그림 9.3 테이블 테스트의 실행 결과

그림 9.3의 실행 결과를 보면, 테이블에 정의한 값들이 반복되어 테스트가 실행된 것을 알 수 있다. 출력 결과 자체는 두 개의 URL을 테스트하고 있다는 점을 제외하고는 기본 단위 테스트와 거의 동일하다. 이 테스트 역시 올바르게 실행될 것이다. 그러면 테이블 테스트를 위해 코드의 어떤 부분이 변경되었는지 살펴보자.

```
29      t.Log("각각 다른 콘텐츠에 대한 다운로드를 확인한다.")
30      {
31          for _, u := range urls {
32              t.Logf("\tURL \"%s\" 호출시 상태 코드가 \"%d\"인지 확인.",
33                  u.url, u.statusCode)
34              {
```

예제 9.10의 31번에서는 for range 루프를 이용해 테이블을 반복하면서 각기 다른 URL에 대해 테스트를 실행하고 있다. 이 코드 역시 테이블 값을 이용한다는 점을 제외하면 기본 단위 테스트에서 살펴봤던 원래의 코드와 동일하다.

```
35                  resp, err := http.Get(u.url)
36                  if err != nil {
37                      t.Fatal("\t\tHTTP GET 요청을 보냈는지 확인.",
38                          ballotX, err)
39                  }
40                  t.Log("\t\tHTTP GET 요청을 보냈는지 확인.",
41                      checkMark)
42
43                  defer resp.Body.Close()
44
45                  if resp.StatusCode == u.statusCode {
46                      t.Logf("\t\t상태 코드가 \"%d\" 인지 확인. %v",
47                          u.statusCode, checkMark)
48                  } else {
49                      t.Errorf("\t\t상태 코드가 \"%d\" 인지 확인. %v %v",
50                          u.statusCode, ballotX, resp.StatusCode)
51                  }
52              }
53          }
54      }
55  }
```

예제 9.11의 35번 줄을 보면, u.url 필드를 통해 URL을 호출하고 있음을 볼 수 있다. 그리고 45번 줄에서는 u.statusCode 필드를 실제 응답 코드와 비교한다. 따라서 향후에 새로운 URL과 상태 코드가 테이블에 추가되더라도 이 테스트는 변경할 필요가 없다.

9.1.3 모의 호출

지금까지 작성한 단위 테스트는 나름 훌륭한 것이지만 약간의 결함을 가지고 있다. 첫 번째 문제점은 테스트가 성공적으로 실행되려면 인터넷에 연결되어 있어야 한다는 점이다. 그림 9.4는 인터넷에 연결되지 않은 상태에서 기본 단위 테스트를 실행했을 때의 결과 화면이다.

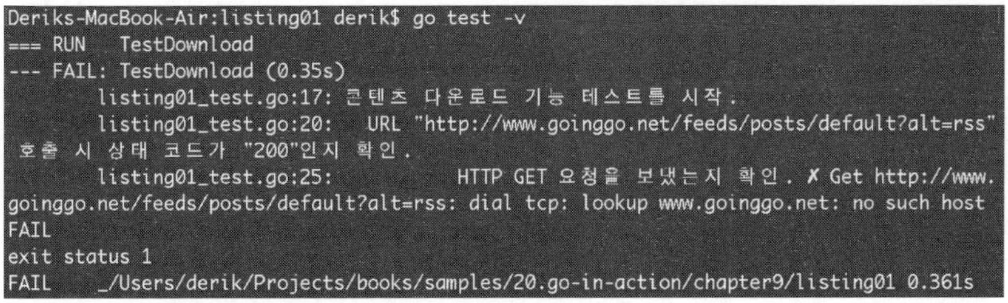

```
Deriks-MacBook-Air:listing01 derik$ go test -v
=== RUN    TestDownload
--- FAIL: TestDownload (0.35s)
    listing01_test.go:17: 콘텐츠 다운로드 기능 테스트를 시작.
    listing01_test.go:20:   URL "http://www.goinggo.net/feeds/posts/default?alt=rss"
호출 시 상태 코드가 "200"인지 확인.
    listing01_test.go:25:          HTTP GET 요청을 보냈는지 확인. ✗ Get http://www.
goinggo.net/feeds/posts/default?alt=rss: dial tcp: lookup www.goinggo.net: no such host
FAIL
exit status 1
FAIL    _/Users/derik/Projects/books/samples/20.go-in-action/chapter9/listing01 0.361s
```

그림 9.4 인터넷에 연결되지 않아 테스트가 실패한 모습

우리는 테스트를 실행하는 컴퓨터가 반드시 항상 인터넷에 연결된 상태일 것이라고 가정해서는 안 된다. 또한, 테스트가 우리가 관리하거나 소유하지 않은 서버에 의존적인 것도 권장할 만한 사항은 아니다. 이 두 가지는 모두 지속적 통합 및 배포를 위한 자동화를 수행할 때 큰 걸림돌로 작용할 것이다. 갑자기 외부로의 접근이 막히면 새로운 빌드를 배포조차 할 수 없다. 테스트가 실패하면 배포는 당연히 할 수 없기 때문이다.

이런 문제를 해결하기 위해 표준 라이브러리는 모의 HTTP 웹 호출을 수행하는 httptest라는 이름의 패키지를 제공한다. 모의(mock) 코드를 사용하는 기법은 테스트를 실행하는 시점에 접근할 수 없는 리소스를 흉내내기 위해 많은 개발자들이 활용하고 있는 방법이다. httptest 패키지는 인터넷상의 웹 리소스에 대한 모의 요청과 모의 응답을 생성하는 기능을 제공한다. 단위 테스트에서 http.Get 함수 호출에 대한 모의 응답을 사용하면 그림 9.4에서 본 것과 같은 문제를 해결할 수 있다. 즉, 테스트의 실행에 인터넷 연결이 필요치 않기 때문에 더 이상 테스트가 실패하지 않게 된다. 그러면서도 http.Get 함수 호출이 동작하여 원하는 응답을 처리할 수 있기 때문에 테스트 자체는 계속해서 성공한다. 그러면 기본 단위 테스트를 수정해서 goinggo.net에 RSS 피드를 요청하는 모의 코드를 실행하도록 작성해보자.

예제 9.12 listing12_test.go: 01~41번 줄

```
01 // HTTP GET의 모의 호출을 사용하는 예제
02 // 책에서 사용한 예제와는 다소 다른 부분이 있다.
03 package listing12
04
```

```
05 import (
06     "encoding/xml"
07     "fmt"
08     "net/http"
09     "net/http/httptest"
10     "testing"
11 )
12
13 const checkMark = "\u2713"
14 const ballotX = "\u2717"
15
16 // feed 변수에는 우리가 기대하는 모의 응답 데이터를 대입한다.
17 var feed = `<?xml version="1.0" encoding="UTF-8"?>
18 <rss>
19 <channel>
20     <title>Going Go Programming</title>
21     <description>Golang : https://github.com/goinggo</description>
22     <link>http://www.goinggo.net/</link>
23     <item>
24         <pubDate>Sun, 15 Mar 2015 15:04:00 +0000</pubDate>
25         <title>Object Oriented Programming Mechanics</title>
26         <description>Go is an object oriented language.</description>
27         <link>http://www.goinggo.net/2015/03/object-oriented</link>
28     </item>
29 </channel>
30 </rss>`
31
32 // mockServer 함수는 GET 요청을 처리할 서버에 대한 포인터를 리턴한다.
33 func mockServer() *httptest.Server {
34     f := func(w http.ResponseWriter, r *http.Request) {
35         w.WriteHeader(200)
36         w.Header().Set("Content-Type", "application/xml")
37         fmt.Fprintln(w, feed)
38     }
39
40     return httptest.NewServer(http.HandlerFunc(f))
41 }
```

예제 9.12는 goinggo.net 웹 사이트에서 다운로드할 수 있는 RSS 피드를 흉내낸 모의 호출을
수행하는 테스트 코드다. 17번 줄에서는 패키지 수준 변수인 feed 변수를 선언하고, 여기에
문자열 리터럴을 이용해 모의 서버로부터 전달받을 RSS XML 문서를 정의하고 있다. 이 문자
열은 실제 RSS 피드 문서에서 발췌한 것이기 때문에 테스트를 수행하기에 충분하다. 32번 줄
에서 선언한 mockServer라는 함수는 httptest 패키지의 기능을 이용하여 인터넷상의 실제
서버를 호출하는 과정을 흉내낸다.

```
33 func mockServer() *httptest.Server {
34     f := func(w http.ResponseWriter, r *http.Request) {
35         w.WriteHeader(200)
36         w.Header().Set("Content-Type", "application/xml")
37         fmt.Fprintln(w, feed)
38     }
39
40     return httptest.NewServer(http.HandlerFunc(f))
41 }
```

예제 9.13의 mockServer 함수는 httptest.Server 타입의 포인터를 리턴한다. httptest. Server 값은 이 테스트가 동작하기 위한 핵심이다. 이 코드는 http.HandlerFunc 함수 타입 과 동일한 시그너처를 갖는 익명 함수를 선언하고 있다.

```
type HandlerFunc func(ResponseWriter, *Request)
```

HandlerFunc 타입은 보통의 기능을 HTTP 핸들러로 사용할 수 있게 해주는 어댑터다.
함수 f의 시그너처가 정의된 시그너처와 동일하다면
HandlerFunc(f)는 함수 f를 호출하는 핸들러 객체로서 동작한다.

이 코드는 익명 함수가 핸들러 함수로서 동작하게 해준다. 이렇게 선언한 핸들러 함수는 40번 줄에서 호출하는 httptest.NewServer 함수를 통해 새로운 모의 서버를 생성할 때 매개변수 로 사용한다. 그러면 모의 서버의 포인터가 리턴된다.

이 모의 서버는 http.Get 함수를 이용해 goinggo.net 웹 서버에 접근하는 동작을 흉내내는 데 사용할 수 있다. http.Get 함수가 호출되면 핸들러 함수가 실행되어 모의 요청과 모의 응답을 처리한다. 35번 줄을 보면 핸들러 함수는 먼저 상태 코드를 설정한 후, 36번 줄에서 콘텐츠의 타입을 설정하고, 마지막으로 37번 줄에서 feed 변수에 정의된 XML 문자열을 응답 본문에 실어 리턴한다.

이제 모의 서버가 기본 단위 테스트와 어떻게 통합되어 http.Get 함수 호출을 지원하게 되는 지 살펴보자.


```
43 // TestDownload 함수는 HTTP GET 요청을 이용해 콘텐츠를 다운로드한 후
44 // 해당 콘텐츠를 언마샬링할 수 있는지 확인한다.
45 func TestDownload(t *testing.T) {
46     statusCode := http.StatusOK
47
48     server := mockServer()
49     defer server.Close()
50
51     t.log("콘텐츠 다운로드 기능 테스트 시작.")
52     {
53         t.Logf("\tURL \"%s\" 호출 시 상태 코드가 \"%d\"인지 확인.",
54             server.URL, statusCode)
55         {
56             resp, err := http.Get(server.URL)
57             if err != nil {
58                 t.Fatal("\t\tHTTP GET 요청을 보냈는지 확인.",
59                     ballotX, err)
60             }
61             t.Log("\t\tHTTP GET 요청을 보냈는지 확인.",
62                 checkMark)
63
64             defer resp.Body.Close()
65
66             if resp.StatusCode != statusCode {
67                 t.Fatalf("\t\t상태 코드가 \"%d\" 인지 확인. %v %v",
68                     statusCode, ballotX, resp.StatusCode)
69             }
70             t.Logf("\t\t상태 코드가 \"%d\" 인지 확인. %v",
71                 statusCode, checkMark)
72         }
73     }
74 }
```

예제 9.15는 이미 한 번 살펴본 적이 있는 TestDownload 함수의 코드다. 그러나 이번에는 모의 서버를 사용하고 있다. 48번과 49번 줄의 코드를 보면, mockServer 함수를 호출하고 defer 구문을 이용해 테스트 함수가 리턴될 때 모의 서버의 Close 메서드를 호출하도록 예약하고 있다. 이후의 테스트 코드는 앞서 작성했던 기본 단위 테스트 코드와 동일하지만, 단 한 가지 차이점이 있다.

```
56         resp, err := http.Get(server.URL)
```

이번에는 호출하려는 URL을 httptest.Server 값에서 참조한다. 모의 서버가 제공하는 URL

을 이용하면 `http.Get` 호출이 우리가 기대하는 대로 이루어진다. `http.Get` 호출은 자신이 인터넷을 통해 실행되는지에 대해서는 전혀 알지 못한다. 그리고 호출이 이루어지면 내부적으로는 우리가 지정한 핸들러 함수가 실행되어 RSS XML 문서 형식의 응답이 `http.StatusOK` 상태 코드와 함께 리턴되는 것이다.

이제 인터넷 연결을 끊고 이 테스트 코드를 실행하면, 그림 9.5와 같이 테스트가 정상적으로 실행되고 성공하는 것을 볼 수 있다. 특히 이 그림을 보면 테스트가 어떻게 진행되는지를 다시 한 번 확인할 수 있다. 호출에 사용된 URL을 보면 `localhost` 주소에 포트 번호 49572를 사용하고 있다는 사실을 알 수 있다. 이 포트 번호는 테스트를 실행할 때마다 매번 달라진다. `http` 패키지는 `httptest` 패키지 및 모의 서버와 결합되어, 해당 URL에 대한 요청이 들어오면 핸들러 함수를 실행해야 한다는 사실을 알아챈다. 이것으로 실제 서버에 접근하지 않고도 goingo.net의 RSS 피드를 호출하는 과정을 테스트할 수 있게 되었다.

```
Deriks-Air:listing12 derik$ go test -v
=== RUN   TestDownload
--- PASS: TestDownload (0.00s)
        listing12_test.go:51: 콘텐츠 다운로드 기능 테스트를 시작.
        listing12_test.go:54:   URL "http://127.0.0.1:49572" 호출 시 상태 코드가 "200"인지 확인.
        listing12_test.go:62:          HTTP GET 요청을 보냈는지 확인. ✓
        listing12_test.go:71:          상태 코드가 "200"인지 확인. ✓
        listing12_test.go:79:          콘텐츠 언마샬링이 성공했습니다. ✓
        listing12_test.go:83:          피드에 "1"개의 아이템이 존재하는지 확인. ✓
PASS
ok      _/Users/derik/Projects/books/samples/20.go-in-action/chapter9/listing12 0.013s
```

그림 9.5 인터넷 연결 없이 테스트가 성공한 모습

9.1.4 종단점 테스트

웹 API를 개발 중이라면 아마도 웹 서비스를 시작하지 않고도 모든 종단점(endpoint)을 테스트하고자 할 것이다. 이 역시 `httptest` 패키지를 이용하면 가능하다. 이번에는 하나의 종단점을 정의하는 간단한 웹 서비스의 코드와 이에 대한 단위 테스트를 작성하는 방법에 대해 살펴보도록 하자.

예제 9.17 listing17.go

```
01 // 간단한 웹 서비스 예제
02 package main
03
04 import (
05     "log"
06     "net/http"
07
```

```
08      "github.com/webgenie/go-in-action/chapter9/listing17/handlers"
09 )
10
11 // 애플리케이션 진입점
12 func main() {
13      handlers.Routes()
14
15      log.Println("웹 서비스 실행 중: 포트: 4000")
16      http.ListenAndServe(":4000", nil)
17 }
```

예제 9.17은 웹 서비스의 진입점을 작성한 코드다. main 함수 안의 13번 줄을 살펴보면, 이 함수는 우리가 작성할 handlers 패키지의 Routes 함수를 호출한다. 이 함수는 웹 서비스가 호스팅하는 종단점들에 대한 라우트(route)를 설정하는 함수다. 15번과 16번 줄의 코드는 서비스가 실행 중인 포트 번호를 출력하고 웹 서비스를 실행하여 요청을 대기하도록 한다.

그러면 handlers 패키지의 코드를 살펴보자.

예제 9.18 handlers/handlers.go

```
01 // 웹 서비스의 종단점을 제공하는 패키지
02 package handlers
03
04 import (
05      "encoding/json"
06      "net/http"
07 )
08
09 // 웹 서비스의 라우트를 설정한다.
10 func Routes() {
11      http.HandleFunc("/sendjson", SendJSON)
12 }
13
14 // SendJSON 함수는 간단한 JSON 문서를 리턴한다.
15 func SendJSON(rw http.ResponseWriter, r *http.Request) {
16      u := struct {
17          Name   string
18          Email string
19      }{
20          Name:  "webgenie",
21          Email: "webgenie@email.com",
22      }
23
24      rw.Header().Set("Content-Type", "application/json")
25      rw.WriteHeader(200)
26      json.NewEncoder(rw).Encode(&u)
27 }
```

예제 9.18은 웹 서비스의 라우트를 설정하고 핸들러 함수를 구현한 코드다. 10번 줄의 Routes 함수는 특정 URL을 처리할 핸들러 코드를 매핑하는 작업을 수행한다. 이때 내부적으로는 http 패키지가 제공하는 http.ServeMux를 이용하게 된다. 11번 줄에서는 /sendjson 종단점을 SendJSON 함수가 처리하도록 설정하고 있다.

15번 줄부터는 SendJSON 함수를 작성하고 있다. 이 함수는 예제 9.14에서 살펴본 http. HandlerFunc 함수 타입과 동일한 시그너처를 사용한다. 16번 줄에서는 몇 가지 값들을 가진 익명 구조체 타입을 선언하고 변수 u에 대입한다. 그리고 24번과 25번 줄에서는 응답의 콘텐츠 타입 및 상태 코드를 설정한다. 마지막으로, 변수 u의 값을 JSON 문서로 인코딩하여 클라이언트에 되돌려준다.

웹 서비스를 빌드하고 서버를 실행하면 그림 9.6과 9.7에서 보는 것처럼 JSON 문서를 서비스할 수 있다.

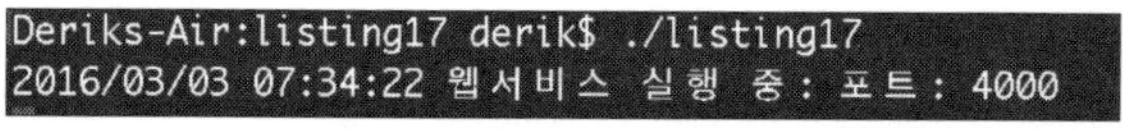

```
Deriks-Air:listing17 derik$ ./listing17
2016/03/03 07:34:22 웹서비스 실행 중 : 포트 : 4000
```

그림 9.6 웹 서비스를 실행하는 모습

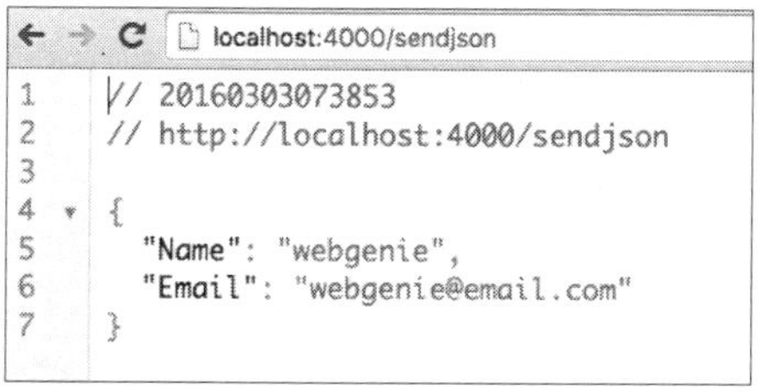

```
← → C  localhost:4000/sendjson
1    // 20160303073853
2    // http://localhost:4000/sendjson
3
4  ▼ {
5       "Name": "webgenie",
6       "Email": "webgenie@email.com"
7    }
```

그림 9.7 웹 서비스가 리턴한 JSON 문서의 모습

이제 실제로 동작하는 웹 서비스를 작성했으므로 이 종단점에 대한 테스트 코드를 작성해보자.

예제 9.19 handlers/handlers_test.go

```
01 // 종단점의 동작을 확인하기 위한
02 // 테스트 코드 예제
03 package handlers_test
04
05 import (
06     "encoding/json"
07     "net/http"
08     "net/http/httptest"
09     "testing"
```

```go
10
11         "github.com/webgenie/go-in-action/chapter9/listing17/handlers"
12 )
13
14 const checkMark = "\u2713"
15 const ballotX = "\u2717"
16
17 func init() {
18     handlers.Routes()
19 }
20
21 // TestSendJSON 함수는 종단점에 대한 테스트를 수행한다.
22 func TestSendJSON(t *testing.T) {
23     t.Log("SendJSON 종단점의 동작에 대한 테스트 시작.")
24     {
25         req, err := http.NewRequest("GET", "/sendjson", nil)
26         if err != nil {
27             t.Fatal("\t웹 요청을 보내는지 확인.",
28                 ballotX, err)
29         }
30         t.Log("\t웹 요청을 보내는지 확인.",
31             checkMark)
32
33         rw := httptest.NewRecorder()
34         http.DefaultServeMux.ServeHTTP(rw, req)
35
36         if rw.Code != 200 {
37             t.Fatal("\t응답 코드가 \"200\"인지 확인.", ballotX, rw.Code)
38         }
39         t.Log("\t응답 코드가 \"200\"인지 확인.", checkMark)
40
41         u := struct {
42             Name  string
43             Email string
44         }{}
45
46         if err := json.NewDecoder(rw.Body).Decode(&u); err != nil {
47             t.Fatal("\t응답 데이터 디코딩 동작 확인.", ballotX)
48         }
49         t.Log("\t응답 데이터 디코딩 동작 확인.", checkMark)
50
51         if u.Name == "Bill" {
52             t.Log("\t응답 데이터의 이름 확인.", checkMark)
53         } else {
54             t.Error("\t응답 데이터의 이름 확인.", ballotX, u.Name)
55         }
56
57         if u.Email == "bill@ardanstudios.com" {
58             t.Log("\t응답 데이터의 메일 주소 확인.", checkMark)
59         } else {
60             t.Error("\t응답 데이터의 메일 주소 확인.", ballotX, u.Email)
```

```
61        }
62      }
63 }
```

예제 9.19의 단위 테스트는 /sendjson 종단점의 동작을 확인하기 위한 코드다. 3번 줄의 코드를 보면, 이 패키지가 다른 테스트 코드와는 다른 패키지에 선언된 것을 볼 수 있다.

예제 9.20 handlers/handlers_test.go: 01~03번 줄

```
01 // 종단점의 동작을 확인하기 위한
02 // 테스트 코드 예제
03 package handlers_test
```

예제 9.20에서 보듯이, 이번 테스트 코드는 패키지 이름도 _test로 끝나는 이름을 지정했다. 패키지의 이름이 이렇게 지정되면 테스트 코드는 외부로 공개되는 식별자만 접근할 수 있다. 이 규칙은 테스트 코드를 테스트하려는 코드와 동일한 경로에 작성하더라도 마찬가지로 적용된다.

웹 서비스를 직접 실행할 때와 마찬가지로 테스트 코드 역시 라우트 설정이 필요하다.

예제 9.21 handlers/handlers_test.go: 17~19번 줄

```
17 func init() {
18     handlers.Routes()
19 }
```

예제 9.21의 17번 줄을 보면, init 함수를 이용해 라우트를 초기화하고 있음을 알 수 있다. 단위 테스트를 실행하기 전에 라우트를 초기화하지 않으면 테스트 코드는 http.Status NotFound 에러와 함께 실패하게 될 것이다. 이제 /sendjson 종단점을 테스트하는 실제 테스트 코드를 살펴보자.

예제 9.22 handlers/handlers_test.go: 21~34번 줄

```
21 // TestSendJSON 함수는 종단점에 대한 테스트를 수행한다.
22 func TestSendJSON(t *testing.T) {
23     t.Log("SendJSON 종단점의 동작에 대한 테스트 시작.")
24     {
25         req, err := http.NewRequest("GET", "/sendjson", nil)
26         if err != nil {
27             t.Fatal("\t웹 요청을 보내는지 확인.",
28                 ballotX, err)
```

```
29              }
30              t.Log("\t웹 요청을 보내는지 확인.",
31                  checkMark)
32
33              rw := httptest.NewRecorder()
34              http.DefaultServeMux.ServeHTTP(rw, req)
```

예제 9.22는 TestSendJSON 테스트 함수를 선언하는 코드다. 테스트가 시작되면 먼저 이 테스트의 목적을 서술한 후, 25번 줄과 같이 http.Request 타입의 값을 생성한다. 이 요청 값은 /sendjson 종단점에 HTTP GET 요청을 보내기 위해 필요한 값이다. 이 테스트에서는 HTTP GET 방식을 사용하기 때문에 서버로 전송할 데이터를 표현하는 세 번째 매개변수에는 nil을 전달하면 된다.

그리고 33번 줄에서는 httptest.NewRecorder 함수를 호출하여 http.ResponseRecorder 타입의 값을 생성한다. 그리고 34번 줄에서 http.Request와 http.ResponseRecorder 값을 이용해 기본 서버 멀티플렉서(MUX, Multiplexer)의 ServeHTTP 메서드를 호출한다. 이 메서드를 호출하면 /sendjson 종단점에 대해 마치 외부 클라이언트가 보내는 것처럼 모의 요청이 생성된다.

ServeHTTP 메서드 호출이 완료되면 http.ResponseRecorder 값은 SendJSON 핸들러 함수가 리턴한 응답 데이터를 담고 있게 된다. 응답 데이터를 확인하기 위한 테스트 코드는 다음과 같다.

예제 9.23 handlers/handlers_test.go: 36~39번 줄

```
36              if rw.Code != 200 {
37                  t.Fatal("\t응답 코드가 \"200\"인지 확인.", ballotX, rw.Code)
38              }
39              t.Log("\t응답 코드가 \"200\"인지 확인.", checkMark)
```

먼저, 36번 줄의 코드는 응답의 상태를 확인한다. 종단점 호출이 성공적으로 이루어지면 상태 코드의 값은 200이어야 한다. 상태 값이 200이라면 다음과 같이 JSON 응답을 Go의 타입으로 디코딩한다.

예제 9.24 handlers/handlers_test.go: 41~49번 줄

```
41              u := struct {
42                  Name  string
43                  Email string
```

```
44          }{}
45
46          if err := json.NewDecoder(rw.Body).Decode(&u); err != nil {
47              t.Fatal("\t응답 데이터 디코딩 동작 확인.", ballotX)
48          }
49          t.Log("\t응답 데이터 디코딩 동작 확인.", checkMark)
```

예제 9.24의 41번 줄에서는 다시 한 번 익명 구조체 타입을 선언하고, 제로 값으로 초기화한 후 변수 u에 대입한다. 그런 다음 46번 줄에서는 json 패키지를 이용하여 웹 서비스의 응답으로 전달받은 JSON 문서를 u 변수에 디코딩하여 대입한다. 디코딩이 실패하면 단위 테스트 역시 종료되며, 그렇지 않으면 디코딩된 값을 계속해서 테스트한다.

예제 9.25 handlers/handlers_test.go: 51~63번 줄

```
51          if u.Name == "Bill" {
52              t.Log("\t응답 데이터의 이름 확인.", checkMark)
53          } else {
54              t.Error("\t응답 데이터의 이름 확인.", ballotX, u.Name)
55          }
56
57          if u.Email == "bill@ardanstudios.com" {
58              t.Log("\t응답 데이터의 메일 주소 확인.", checkMark)
59          } else {
60              t.Error("\t응답 데이터의 메일 주소 확인.", ballotX, u.Email)
61          }
62      }
63 }
```

예제 9.25는 우리가 수신할 것으로 기대하는 두 가지 값을 확인한다. 먼저 51번 줄에서는 Name 필드의 값이 "Bill"인지를 확인하고, 57번 줄에서는 Email 필드의 값이 "bill@ardanstudios.com"인지를 확인한다. 두 값이 모두 일치하면 단위 테스트가 성공적으로 종료되고 그렇지 않으면 단위 테스트는 실패한다. 이 두 값에 대한 검사가 실패한 경우에는 Error 메서드를 호출해 이를 통보한다.

9.2 예제 코드

Go는 여러분이 작성한 코드에 대한 적절한 문서화에 대해서도 매우 중요하게 생각한다. 이를 위해 코드로부터 문서를 곧바로 생성하는 godoc 도구를 제공한다. 제3장에서 우리는 godoc 도구를 이용해 패키지 문서를 생성하는 방법에 대해 알아보았다. godoc 도구가 제공하는 또 다른

기능은 예제 코드다. 예제 코드는 테스트 및 문서화의 관점에서 중요한 부분 중 하나다.

브라우저를 이용해 json 패키지에 대한 Go 문서를 탐색하면 그림 9.8과 같은 화면을 보게 된다.

그림 9.8 json 패키지에 대한 예제 코드 목록

json 패키지는 다섯 개의 예제 코드를 제공하며, 패키지에 대한 Go 문서 페이지에 링크되어 있다. 첫 번째 예제 코드를 선택하면 그림 9.9와 같이 예제 코드를 볼 수 있다.

그림 9.9 Go 문서의 Decoder 예제 코드를 탐색하는 모습

우리도 패키지에 대한 Go 문서를 생성할 때 예제 코드를 함께 생성할 수 있다. 앞의 예제에서 작성한 SendJSON 함수에 대한 예제 코드를 살펴보자.

<table>
<tr><td>예제 9.26　handlers_example_test.go</td></tr>
</table>

```
01  // 테스트 코드 작성법을 소개하기 위한 예제 단위 테스트 코드
02  package handlers_test
03
04  import (
05      "encoding/json"
06      "fmt"
07      "log"
08      "net/http"
09      "net/http/httptest"
10  )
11
12  // ExampleSendJSON 함수는 기본 예제를 제공한다.
13  func ExampleSendJSON() {
14      r, _ := http.NewRequest("GET", "/sendjson", nil)
15      w := httptest.NewRecorder()
16      http.DefaultServeMux.ServeHTTP(w, r)
17
18      var u struct {
19          Name  string
20          Email string
21      }
22
23      if err := json.NewDecoder(w.Body).Decode(&u); err != nil {
24          log.Println("에러:", err)
25      }
26
27      // fmt 패키지를 이용해 결과를 표준 출력 장치에 출력한다.
28      fmt.Println(u)
29      // Output:
30      // {webgenie@email.com}
31  }
```

예제 코드는 함수나 메서드를 기반으로 생성된다. 이때 함수 이름을 Test로 시작하지 않고 Example로 시작한다. 예제 9.26의 13번 줄의 코드를 보면, 예제 코드에 ExampleSendJSON이라는 이름을 지정한 것을 볼 수 있다.

예제 코드를 생성하기 위해 지켜야 하는 규칙이 한 가지 있다. 그것은 예제 코드의 이름은 항상 이미 존재하는 함수나 메서드를 기반으로 만들어야 한다는 점이다. 우리가 작성한 코드는 handlers 패키지가 공개하는 SendJSON을 위한 예제 코드다. 이미 존재하는 함수나 메서드의 이름을 그대로 사용하지 않으면 테스트는 해당 패키지의 Go 문서에 나타나지 않는다.

예제 코드를 위해 작성한 코드는 다른 사람이 특정 함수나 메서드를 사용할 때 보이게 된다. 테스트가 성공했는지 혹은 실패했는지를 확인하려면 테스트가 완료된 후 함수의 최종 결과를 예제 함수의 다음에 나열된 값과 비교하면 된다.

예제 9.27 handlers_example_test.go: 27~31번 줄

```
27      // fmt 패키지를 이용해서 검사할 결과를 표준 출력 장치에 출력한다.
28      fmt.Println(u)
29      // Output:
30      // {webgenie@email.com}
31 }
```

예제 9.27의 28번 줄의 코드에서는 `fmt.Println` 함수를 이용하여 변수 u의 값을 `stdout`에 출력한다. 변수 u의 값은 앞의 함수에서 `/sendjson` 종단점을 테스트한 후 전달받은 값이다. 29번 줄에서는 `Output:` 키워드와 함께 주석을 작성해 둔 것을 볼 수 있다.

`Output:` 키워드는 문서 내에서 테스트 함수를 실행했을 때의 예상 결과를 문서화하기 위해 사용되는 마커(marker)다. 그러면 테스트 프레임워크는 `stdout`에 출력된 값과 이 주석의 값을 비교한다. 두 값이 모두 일치하면 테스트가 성공하고, 패키지에 대한 Go 문서에 예제 코드가 추가되는 것을 볼 수 있다. 만일, 두 결과가 일치하지 않으면 테스트는 실패한다.

이제 로컬 godoc 서버 (`godoc -http=":3000"`)을 실행하고 `handlers` 패키지에 대한 문서를 방문해보면 그림 9.10과 같은 화면을 볼 수 있을 것이다. 그림 9.10에서는 `handlers` 패키지에 대한 문서와 함께 `SendJSON` 함수에 대한 예제 코드가 보일 것이다. `SendJSON` 링크를 클릭하면 그림 9.11과 같이 코드를 보여준다.

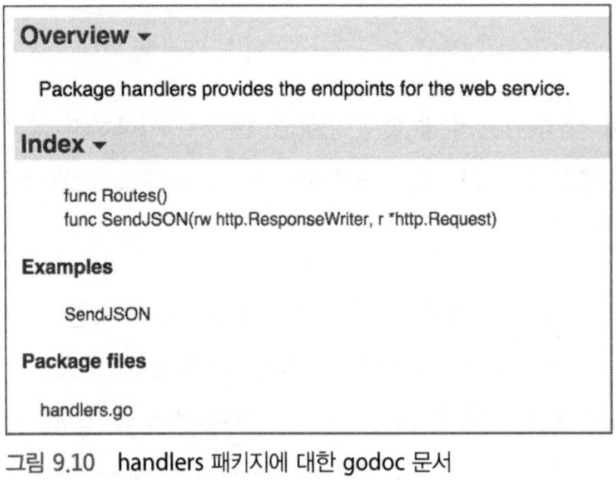

```
Overview ▾

  Package handlers provides the endpoints for the web service.

Index ▾

  func Routes()
  func SendJSON(rw http.ResponseWriter, r *http.Request)

Examples

  SendJSON

Package files

  handlers.go
```

그림 9.10 handlers 패키지에 대한 godoc 문서

```
func SendJSON

    func SendJSON(rw http.ResponseWriter, r *http.Request)

  SendJSON returns a simple JSON document.

  ▾ Example

  ExampleSendJSON provides a basic example test example.

  Code:

    r, _ := http.NewRequest("GET", "/sendjson", nil)
    w := httptest.NewRecorder()
    http.DefaultServeMux.ServeHTTP(w, r)

    var u struct {
        Name  string
        Email string
    }

    if err := json.NewDecoder(w.Body).Decode(&u); err != nil {
        log.Println("ERROR:", err)
    }

    fmt.Println(u)

  Output:

    {Bill bill@ardanstudios.com}
```

그림 9.11   godoc 문서에 표시된 예제 코드

그림 9.11을 보면, 예제 코드와 기대하는 결과가 모두 표시되어 있다. 이 코드는 또한 하나의 단위 테스트 코드이기 때문에 이 예제 함수 역시 그림 9.12와 같이 go test 도구를 이용해 실행할 수 있다.

```
Deriks-Air:handlers derik$ go test -v -run="ExampleSendJSON"
=== RUN   ExampleSendJSON
--- PASS: ExampleSendJSON (0.00s)
PASS
ok      _/Users/derik/Projects/books/samples/20.go-in-action/chapter9/listing17/handlers
.011s
```

그림 9.12   예제 코드 생성을 실행하는 모습

테스트를 실행하고 나면 테스트가 성공적으로 완료되는 것을 볼 수 있다. 이번에는 테스트를 실행할 때 -run 옵션을 이용해 ExampleSendJSON이라는 특정 테스트 함수만을 실행했다. -run 옵션은 정규표현식을 이용해 원하는 테스트만을 선택적으로 실행할 수도 있다. 또한, 이 옵션은 단위 테스트 및 예제 코드 함수에 모두 적용이 가능하다. 만일, 테스트가 실패하면 그림 9.13과 같은 화면이 나타난다.

```
Deriks-Air:handlers derik$ go test -v -run="ExampleSendJSON"
=== RUN    ExampleSendJSON
--- FAIL: ExampleSendJSON (0.00s)
got:
{Lisa lisa@ardanstudios.com}
want:
{Bill bill@ardanstudios.com}
FAIL
exit status 1
FAIL    _/Users/derik/Projects/books/samples/20.go-in-action/chapter9/listing17/handlers
.011s
```

그림 9.13 예제 함수 테스트가 실패한 모습

예제 함수 테스트가 실패하면 go test 도구는 기대했던 결과와 실제 결과를 화면에 출력한다.

9.3 벤치마킹

벤치마킹(benchmarking)이란, 코드의 성능을 테스트하는 것을 말한다. 이 기능은 어떤 문제를 해결하는 방법이 여러 가지일 때 어느 방법이 가장 좋은 성능을 발휘하는지 확인할 수 있어 매우 유용하다. 또한, 특정 코드에서 애플리케이션의 성능에 심각한 영향을 미치는 CPU나 메모리 이슈를 파악하기 위해서도 활용할 수 있다. 많은 개발자들이 벤치마킹을 이용해 다른 형태의 동시성 패턴을 테스트하거나 최상의 결과를 위해 작업 풀이 올바르게 설정되었는지를 판단하고 있다.

그러면 정수 값을 문자열로 변환하는 가장 빠른 방법을 찾기 위해 벤치마킹 함수를 이용하는 방법을 살펴보자. 표준 라이브러리는 정수 값을 문자열로 변환하기 위한 다양한 방법을 제공한다.

예제 9.28   listing28_test.go: 01~10번 줄

```
01  // 정수를 문자열로 변환하는 가장 빠른 방법을 테스트하기 위해 벤치마킹을 활용하는 예제
02  // 첫 번째 방법은 fmt.Sprintf 함수를, 두 번째 방법은 strconv.FormatInt 함수를 테스트하며,
03  // 마지막으로는 strconv.Itoa 함수를 테스트한다.
04  package listing05_test
05
06  import (
07      "fmt"
08      "strconv"
09      "testing"
10  )
```

예제 9.28은 listing28_test.go 벤치마크 파일의 초기화 코드다. 단위 테스트 파일과 마찬가지로

파일의 이름은 _test.go로 끝나야 하며, 반드시 testing 패키지를 가져와야 한다. 다음으로, 첫 번째 벤치마크 함수의 코드를 살펴보자.

예제 9.29 listing28_test.go: 12~22번 줄

```
12 // BenchmarkSprintf 함수는 fmt.Sprintf 함수의
13 // 성능을 테스트한다.
14 func BenchmarkSprintf(b *testing.B) {
15     number := 10
16
17     b.ResetTimer()
18
19     for i := 0; i < b.N; i++ {
20         fmt.Sprintf("%d", number)
21     }
22 }
```

예제 9.29의 14번 줄의 코드에는 첫 번째 벤치마크 함수인 BenchmarkSprintf 함수가 선언되어 있다. 벤치마크 함수는 Benchmark라는 이름으로 시작하며, testing.B 타입의 포인터 매개변수를 사용한다. 벤치마킹 프레임워크가 성능을 측정하려면 반드시 일정 시간 동안 반복해서 코드를 실행해야 한다. 이를 위해 코드 내에서 for 루프를 사용하고 있다.

예제 9.30 listing28_test.go: 19~22번 줄

```
19     for i := 0; i < b.N; i++ {
20         fmt.Sprintf("%d", number)
21     }
22 }
```

예제 9.30에서 19번 줄의 for 루프는 b.N 값을 사용하는 방법을 보여준다. 20번 줄에서는 fmt 패키지의 Sprintf 함수를 호출한다. 바로 이 함수가 정수 값을 문자열로 변환하는 성능을 측정하기 위한 벤치마킹의 대상이 되는 함수다.

벤치마킹 프레임워크는 기본적으로 최소 1초 동안 벤치마크 함수를 반복해서 호출한다. 프레임워크가 벤치마크 함수를 호출할 때마다 b.N 값이 자동적으로 증가하며, 함수를 처음 호출할 때 b.N의 값은 1이다. 따라서 벤치마크 함수 내에서 b.N 값을 이용해 루프를 실행하는 것이 중요하다. 그렇지 않다면, 그 결과를 신뢰하기가 어려울 것이다.

벤치마크 함수를 실행하려면 다음과 같이 -bench 옵션을 사용한다.

```
go test -v -run="none" -bench="BenchmarkSprintf"
```

go test를 실행할 때 -run 옵션에 "none"이라는 문자열을 전달하면, 지정된 벤치마크 테스트를 실행하기 전에 단위 테스트를 실행하는 과정을 건너뛴다. 여기서 사용한 두 옵션은 모두 정규표현식을 이용해 테스트를 선택적으로 실행하는 기능을 지원한다. none이라는 이름의 단위 테스트 함수는 존재하지 않기 때문에 none은 그 어떤 단위 테스트도 실행하지 않는다. 이 명령을 실행하면 그림 9.14 같은 결과를 보게 된다.

```
Deriks-Air:listing28 derik$ go test -run="none" -bench="BenchmarkSprintf"
testing: warning: no tests to run
PASS
BenchmarkSprintf-4       5000000                 298 ns/op
ok      _/Users/derik/Projects/books/samples/20.go-in-action/chapter9/listing28 1.812s
```

그림 9.14　하나의 벤치마크 함수를 실행한 모습

출력된 결과를 보면, 우선 실행할 단위 테스트가 없다는 메시지가 출력된 후 Benchmark Sprintf 벤치마크를 실행한다. PASS라는 단어가 출력된 다음에는 벤치마크 함수가 실행된 결과가 나타난다. 첫 번째 숫자 5000000은 루프 내에서 코드가 실행된 횟수를 의미한다. 예제에서는 함수가 5백만 번 실행된 것이다. 그다음 숫자는 함수를 한 번 호출할 때마다 그 성능을 측정하여 소요된 시간을 나노초로 표시한 것이다. 따라서 Sprintf 함수는 매 호출당 298나노초를 소요한다는 점을 알 수 있다.

벤치마크의 마지막 결과인 문자열 **ok**는 벤치마킹이 성공적으로 종료되었다는 것을 의미한다. 그런 다음 실행된 코드 파일의 이름과 벤치마킹에 소요된 전체 시간이 표시된다. 벤치마킹 시간의 기본 값은 1초이며, 전체 테스트는 대략 1.8초가 소요됐다. 벤치마킹 시간을 조정하려면 -benchtime 옵션을 사용하면 된다. 그림 9.15는 3초간 벤치마킹을 실행한 결과 화면이다.

```
Deriks-Air:listing28 derik$ go test -run="none" -bench="BenchmarkSprintf" --benchtime=3s
testing: warning: no tests to run
PASS
BenchmarkSprintf-4       20000000                294 ns/op
ok      _/Users/derik/Projects/books/samples/20.go-in-action/chapter9/listing28 6.210s
```

그림 9.15　-benchtime 옵션을 이용해 하나의 벤치마크 함수를 실행한 모습

이번에는 6.210초에 걸쳐 Sprintf 함수가 2천만 번 호출되었다. 이 경우 함수의 성능 자체에 큰 변화는 없었다. 이번에는 한 번 호출 시 294나노초가 소요되었다. 간혹 벤치마크 시간을 증가시키면 조금 더 정확한 성능을 측정할 수 있다. 그러나 대부분의 경우 벤치마크 시간을 3초

이상으로 지정하면 정확도에 큰 차이는 없다. 그러나 벤치마크는 실행할 때마다 결과가 조금씩 다르게 나타난다.

그러면 정수 값을 문자열로 변환하는 다른 두 가지 벤치마크 함수를 살펴보고 어떤 방법이 가장 빠른 방법인지 알아보자.

예제 9.32   listing28_test.go: 24~46번 줄

```go
24 // BenchmarkFormat 함수는 strconv.FormatInt 함수의
25 // 성능을 테스트한다.
26 func BenchmarkFormat(b *testing.B) {
27     number := int64(10)
28
29     b.ResetTimer()
30
31     for i := 0; i < b.N; i++ {
32         strconv.FormatInt(number, 10)
33     }
34 }
35
36 // BenchmarkItoa 함수는 strconv.Itoa 함수의
37 // 성능을 테스트한다.
38 func BenchmarkItoa(b *testing.B) {
39     number := 10
40
41     b.ResetTimer()
42
43     for i := 0; i < b.N; i++ {
44         strconv.Itoa(number)
45     }
46 }
```

예제 9.32는 나머지 두 벤치마크 함수의 코드를 보여준다. BenchmarkFormat 함수는 strconv 패키지의 FormatInt 함수의 성능을 측정하며, BenchmarkItoa 함수는 역시 strconv 패키지가 제공하는 Itoa 함수의 성능을 측정한다. 두 벤치마크 함수는 앞서 살펴본 BenchmarkSprintf 함수와 동일한 패턴으로 작성되어 있다. for 루프는 b.N 값을 이용하여 함수 호출의 반복 횟수를 조정한다.

그런데 앞에서 b.ResetTimer 함수에 대해서는 별다른 설명을 하지 않았다. 이 함수는 세 벤치마크 함수에서 모두 사용되고 있는데, 루프를 실행하기에 앞서 타이머를 재시작하기 위한 메서드다. 이 메서드는 보다 정확한 테스트 결과를 얻기 위해 사용한다.

모든 벤치마크 함수를 최소 3초 이상 실행하면 그림 9.16과 같은 결과를 볼 수 있다.

```
Deriks-Air:listing28 derik$ go test -v -run="none" -bench=. --benchtime=3s
testing: warning: no tests to run
PASS
BenchmarkSprintf-4      20000000              299 ns/op
BenchmarkFormat-4       50000000             80.7 ns/op
BenchmarkItoa-4         50000000             83.3 ns/op
ok      _/Users/derik/Projects/books/samples/20.go-in-action/chapter9/listing28 14.686s
```

그림 9.16   세 가지 벤치마크 함수를 모두 실행한 결과

그림을 보면 BenchmarkFormat 함수가 평균 80.7나노초로 가장 빨리 실행되었다. 그리고 BenchmarkItoa 함수가 83.3나노초로 그 뒤를 바짝 쫓고 있다. 이 두 함수는 Sprintf 함수보다 월등히 빠른 속도로 실행된다.

벤치마크를 실행할 때 유용한 옵션 중 하나는 -benchmem 옵션이다. 이 옵션은 메모리의 할당 횟수와 한 번 할당할 때의 크기에 대한 정보를 함께 제공한다. 이 옵션을 이용해 벤치마크를 다시 실행한 결과는 그림 9.17과 같다.

```
Deriks-Air:listing28 derik$ go test -v -run="none" -bench=. --benchtime=3s -benchmem
testing: warning: no tests to run
PASS
BenchmarkSprintf-4      20000000              297 ns/op           32 B/op          2 allocs/
op
BenchmarkFormat-4       50000000             81.0 ns/op           16 B/op          1 allocs/
op
BenchmarkItoa-4         50000000             81.3 ns/op           16 B/op          1 allocs/
op
ok      _/Users/derik/Projects/books/samples/20.go-in-action/chapter9/listing28 14.561s
```

그림 9.17   -benchmem 옵션을 적용하여 벤치마킹을 실행한 결과

이 결과를 보면 새로운 값이 두 가지 더 출력된 것을 볼 수 있다. allocs/op 값은 함수 호출 1회당 힙 메모리의 할당 횟수를 의미한다. Sprintf 함수는 한 번 작업에 힙 메모리에 두 개의 값을 할당하는 반면, 나머지 두 함수는 한 번 작업에 한 개의 값만을 할당한다. B/op 값은 한 번 작업에 필요한 바이트의 길이를 의미한다. Sprintf 함수는 힙 메모리를 두 번 할당하기 때문에 32바이트의 메모리를 소비하는 반면, 나머지 두 함수는 16바이트씩 소비하는 것을 확인할 수 있다.

테스트 및 벤치마킹에는 다양한 옵션들이 지원된다. 우리는 패키지를 구현하거나 프로젝트를 수행할 때 테스트 프레임워크가 제공하는 모든 옵션들을 잘 활용할 것을 강력히 권한다. 또한 Go 커뮤니티는 패키지 작성자가 패키지를 공개할 때 커뮤니티를 위해 포괄적인 테스트를 함께 제공해주기를 기대하고 있다.

9.4 요약

- Go는 언어 차원에서 테스트를 지원하며, 테스트에 필요한 모든 도구들을 제공한다.
- go test 도구를 이용하면 단위 테스트 코드를 실행할 수 있다.
- 테스트 파일의 이름은 항상 _test.go로 끝나야 한다.
- 테이블 테스트는 하나의 테스트 함수로 여러 가지 테스트를 수행하기 위한 좋은 방법이다.
- 예제 코드는 테스트 및 패키지 문서화를 한 번에 수행할 수 있는 방법이다.
- 벤치마크는 코드의 성능을 측정하기 위한 메커니즘을 제공한다.

찾아보기